浮云远志

口述老清华的政法学人

谢喆平 访问整理

商务印书馆
创于1897 The Commercial Press

2014年·北京

图书在版编目(CIP)数据

浮云远志：口述老清华的政法学人/谢喆平访问
整理.—北京：商务印书馆,2014
ISBN 978 - 7 - 100 - 10921 - 5

Ⅰ.①浮… Ⅱ.①谢… Ⅲ.①清华大学—名人—生
平—事迹 Ⅳ.K820.6

中国版本图书馆 CIP 数据核字(2014)第 277880 号

浮云远志

口述老清华的政法学人

谢喆平 访问整理

商 务 印 书 馆 出 版
(北京王府井大街36号 邮政编码 100710)
商 务 印 书 馆 发 行
北 京 冠 中 印 刷 厂 印 刷
ISBN 978 - 7 - 100 - 10921 - 5

2014 年 12 月第 1 版　　　开本 787×1092　1/16
2014 年 12 月北京第 1 次印刷　　印张 22　插页 12
定价：68.00 元

惟佳人之永都兮，更统世而自贶。

眇远志之所及兮，怜浮云之相羊。

介眇志之所惑兮，窃赋诗之所明。

——《楚辞·悲回风》

楼炳哲、谢喆平、端木美、王亭、钱大都
钱仲兴、陈达隆、曾尔恕、王依、张文朴
（从左至右）

2013 年 5 月清华合影

吴之椿

欧阳采薇

汤象龙

民國二十年六
攝於清華

曾炳钧

王
铁
崖

端木正

张
辅
枢

许
光
建

唐悦良

张奚若

钱
端
升

姜书阁

徐义生

楼邦彦

陈
体
强

齐锡玉

张遵修

李
詠

王
宏
钧

胡适　钱端升　张忠绂

钱端升　张奚若

摄于 1945 年昆明
张宅（唐家花园）

唐悦良

序　一

　　早就知道谢喆平博士在做清华学人的口述史研究，而且几乎每次和她见面，都会听到她兴致勃勃地谈论自己的研究。每有新的线索和发现，她都特别兴奋，那种热忱和投入很让人感动。因此当谢喆平博士送我《浮云远志》的书稿，并请我写序时，我欣然同意。

　　历史是由人创造的。连绵不断的历史长河正是由一个个具体人物、事件、活动等构成的浪花和水滴所构成。虽然研究历史不能只关注浪花和水滴，而要抓住将它们联结在一起，形成人类社会变迁的整体走势和结构，但以口述史为代表，对相距未远、尚未被符号化的人物与事件进行个性追寻和描述，已经成为历史研究的重要组成部分，正如英国史学家汤普逊在《过去的声音：口述史》中所说：一旦各种各样的人的生活经验能够作为原材料来利用，那么历史就会被赋予崭新的维度。

　　历史是由人来书写和讲述的。"历史"对于后世的研究者来说，常常并不是历史活动本身，而是记载和表现历史活动的材料以及对这些材料的认知与解释。研究历史有多种作法，即使不从史学理论的角度，人们也能从经验中感知：历史在不同人的笔下和眼中是不同的。整理者用清华政治学系（1926—1952）不到30年的历史，浓缩了清华大学这所百年名校及中国社会的时代特征与变迁，而且其笔下，政治学系的机构存在只是背景、是舞台，运用学科教育史对这一机构的考察只是拉开序幕，真正的主角是在这一背景下和舞台上活动的人——清华政治系学人。本书浓墨重彩地讲述政治系学人的生活、工作，或由他们自己，或通过他们的后代，勾勒出这些主角在特定背景的大舞台上充满个性魅力的历史细节。在本书中，我们能感受到不同人物、不同角色和视角发出的声音。如吴采采回忆父母吴之椿与欧阳采薇的一篇，既有女儿吴采采的忆述，也有其母欧阳采薇自己的回忆，还有朋辈、亲友及学生的记述，当然还有整理者完成写作后的手记。这些声音构成了音色丰富、旋律的历史交响乐。

历史既是对往事岁月的记忆，也是对逝去时光的反思与校正。在历史研究中，史料的爬梳、整理和加工固然重要，但同样重要的是挖掘和理解隐藏在这些符号背后的人的活动及思想。在表现和揭示人的活动及思想的独特个性方面，口述史有着得天独厚的优势。在本书中，张文朴回忆父亲张奚若时谈到：父亲早年给胡适的信中讲赴美留学的学校是"科大"，其实是哥大（当时没有统一的译名），后来有研究者在撰写张奚若传记时误认为是德国的科隆大学，后又被演绎为"张奚若留美期间去了欧洲，在科隆大学进修，后又返回美国"。这种以讹传讹的错误出现在"最恨沽名钓誉"的张奚若身上，难怪张文朴要用"让我哭笑不得"来形容了。

通过口述史所得，以个人感知和记忆所支撑的有可能是碎片化的历史，一旦将其放入波澜壮阔的时代画卷，纳入五光时色的社会背景中，就能显现出历史的丰富与多面。口述史通过勾画个人生活经历，家族人物历史等，呈现出政治、经济、文化等社会整体变迁。口述史丰富了人类记忆，拓宽了历史的范围，将人从符号的避难所中解救出来，带回现实世界。口述史打破了冷冰冰的制度与鲜活世界的隔阂，突破了由时空、代际、境遇等不同造成的人与人之间交往和理解的障碍。

在本书中，无论是修了一辈子"学术铁路"的汤象龙，还是五代清华的唐氏家族；无论是1957年被打成右派，40年后当选海牙国际法院大法官的王铁崖，还是才华、抱负同样优秀，但个人命运更为坎坷的楼邦彦；他们的人生经历都与所处时代紧密相联，他们的个人故事折射出整个中国社会的变迁。

　　本书使我们不仅看到历史上曾经有过的真实经历，也感受到由历史回放带来的心灵震撼。

史静寰*

2014 年 1 月 5 日

---

*　清华大学教育研究院，常务副院长。

序 二

　　谢喆平博士访问整理完成的这部书稿，例属口述史之文本。按照一般理解，口述史源自对相关人物的深度访谈，录以访谈对象的口语叙述；相较于文字史，口述史似乎长于感性表达而短于证据呈现，强在细节描述而弱在叙事零散。然而，历史之真相，往往显露于细节之中；往事之鲜活，亦通常体现在亲历亲闻者的个殊化和情感化的用词之中。追究下来，早期的历史记载无非源起于忠实记录以口相传的故事，古时的成文文献也多是言说者和聆听者共同劳作的结果。许慎在《说文解字》中解释："史，记事者也；从又持中，中，正也。"朱熹在《四书章句集注》中分说："文，典籍也；献，贤也。"此处之贤，即是宿贤之谓；因而所谓"文献"，即是圣人言、贤者言、故老言之文字记录的统称。由此观之，口述史的根苗和意义当得确认。

　　然而，在档案资料无法获取、成文史书没有记载、相关研究尚付阙如的条件下，对于特定的已故人物和历史事件的追寻和描述，甚至是仅仅关涉相距未远的时段，却不能不依靠口述史的方式展开"抢救性挖掘"。因此，口述史不是无奈的选择，更是有意的决断。这正是近年来学术界、出版界和读书界热衷于口述史的根本原因。口述史的功能与作用于此彰显无遗。而这部书稿，无疑是对口述史之价值的肯定。

　　说起来，凝聚了数年心血、耗费了巨大精力的这部书稿，竟缘起于不经意间的一次"发愿"。2009年年末，清华政治学系启动重组之时，对于档案资料的初步搜索和数据资源的深度挖掘，却未能发现有关清华政治学系历史的完整叙述。但片断闪现的讯息却明确提示着，诸多知名学者和风云人物与清华政治学系有若隐若现的关联；清华政治学系与诸多历史事件和内幕故事亦有丝缕可辨的瓜葛。最初的搜寻始于罗列清华政治学系创建的主事者，以及此后存世26年期间的系主任名讳事迹。当清华第一位政治学课程华人教员唐悦良得到确认后，本书整理者在一次国际会议的茶歇时偶遇"联合国教科文组织"助理总干事唐虔博士，寒暄客套之余，听说作者正在清华工作，唐博士说起自己的祖父和父母也曾在清华任教，在提到祖父的名字时，突然触动了作者此前听到过的那个人物。于是，对话持续展开，便有了《一门唐氏，五代清华》的文章。在《看历史》杂志为清华百年校庆发行的专刊中，此文以口述史写作的方法和独家披露的照片，追溯辉煌一时的清华文科系所，追记根植深远的清华教育世家，令人印象深刻。生性喜好追问追根的喆平，自此"发愿"，要看一看到底能够从历史的线索中找到多少往事的亲闻亲历者。

随着工作的展开和时间的推移，最初兴之所至的"发愿"却成了巨大的工程，追寻故事本身也成就了无数故事。张奚若先生的公子、钱端升的公子、端木正的女儿，从老一代清华政治学系教授的后裔，又扩展到已是耄耋老人的清华政治学系毕业生，例如年近九旬的张遵修、张辅枢和许光建。喆平的节假周末，登门拜访成为固定选项；京城内外，留下了匆匆足迹。倘非囿于经费有限，1920年代的美籍政治学教员魁格雷88岁的女儿也定会纳入访谈行列。她因父任教清华而出生于北平协和医院，不仅保留了清华早期的诸多文物，而且还有父亲的在华旅行日记、母亲的北平家居账簿和自己的出生证。同样的情形还可见之于名列清华英烈碑第一位的政治学教授杨光泩的女儿，曾任美国通用汽车公司的副总裁以及美国华人"百人会"首任会长的杨雪兰女士。倘若能进行深度访谈，无疑可以为本书增添华彩段落。当然，这也是本书深以为憾之处。

但在略知内情者看来，大可不必过分自责和内疚。写作永远是一门遗憾的艺术，口述史必定要受到客观条件的限制。相反，持续三年的搜寻、探访和访

谈，以及现已成文的书稿，已经充分证明了整理的苦心所向和苦功所在。分享
受访对象的悲欢、同感历史命运的跌宕，自然会使作者难以持定口述记录者的
旁观角色，尽管其记录仍尽量执守客观中立的立场。"存亡三十载，事过悉成空。
不惜沾衣泪，并话一宵中。"唐代大诗人韦应物的诗句似已经妥切刻画了口述
访谈时的场景。

坊间所见之口述史，多是历史人物以其自身经历为主轴而展开述说。而
这部书稿却显有不同，特意围绕着清华政治学系而进行访谈。作为一个学术
机构，清华政治学系的血脉始于1911年后庚款留学生中以政治学为终身志业
者，雏形于1922年清华师生共同组成的政治学会，建制于1926年清华改制
为大学之时，壮大于1928年改制为国立大学之后；抗日军兴，经战火而弦歌
未缀，历艰辛而薪火未熄，反而成就了1938年之后西南联大的神话。复员
回到北平，转瞬即到解放，清华政治学系虽于1952年因院校调整而遭取消，
但存世的26年间，清华政治学系为中华民族培养了众多英才，其功不可湮，
其事尤可叹。这部口述史终于为这个学术机构以及与之发生过联系的历史人
物留下了极其宝贵的文字影像。久蒙于积年累月的尘埃之下的历史真相亦显
现了辉煌耀眼的光芒。

古人诗云："佳名德雨闻前代，尺字商霖证昔年。"（宋，虞俦）乐于阅读
且勤于思考的读者当能体会到这部书稿所传达的理念。

思虑及此，特撰此文以为序。

张小劲*
于清华园明斋

---

* 清华大学社会科学学院政治学系主任。

目　录

前　言

一

这部口述稿的访谈与整理，前前后后一共花了三年多时间，大大超出最初的估计。这期间，好奇心像雷达一样，随时在阅读与交谈中捕捉可能的线索，就像在浩瀚的宇宙中寻找未知世界，有时候找到一点微弱的电流，但那电流可能会突然断掉，再也找不到，但是也时常会有别的新线索。后来逐渐明白，在时光的河流里打捞一段逝去的岁月，能捞起什么人、什么事，完全可遇而不可求——也许上天会留下一些线索，但也带走了另一些，让你永远找不到。整理完成定稿时，才意识到其实做这代人的口述史多少有点幸运，一来因为那一代的学人人数不多，聚焦相对容易，而且他们相互之间的关联性很高；二来"二十世纪对于我们，望其首已遥不可及，抚其尾则相去未远"[1]，其人其事与现在所距不算太远，可供交叉比对的资料毕竟丰富。

以"系"这样的学术建制为单位整理口述史文稿，在研究上当然有意思，即以历时性的"集体记忆"方式来保存和观察特定人群对过往的记忆，梳理现代高等教育落地与生根的过程。当然，这是逐渐形成的看法。最初的整理初衷有两点，一是把在梳理过程中宽泛的阅读所得记下来；二是想把一个学术单位成员的经历记录下来进行观察和比较。相较起来，第一点是给自己一个交代，第二点是想看看赫赫有名的中国近代精英教育究竟怎样展开，如何行进，到底如何。一般来说，单位建制的研究端正庄严，当然有政治史和学

1　方俊：《从练习生到院士——方俊自述》，湖南教育出版社2012年，序言。

术史上的研究意义，但是再宏大也是个体生命的总和，虽说个体之和未必等于整体，但个体的细述一定有助于理解整体，这也是以个体为"原点"进行口述整理的部分原因。

由于各种条件所限，本书采集到的师生全部是 1949 年以后留在中国大陆的。萧公权、浦薛凤等人去美赴台，没有采到关于他们的内容，当然非常遗憾。本书中的很多口述对象从事学术工作，这并非是刻意的选择，而是因为学术工作本身的"高能见度"，即一来其人其作品在资料检索时易于获得；二来其文其书其事有其弟子代代传承与讲述。遗憾的是，毕业离校后从事其他行业的师生往往难觅踪迹，更无从采集口述——这当然影响以"系"为单位的口述史的完整性。但是，完美的计划和完整的内容，也许本就是奢望——想做什么、能做什么和能做成什么，终究是三个范畴的事。

二

老清华的政治学系一共只存续了 26 年，前后任教的先生一共 40 多人，培养的学生一共 110 多名，在国内国际、海峡两岸，鼎鼎大名者大有人在，可谓国之栋梁。以当今时髦的大学"成才率"来说，当然非常惊人。又因为老清华几乎没有过法律系建制，所以法学，尤其是国际法课程也涵盖于政治学系之中——该系的主干课程包括中外政治思想、比较政府、政治史、国际关系与国际法（当时的政治学分为政府、政事、国际关系三类，其中宪法史与法学属于政府类，国际法属于国际关系类[1]），因此，除了政治学人，老清华的法学人才也大多出自该系。

以该系师生的学术成就论，最经典的是何炳棣给出的辉煌评价：整个 20 世纪炎黄子孙博士论文一出版即被誉为国际名著的只有两部：萧公权的康奈

---

1 "政治学"，见《钱端升学术自选集》，北京师范学院出版社 1991 年，第 451 页。

尔大学博士论文《政治多元论》和陈体强的牛津大学博士论文《有关承认的国际法》，这两位都出自清华政治学系，一治政治学，一治国际法。在多数人文社科领域的留学生至今仍以中国问题为论文选题时，他们早早避简就难，直面主流学术问题，且博士论文一经出版即成为世界名著，可谓"空谷足音"。

实际上，1899 至 1948 年全国一共只有 20 万大学生（1946 级齐锡玉有一次为领导人做翻译时听国家教委负责人所说），资料中说当时念高中的只占全国人口总数的 3%，大学毕业生更只有 0.01%，真真是凤毛麟角。加之当时国民政府的教育政策强调学校"实用性"课程，即科学、技术、农业和医学，在这样的教育条件下，这样的政法师生当然更是少之又少的精华人物——何止精华，简直就是奢侈品。所谓奢侈品，又称为非生活必需品。这 100 多名师生，当然不是什么非生活必需品，但是，他们是国家的必需品。今天文盲率已经降到 5% 以下了，大学毕业生年以百万计，这样的奢侈品成为常备品，所体现的是国家现代化转型的完成。当然，这种"奢侈品"的难以复制，不仅源自独特与稀缺，也与时代的不可复制有关。清末民初的废科举、兴大学，是自唐以来的高等教育大举措；清廷亡、共和兴，更是数千年中华文明史上的大变化；反帝、抗日、国共内战，中国的国内政治第一次和世界形势高度相关，不情不愿地从数千年的朝贡体系走入现代国际体系。老清华这一批人的成长，便是在这样的大背景下，他们既有中学传统，又修习源自西方的现代政法社会科学，所以会将士大夫的家国责任与现代共和制意识融合在一起，形成特别的使命感与学术关怀。

譬如因欧美革命大多由财政问题引发，汤象龙、曾炳钧先后转攻财政史与比较财政制度（甘介侯的哈佛政治学博士论文题目是"政治视角下的法国预算"，同届的哈佛经济学博士陈岱孙抗战之前完成的书稿也是关于比较财政制度[1]），开辟社会经济史研究；为建设现代强国，钱端升不但自己投身宪法与行政法，更曾计划将高足楼邦彦培养成王世杰一样的宪法大家；因为不

---

[1] 甘介侯、陈岱孙、萧公权是清华 1920 级毕业生，同船赴美，同在 1926 年拿到博士学位。

平等条约的屈辱，王化成、王铁崖、陈体强与端木正三代师生投入国际公法。尽管今时他们的生命已不在这个世界，但是所留下的文字与思考，影响着一代又一代后学——即使"先生之著述，或有时而不彰；先生之学说，或有时而可商"[1]，即使他们的知识内容于今而言大多只有知识史上的意义，但是看他们当初论文题目的着力点，比如楼邦彦对制度问题的强调，钱端升对政治学是否是科学的讨论，张奚若对主权与人权的辨析，题目之"时尚"，足令人忘却今夕何夕。尤为难得的是，萧公权的《多元政治论》所批评的拉斯基，正是张奚若等人所推崇的，这些观点不同、取向相异的学人同处一系，赋予了学生们丰富的思想与知识资源。

这一批学者承继的，除了传统的中国学问，主要是英美政治哲学（尤其是拉斯基的思想和卢梭的思想）、政治制度和国际法的学统，和欧洲大陆的政治哲学与法学传统（国际法或许是个例外）渊源倒并不算深厚。从学科发展和时代而言，他们当然有局限与短板。但是，相较清季以前中国学者清一色的纯国学背景，作为第一代现代社会科学学者，这一代人的现代学科训练与国际化的知识背景，对之后乃至今天中国政法知识谱系的生长有很大关系。萧公权《中国政治思想史》近年来一版再版，便是明证。而他们的学生、学生的学生一代代进入行政、司法、学术等公共领域服务，是他们最珍视的贡献罢。

这批师生的思想取向和人生选择也非常值得探究。除了一心向学的师生之外，很多师生选择了进入实务工作，在国共两党都有不俗表现，在国民党一边，有浦薛凤（国民政府行政院副秘书长、台湾省府秘书长）、刘师舜（国民政府外交部次长）、王化成（国民政府外交部条法司司长）、姜书阁（国民政府财政部次长）、陈之迈（台湾驻加拿大、菲律宾和日本"大使"）、俞国华（台湾"行政院"院长）等人，这固然有抗战报国学人从政的时代因素，但胡适送给蒋廷黻的那句"出山还比在山清"，也是他们当时的志向所在。

以本书采集的 20 位师生而言，1930 级的唐明照在清华、1946 级的齐锡玉、

1　陈寅恪所撰《海宁王静安先生纪念碑》。

于坚、王宏钧、1948 级的张辅枢或在清华，或离开清华不久都成为中共地下党员，其中，唐明照是华侨，于坚是来自日占区的东北学生、王宏钧是北平沦陷区的学生，齐锡玉是从大后方重庆考去西南联大的学生，张辅枢是来自重庆清华中学的保送生。唐明照年少时在美国时经历华人地位的低下，回国后在上海看见黄浦江停满外国军舰；于坚自小在沈阳经历了日本人对东北残酷统治的屈辱；汤象龙身材高大而健康，在欧洲港口上岸时负责检查的医生竟不相信他是中国人。这些强烈的刺激对他们的思想影响极大，一如陈岱孙终生不忘年少时在上海看到"华人与狗不得入内"牌子时涌上头的热血。"20世纪 30 年代趋向左倾的大学毕业生是当时全球知识分子的一部分，"[1] 知识界的"向左转"，也是那个时代全世界的风潮。从这批师生的经历来看，"九一八"事变、"七七"事变是其重要的人生节点。实际上，无论是进入国民政府还是选择秘密加入共产党，革命是他们共同的选择，"个人的失意与国家的耻辱使相当多的人转向了革命"[2]，或者对革命抱持相当的同情与支持——革命是那个时代正义的政治。

　　以本书记述这批师生而言，学问生涯也罢，革命实践也罢，与他们本人的志趣、对形势的认识、种种因缘际会有关。实际上，评价和比较不同的选择是没有意义的，比如王铁崖和低他一年级的唐明照有截然不同的志趣与取向，但就成就个人和报效国家而言，孰多孰少？孰轻孰重？王铁崖本人数十年的国际法教学和晚年出任国际法院法官，岂能比较出多少与轻重？端木正的教学研究与出任最高法院副院长，亦岂能比较、何必比较？学问与实际工作，都是推动国家发展不可或缺的部分。但是实际政治的复杂，超出了这批修习政治学的师生的预计，所以钱端升晚年会在学术自选集中反思自己当年"对实际政治的天真"。实际上，政治传统与政治文化的差异以及由此导致的现实政治差异，大概留洋前辈们多少有些低估了。

1　费正清：《费正清对华回忆录》，知识出版社 1991 年，第 370 页。
2　吉尔伯特·罗兹曼：《中国的现代化》，凤凰传媒出版集团、江苏人民出版集团 2010 年，第 390 页。

历史研究中常常讲所谓"通情心（sympathy）"，实际上，位置不同、禀赋不同、学养不同，往往导致"通情心"的巨大差别，论述方式与结论往往也差之千里。对经济学而言，"无论数据如何详尽，描述如何客观，个人亲历其境的感受重要。数字及描述的就是那么多，读到的感受跟亲历其境的感受可以有很大的差别，而感受出错，分析可以闯祸"[1]——恐怕不只经济学这一门，社会科学大都如此，所以陈岱孙才有那句名言"任何一门科学都是关于历史的科学"。今人指点前人前事时固然有时空优势之所谓理性，分析时能够"跳出"在场者的强带入感，但是，亲历感的缺失，不但会导致在分析时出现偏差，更无法真切地体会国破山河碎时代的困窘与迷茫，导致对某些重要的因果等逻辑关系不敏感，这是研究者所不得不面对的问题，而亲历者的口述史一定程度上可以提供补充与修订——资讯不一定是知识，但可以是原材料。

本部访谈采集到的 20 位师生，约是这 100 多位师生的 1/10，虽不是严格挑选的代表人物，但大致可以看出那一时期国立大学师生的一些基本特点。比如，以家庭背景来说，可以分为两类，一类是唐悦良、王铁崖、陈体强、汤象龙、端木正、张遵修、王宏钧、张辅枢等世家子弟；另一类是平常人家的后代，比如张奚若、钱端升、曾炳钧、楼邦彦、姜书阁、龚祥瑞、徐义生等人。总体来说，昔年老清华这一类的国立大学，为好学求知的年轻人开放了上升空间。一个有意思的现象是，王铁崖、楼邦彦与龚祥瑞都是从上海的复旦与沪江插班转学考入清华（清华其他科系不乏有此类经历的学生，比如何炳棣从山东大学转入清华，等等），可见，大学之间的学生流动是高等教育的必要环节之一。

学生本人的好学与努力当然非常重要。但是，从师生们家庭的教育背景，也可以看出教育之与阶层流动的重要性。仅以本书所采集的十多人而言，姜书阁父亲农民出身，28 岁开始念书而成为小学校长，齐锡玉祖父是矿工出身的过磅员、父亲因祖父同事赞助得以读中学念大学，楼邦彦父亲本不识字，

1　张五常：《经济是老人的学问》，http://blog.ifeng.com/article/2269910.html.

坚持自学并拉黄包车起家办企业以资助儿子读大学，唐明照父亲先下南洋后去旧金山餐馆打工，攒钱让自己最小的儿子读书。可见，父辈对教育的重视和努力，是他们本人能够读一流中学，进而考入清华和西南联大这样国立大学的前提条件——假如父辈没有机会受一定教育，则他们也根本不会有机会。此外，二三十年代的清华学生中有世家子弟，但也颇多第一代大学生；40年代的西南联大与清华学生，其父辈大多已在国内外接受过高等教育。这种代际传承所体现的，正是中国高等教育的发展历程。

正如1948级于坚所说，当时能读到大学的，家里都不是贫寒家庭，家境非常贫寒的学生，连高中都读不到。比如他的父亲以前在中东铁路工作（老先生笑说是搁现在那就是外企啊），王宏钧是淮军后代，张遵修是张之洞后裔，唐悦良与唐绍仪同族，端木正更是子贡的后代，等等。当然，他们大多数人在动荡年代的大学生活，经济都不宽裕甚至困窘（尽管他们本人对经济困难的叙述有1949年后的特定惯性偏好，但从客观来说，因多年抗战，那一代大学生经济不宽裕是非常普遍的现实），这也是他们考国立大学备感光荣之外的重要原因：国家负担国立大学学生学费。而从这些名牌中学毕业生很多人困窘的家庭经济状况，也可以看出当时整体性的国弱家贫。

就毕业中学而言，唐悦良是上海圣约翰的，钱端升是上海南洋中学的，王铁崖是福州英华书院的，汤象龙是长沙明德中学的，徐义生是常州中学的，端木正是南京金陵中学的，唐明照、齐锡玉是南开中学的，李咏是天津耀华中学的，姜书阁和于坚是国立奉天三中的，王宏钧是北平四中的，张遵修是贝满女中的，张辅枢是重庆清华中学的，许光建是重庆圣光中学的，张奚若是陕西宏道书院的，从这也可以看出名牌中学与国立大学之间的接续关系：教育质量是关键。

就地理来源而言，这批师生中，江南与沿海一带的学子明显占多，比如广东的唐悦良、唐明照与杜汝楫、福建的王铁崖与陈体强、浙江的楼邦彦、江苏的钱端升与徐义生；来自内地的学生明显少，且集中于教会学校，比如武汉文华书院的吴之椿和重庆圣光中学的许光建；西南一带的是长沙明德中学的汤象龙、四川泸州的曾炳钧、重庆南开的齐锡玉和重庆清华的张辅枢；东北学生集中于沈阳三中，即姜书阁和于坚两人；相较之下，来自西北五省的尤其少，只有张奚若一人。即便民国时期的清华学校一度以各省庚款负担赔款的数额按比例分配学生名额，但国立清华大学政治学系师生的上述地理来源一则反映了清华学生地理分布的变化，二则以该分布反映了当时中国中等教育的地理发展。

数十年过去，国弱与家贫如今已经大大改善，高等教育发生了"无声的革命"，教会大学全面消失，私立大学少而弱，以往大学之间的转学制度几乎不复存在，公立大学一枝独秀，但中学与大学之间教育质量的关联性（譬如精英大学生源高度集中于少数重点中学[1]）、教育之与社会阶层流动的作用，至今仍然如故。此外，由于家庭规模的缩小，中国传统大家庭所存不多，萧公权、汤象龙、曾炳钧和于坚所受益的传统大家族之间的互相帮助，已经较少遇到。看来，一些本质性的教育规则并没有发生改变，但是现代化导致了教育政策与家庭结构的变化。

尽管各学科的教学内容不断地本土化，"近80年以来，中国一直试图用从西方引进的教育制度作为经济和政治现代化的工具"[2]，在高等教育中尤其如此。虽然只是一个26年共一百多人的科系，但是它从精英教育的视角为观察中国现代化提供了一个比较完整的案例。罗兹曼等人认为中国教育现代化早年的路径走反了——它应该是工业现代化的产物，而不是前提。单以就业而论这或许有几分道理，但是，至少从清华的精英教育来看，未必全然如此——现代化并非静等着就能来到，人才与知识的现代化储备，当然是前提

---

1 梁晨、张浩、李中清：《无声的革命：北京大学、苏州大学学生社会来源研究1949—2002》，三联书店2013年，第197页。
2 吉尔伯特·罗兹曼：《中国的现代化》，凤凰传媒出版集团、江苏人民出版集团2010年，第389页。

之一。正如钱端升曾提出的希望："对中国的将来幸运的是，精英的新人数正在增加……这种领导最终能够在一个适当的短时期内，完成中国的经济变化和社会前景的变化"。[1]

三

记得顾维钧夫人在回忆录里头说，当年在欧洲外交界有人对她说 Your husband and you are too good for your country。其实，世间哪里有什么 too good 的人与事？无非时间差、空间差而已。但这时空恰恰是人无法努力改变的，所以这世上才多了如此多的千言万语，百转千回。

这百转千回，成就了多少人物，也捻碎过多少人生。在档案馆看到王铁崖 1936 年出国留学的担保书，照片上的王铁崖年轻而意气风发，担保书上签的两个名字，其一是林良桐。不由心下一惊——林良桐是当年庚款留学念政治学的几人之一，留英归来后曾任教西南联大，后来在台湾糖业公司人事室主任任内以匪谍嫌疑被枪杀。这几人中，第一届公费留美的徐义生，居然在安徽大学图书馆终局，但再难查到片言只语的线索。多位学生都提及的哈佛博士杨荣春，尽管评价不同，但都最多知道他 1949 年后归了东北故乡，便踪影全无。

在张奚若和钱端升眼里，楼邦彦和陈体强是两位不可多得的品学兼优高材生。楼邦彦在 1950 年代的惊鸿一瞥后，在"命题作文"与翻译中耗尽人生，"文革"结束，他却脑瘤开刀，在病房与恩师钱端升抱头痛哭；陈体强拿到牛津博士学位后经历了短暂的意气风发，之后便是 20 年的低眉弯腰，俟改革开放后终于回归本行，未几年却心脏病突发弃世——去世前仍在医院赶校书稿。在全面拥抱苏俄制度、实行革命外交的时代，他们这些被称为旧法学者的个人际遇和专业兴废，只是浩荡时代中的点滴水珠而已。虽然有一定准备，但

1　"战后世界之改造"，《钱端升学术自选集》第 10 章，北京师范学院出版社 1991 年，第 635 页。

目睹楼邦彦长子的掩面痛哭和陈体强长子的欲语泪先流，仍然震惊。从道理上讲，这一百年的动荡，归根结底是古老帝国向现代国家过渡中不可避免的挣扎，浪缓潮平后回头望去，国与家的变迁脉络当然清楚，可是个体在当时当事中的挣扎与沉浮，非亲历者终究无法感同身受。

那批师生们积极投身一个崭新中国的建设，可是忘了过去的事物，包括他们自己，都是"旧"中国的一部分，而被洪流巨浪冲得趔趄乃至倾覆，本是顺理成章的事。钱穆在《国史大纲》的开篇提到对本国历史要有"温情与敬意"，这话包含了太多的意味。顾维钧曾试图劝说儿子继承父业，遭儿子拒绝；清华政治学系师生的后人中，亦罕有人修习政法专业。这固然有心理学所讲的子女对父辈惯常的"抗拒"心理，但恐怕与特定的时代因素关系更大。

四

社会科学许多领域的研究，岁月积淀后找到的感觉不大一样。王铁崖和端木正是十多年前开会时见过的，可惜那时年少，被数个图书馆漫长的手工索书程序几乎唬住，坐在阅览室只觉胸闷，加上年轻人对事物外在的直觉兴趣远远高于对人与事本质的兴致，所以净顾着欣赏他们的风致、吃惊中年一辈的邂逅不羁，虽然看到端木先生对铁崖先生执礼甚恭，却根本不知道他们之间的师承关系，更遑论对他们思想代际传承的思考。当时只是隐约觉得遗憾，哪里知道那是唯一的一次交集。等经了一点点事，对历史沉淀物开始感兴趣，起了整理口述史的念头，他们早已绝尘而去。

虽然政治系许多师生相当高寿，比如端木正86岁，唐明照88岁，钱端升、汤象龙、王铁崖、曾炳钧90岁，姜书阁94岁，浦薛凤97岁，但还是没有等到晚生求见——我等起意整理访问时，他们都已不在人世，所幸辗转联系上了他们的家人。曾做过清华代校长的吴之椿，他最小的女儿是四个子女中唯一在世的，这是世上最后了解吴之椿的人了，如果没有找到她，吴之椿所写陪同宋庆龄和陈友仁访问苏联的亲笔材料等恐怕难以见到，更不会有人知道了。子女眼中的父母人生也自然别有一番视角，但是这些师生本人的所思所想已无法全然知晓，只能是永远的遗憾了——所谓口述史，即"被提取和保存的记忆"[1]，本人和他人之间的"提取和保存"，自然判若云泥。还好，辗转找到政治系几位已近九旬的学生（1946级、1948级、1951级），他们亲口留下自己当年在昆明和北平求学时的经历与思考，总算抓住了那段光阴亲自留在这世上的最后光芒，他们叙述的现场感为后来人真切诠释了何为"时代洪流"。

　　说来意外，本来是打算整理"历时性"的集体记忆，但由于这些子女与学生年龄的相仿与相近，近乎同一代际，最终采集到的口述稿反而呈现出了某种"共时性"特征。他们所叙述的当时风景与来时路，既是20世纪政法知识人的生命历程，也是政法学科在中国现代化进程中的一段旅途。尽管议题因时代发生了变化，但单就学术本身而言，如今的政法仍然行走在"国际化"与"本土化"两极之间的摆动中。虽然同样源自西方，各学科学人几乎同时出国求学，但与自然科学不同，社会科学的落地生根不是容易的事。

谢喆平
2014 年 6 月 10 日

1　唐纳德·里奇：《大家来做口述历史》，当代中国出版社 2006 年，第 2 页。

1　不曾远去的身影

唐虔口述：我的祖父唐悦良*

唐悦良（1888—1956），字公度，广东中山人。1905年入上海圣约翰大学（旧址现为华东政法大学），1909年和梅贻琦、金邦正、秉志、王士杰、胡刚复等人一起，作为清华第一届47名学生赴美国留学。先入耶鲁大学，获教育学学士学位。1913年入普林斯顿大学研究院，以论文《中美外交关系史》获硕士学位，是庚款留学生中念政治学科的第一人。1915年归国后，担任清华大学讲师、《清华学报》英文编辑。1919年开始在北京政府外交部任职。后任驻古巴公使馆三等秘书、副领事。1921年任中国出席华盛顿会议代表团编纂、研究远东问题专员。回国后，任北京政府农商部秘书、内政部秘书。1925年任西北督办公署外交署长。1927年入冯玉祥部，历任国民革命军第二集团军总司令部外交处处长，国民政府外交部特派河南省交涉员。1928年3月，任外交部常任次长，5月代理外交部部长，11月复任外交部常任次长。1936年任行政院冀察政务委员会外交委员会委员。期间担任北京大学、中国大学、国立北京师范大学教授，1940年起任辅仁大学外文系教授并曾代系主任一职，1945年8月，兼任北平市外事处、新闻处处长。

1949年后加入九三学社，并受聘为中央文史馆馆员。

---

*　口　述：唐虔（唐悦良长孙、联合国教科文组织助理总干事）
　　地　点：北京（教育部北楼会议室），上海（国际会议中心）
　　时　间：2010.2—2012.6

　　唐氏祖籍广东中山，民国的第一任总理唐绍仪、清华的第一任校长唐国安，都是中山县唐家湾人，我们同族，但不是一个村的。我的祖父唐悦良，字公度，1888 年出生，是家里的独子。有的资料说祖父出生在上海，但是我父亲和我二叔都说祖父出生在唐家湾老家，我想这应该是准确的。我父亲今年 95 了，我前几天特地再问了问他，他很肯定地说祖父就是在老家出生的。由于父母早逝，祖父由他的叔父抚养长大。他去世后与祖母合葬在京郊的万安公墓，和他的叔父、姊姊在一起。

　　祖父最早在本乡读乡学，后来进了县立高等小学堂和县立中学念书，我想他的中文底子应该不错。1905 年，也就是清朝废除科举考试那一年，17 岁的祖父到上海，进了圣约翰大学上学。那一年，圣约翰大学按照哥伦比亚大学的章程在美国注册，正式取得大学地位、开始声名鹊起。圣约翰大学那时候的学费着实不便宜，这也可以看出他叔父对这个侄子的教育很重视 [1]。

　　祖父为什么选择圣约翰？他从来没说过，我也没机会问他是不是像顾维钧一样，也是因为各种偶然因素选择的。我想，科举制度的废除肯定是原因之一，广东自留美幼童开始的留学风气想来也是原因，总之，不管是他自己、还是他叔父为他做的这个选择，现在来看，这个决定极大地影响了他的一生。如果没上圣约翰，我想，他后来的人生大概完全会是另外一副样子。[2]

　　1909 年对祖父而言，又是一个重要年份。这年夏天，清华招考第一届庚款留美，还差一年就要从圣约翰大学毕业的他，和张福良等其他 6 名圣约翰同学一起，北上参加考试，没想到他们几个人都考中了。第一届庚款一共只

1　"1905 年废除考试的一个结果是新教育比传统教育贵。有志有才的年轻人上进的机会和个人的财富发生了更密切的关系。"陈志让：《军绅政权：近代中国的军阀时期》，广西师范大学出版社 2008 年，第 16 页。

2　"在相当长时间里，圣约翰大学是教会学校的一面旗帜，享有'东方的哈佛'、'外交人才的养成所'、'江南第一教会学校'等美誉。从这里走出的政界精英、商界巨子、学界泰斗、医界圣手，如繁星缀空，在中国现代化进程中留下了鲜亮的印痕。""美国的耶鲁大学、哈佛大学、哥伦比亚大学、康奈尔大学、芝加哥大学、密歇根大学、南方大学等学校都承认圣约翰毕业生的学历，他们无需经过考试就可以进入这些大学继续深造。"详见熊月之、周武：《圣约翰大学史》，上海人民美术出版社 2007 年，第 1 页、第 19—20 页。

招了 47 个人，他们几个竟然都考上了，这也能看出圣约翰大学的水平。祖父因为是广东人，他应该使的是庚款的广东名额。

祖父他们那第一批留学生里，在学术界最出名的应该是梅贻琦先生，祖父和梅先生、张子高先生、金涛先生等人有一张合影，背景是清华的某个建筑，那大概是抗战之后的照片，因为他们每个人都很瘦削，满脸都是历经动荡之后的沧桑和疲惫。

辛亥革命爆发、清朝灭亡的时候，他正在耶鲁念书，也就是说，他出发的时候还是清朝，回国的时候已经是民国了。我看祖父他们第一批庚款留美学生出发前的合影中，他身穿长衫，踌躇满志地站在第一排左前方，和大家一样，都留着长辫子，就以为祖父剪辫子肯定是到美国之后的事。[1]

在美国念书的这些年里，祖父当过美东中国学生会会长（好像蒋廷黻先生后来也做过），1913 年，他在美东中国学生联合会举办的夏令营上以一篇"进步过了头"（Over Progressiveness）的演讲获得冠军，他还当过全美中国留学生《英文月报》的编辑，负责撰写社论。张福良先生回忆里头说，他们一起参加了留美中国学生会的会议，祖父做会议主持人。也有资料说他还做过"全美中国学生联合会" 1914 学年的会长[2]。我想他当年肯定是个非常活跃的人物，能写能讲，而他对时局、对国家的满怀抱负，应该是他从教育学转到政治学的原因。

一、清华、外交部

1915 年从美国留学回来后，祖父开始在清华教书，一直到 1921 年。期间在堂叔唐绍仪的介绍下，祖父 1919 年就进了外交部，但还一直在清华教课。

1　其实他们在出国之前就给剪了："张福良和同学互相剪了辫子，到一家日本理发店去修头发……等他回到家，妈妈和姐姐都认不出他了。"史黛西·比勒：《中国留美学生史》，三联书店 2010 年，第 105 页。
2　唐悦良 1923 年当选华北同学会会长。清华校友总会、清华大学档案馆、清华大学校史馆：《清华校友总会史料选编（1913—2—13）》，第 14 页。

沈宗瀚先生（台湾新竹清华大学前校长沈君山之父）在自述中说，当年他考清华时，口试在工字厅进行，祖父是考他的三名考官之一。顾毓琇先生在回忆录中说他初到清华，周诒春校长用中文亲自口试的，但是入学后，几个英文班由我祖父负责，而且他班上要求学生和老师都用英语会话，让顾先生感到压力很大。

祖父进了外交部后，被派到古巴当了一年多三等秘书、副领事，期间正逢华盛顿会议召开，根据外交部指示，他从古巴动身前往美国，参加中国代表团。[1] 参加华盛顿会议的各国代表团都是高水平的，几乎都是那个时代最好的外交官，这是顾维钧先生在口述史中的回忆。我想祖父得到的锻炼不少。

因为年代久远，祖父和清华董事会的"存废"[2] 这件事情我并不清楚，印象中祖母在世时也未提过。实际上，祖父当时虽然是外交部次长，但因为他的清华出身，在董事会里是代表清华的，罗家伦和冯友兰是北大出身的。[3] 罗家伦与祖父都曾在普林斯顿求过学，罗先生晚他几年。罗先生曾经回忆说他在普林斯顿的时候，只有两个中国学生，想必祖父那时更少——他们应该是知道对方的。

1　唐悦良和1911年庚款留学哈佛法学院的张福运等人一起，担任了代表团的秘书。中国代表团的负责人，有圣约翰大学的学长顾维钧与施肇基。当时，美国东部留学生组织了"华盛顿会议后援会"，积极参与的，有罗家伦、蒋廷黻、吴之椿等人。

2　"1928年9月，国民政府大学院和外交部成立新的董事会，函聘蔡元培（因司徒雷登辞职）、杨铨、张歆海、唐悦良、任鸿隽、李书华、余同甲、凌冰、朱胡彬夏九人为董事，以任、唐为常务董事。11月，董事会在中央研究院开会，认为清华校长罗家伦的计划太过激进，坚持基金的本金不得动用。次年春第二次开会时，唐悦良做会议主席，董事会仍然坚守量入为出原则，不准教授会代表冯友兰列席，仅允于讨论教授会《改组董事会提案》时出席说明，且发言限制15分钟。罗、冯均感不快，亦十分失望。回校后就发动"改隶废董"运动，最后，罗家伦说服戴季陶和陈果夫，国民政府第二十八次国务会议通过罗家伦代拟的待陈联合提案。董事会被取消，清华改由教育部管理。但是罗家伦不久就因为学生运动而辞职，与唐悦良同赴留美的梅贻琦接了校长。"详见苏云峰：《从清华学堂到清华大学（1928—1937）》，三联书店2001年，第20—23页。

3　以早年清华师生熟悉的议事规则来说，如果会议规则不允许列席或旁听，即使是会议主席，也没有邀请人列席的权力。"持平而论，董事会对罗并无恶意"，苏云峰：《从清华学堂到清华大学（1928—1937）》，三联书店2001年，第22页。何况"一部分清华毕业同学，对罗氏持反对态度。唯毕业同学中亦有表示赞成者，如唐悦良、张歆海、钱端升诸氏，对罗氏均表好感。"详见清华大学校史研究室：《清华大学史料选编第二卷（上册）国立清华大学时期（1928—1937）》，清华大学出版社1994年，第53页。

关于祖父和余日宣的关系，余先生和他都曾在普林斯顿大学念政治学，余先生比他晚一年毕业，1920 年的时候，他们都在清华教政治学，所以说在普林斯顿和清华的时候，他们应该是有来往的。[1] 罗家伦担任清华校长后，已经是政治学系主任的余日宣被迫离开，他后来一度作为国民政府军政部的中校英文秘书，为冯玉祥翻译演讲集，这很可能与祖父有关。余先生的兄长余日章，是祖父在圣约翰的学长，也是和蒋梦麟先生一起参加华盛顿会议的两位"国民代表"之一，祖父和余先生在华盛顿期间很可能有交流。

1929 年孙中山先生灵柩由北平移至南京中山陵，祖父以外交次长身份在浦口车站送行，同为从中山县（当年叫香山县）走出来的留学回来报效国家的广东人，他心里的感情可能不寻常。1931 年"九一八"事变时，祖父已经离开外交部了，但应邀代表南京政府，作为广州外交特派员，和孙科以及汪精卫等人一起，坐中山号军舰，去中山县拜见了孙中山先生的原配夫人卢氏和叔父唐绍仪。这件事，我二叔唐世一在他写的《怀念唐悦良学长》一文中专门提到。

祖父留学回国之后，在清华做过关于时局的演讲，翻译过徐世昌的巴黎大学名誉博士论文、黄郛的"欧战后之中国"等不少文字（《唐悦良档案》）。他年轻的时候对政治是有热情的，口才和文笔也不错。《胡适日记》记载有他和梅贻琦两个人联名写给教育部长朱家骅的报告，在组织给北大清华两校庚款留学生作出国培训时，专门请了唐悦良主讲外交礼仪[2]，主讲国际关系的是钱端升先生。

抗日战争胜利后，祖父应首任北平市长、他当年的同事熊斌的邀请，担

1　1920 年，清华同学会会长指定唐悦良、余日宣、陈鹤琴等五人组成委员会，在国内组织清华同学会支部。详见清华校友总会、清华大学档案馆、清华大学校史馆：《清华校友总会史料选编（1913—2013）》，第 5 页。

2　18 场专题演讲的主讲人皆是当时的学界名流：比如讲国际关系的是钱端升，讲英国民族性的是费孝通，讲西洋文学的是朱光潜，讲中国历史的是雷海宗，讲西方图书馆的是袁同礼，讲近代教育的是陈雪屏。18 场演讲中，只有张印堂的欧洲地理和唐悦良的西洋习俗讲座是四小时，其他讲演都是两小时。

任了北平市政府的外事处处长（兼新闻处处长），负责办理各国驻北京外交使节事务，为收回使馆出了力，他还担任了北平行辕主任李宗仁先生的英文翻译。

在外交部和冯玉祥部，祖父是很多重大事件的亲历者和见证人，他那么个能说能写的人，没有留下日记和回忆录，实在是太可惜了。

二、冯玉祥

祖父为什么选择冯玉祥部，除了冯的基督教信仰之外是不是还有其他原因，我不知道。但祖父在演讲中（即 1932 年在清华政治学会发表的演讲《远东国际现势之观察》[1]）强调，在中日开战后，如果日本封锁出海口，为了能够从张家口借道库伦运送物资，有必要"联俄"。从这一点来看，在政治理念上他与冯应该是有相通之处的。祖父的长子、我的父亲 1940 年代赴英国留学，作为姨夫的冯玉祥将军，曾专门写了一阕岳武穆的《满江红》送给他，激励他要保持报国之志。

1925 年祖父离开外交部，在张家口的西北边防督办公署，当外交处处长，这是他们共事的开始。后来祖父回到外交部，担任次长，那时候冯玉祥是行政院副院长。在外交部长黄郛因为"济南惨案"辞职后，他代理过部长一职，负责济案的善后事宜，还作为首席谈判代表，负责过中葡新约的签订事宜。但是时间不长，随着蒋介石与冯玉祥出现矛盾，冯玉祥下野，他也就辞职回到了高校教书。再后来，冯玉祥去美国考察，邀我祖父同行，作他的英文秘书。祖父考虑到自己年纪大了，身体也不好，就谢绝了。

祖父是个很念旧的人。我父亲抗战时期在西南联大念书，祖父每年都写信让他去重庆替他看望冯先生。我父亲说那几年，他每年假期都会买些云腿，搭"黄鱼车"（卡车）从昆明去重庆，替祖父去看冯先生。

---

1 《清华周刊》第 38 卷，第 503—507 页。

我看到有不少文章强调我祖父与冯玉祥的亲戚关系，实际上，我祖父与冯玉祥是先有工作关系，后来才有的亲戚关系。冯玉祥丧偶后，我祖母给他介绍了自己的堂妹李德全，他们1925年成婚。我祖母自己的父亲，死于义和团时期的大混乱，所以她由叔父、也就是李德全的父亲养大，李德全后来在协和念书，也是我祖母带她出来的，她们姐妹一辈子很亲近。但是祖父和冯玉祥先生当初开始共事，是何人所介绍，这我就不知道了。

冯玉祥先生黑海轮船失事身亡，骨灰回国后，就停放在我祖父母家的客厅，一直放到后来安葬泰山。解放后，李德全当了卫生部长，据她儿媳回忆说，她很少去别人家串门，但是每过一两个礼拜就会来看我祖母，她也不坐车，就带着一个警卫员，从小羊宜宾胡同的家里走过来。我那时周末常去祖母家，见过好几次。她一进门，就和我祖母亲热地拥抱起来，然后两个老太太就进屋聊天去了。那时她们听力都不大好，但是两个人总是说得很热闹，我们小孩子在院子里玩都能听到她们的笑声。

三、蒋介石与宋美龄

我听祖母说，宋美龄当初从美国回来时，曾想请她教国文，不知道为什么她没有答应，转而推荐了别人。宋美龄为什么找她，我也不知道，大概和基督教有关。宋美龄刚回国的时候，在基督教女青年会工作过，我祖父祖母与青年会的关系一直很密切。此外，宋家三兄弟倒都是祖父在圣约翰的学长学弟，宋美龄的姐夫孔祥熙是通州的潞河书院毕业的，我祖母也是那个书院毕业的。

虽然没答应教国文，但宋美龄后来和祖母一直有来往，她和蒋介石曾经请我祖父母吃过饭，祖母说席间蒋介石很少说话，显得很有城府，颇有心机，她和祖父都不太喜欢。蒋介石宋美龄是1927年底结的婚，请吃饭应该是这之后的事。那么请饭是不是和冯玉祥有关？这我就不知道了。王正廷做外交部长时，祖父是他的副手，王正廷在蒋宋婚礼上，和何香凝等人是证婚人，关系很不一般，在日本留过学的黄郛和蒋介石的关系也很不一般，大概与这些都有关系吧。[1]

七七事变时，蒋介石邀请全国知识分子及名流在庐山召开商讨抗日国是会议，祖父也被邀请参加。但是由于时局变化，交通不便，好像没有去成。最近我电话问了一下我父亲，他说祖父曾带他去过庐山，是坐轿子上去的，在山上与冯玉祥先生住在一起——应该就是现在庐山上的冯玉祥别墅。但是具体时间他不能肯定，总之是在他上中学时。我分析这大概是七七事变之前的事了，因为事变后再从北平去庐山似乎不大可能了。另外我父亲还说，冯先生在庐山隐居时，祖父去庐山看望冯玉祥时还带了他，记得是坐滑竿上的山，这也是他上中学时的事。[2]

四、李大钊与共产党

我记得祖母说认识李大钊——也许是祖父在北大政治系教书时认识（李大钊也是北大政治系教员）的，也许是 1920 年代冯玉祥与李大钊合作时认识的[3]。祖父的家离苏联领事馆不远，他跟苏联领事很熟悉，联共布的绝密文件[4]里也提到他和苏联驻华大使加拉罕的谈判，也许他认识李大钊也与这些有关。

---

1 作为外交部次长，唐悦良与蒋介石在工作中有过直接接触，比如在梵蒂冈与南京政府建交："1929 年 1 月 21 日，刚恒毅（梵蒂冈教廷首任驻华代表）'搭乘快车特挂花车'去南京，'外交部指定外交宾馆招待'；次日，王正廷的副手唐悦良陪同他到'国府'拜见蒋介石。刚恒毅向蒋呈上教皇庇护十一世的电文，'欢谈一小时，始辞出'"。顾裕禄：《中国天主教述评》，上海社会科学院出版社 2005 年，第 136 页。
2 查史料可知冯玉祥 1936 年夏天和 1937 年夏天都在庐山，唐悦良如果是 1937 年去庐山，则有可能参加了庐山的国事谈话会。卢沟桥事变后交通确实不便，但是张奚若、浦薛凤、陈之迈、陈岱孙等人还是从北平赶到庐山，参加了国事谈话会。
3 "1925 年 2 月底冯玉祥派他的秘书毛以亨赴京接李大钊、徐谦到张家口，北行专门会谈。参加会谈的还有冯的参谋长刘骥、外事处长唐悦良。根据会谈结果，3 月下旬，冯玉祥又派参谋长刘骥、外事处长唐悦良、外交专员包世杰为代表，到京和苏联大使加拉罕商谈苏联援助国民军的具体内容和措施。"中共北京市委党史研究室：《北京革命史回忆录 第一辑》，北京出版社 1991 年，第 261 页。
4 "索洛维约夫向联共（布）中央政治局中国委员会提出的关于中国形势的书面报告"，中共中央党史研究室第一研究部：《共产国际、联共（布）与中国革命档案资料丛书》，中共党史出版社 2007 年，第 329—330 页。

这里还有个真事：有一回特务们去抓李大钊，他正巧不在，而我祖父在，就把他当成李大钊给抓起来了。后来特务头子来了一看，这才发现不对，抓错人了——李大钊是高高大大的河北人，我祖父是个儿不高的广东人，完全不是一回事，就把他给放了。

我二叔唐世一在文章里写祖父在负责赴苏留学生事务时，对中共地下党曾经提供过帮助，但具体是什么帮助，由于二叔的离世，已经永远没法知道了。我1980年代在加拿大留学时，一度住在二叔家，阅读了他收集的全套《清华校友通讯》（后来全部捐赠给了清华图书馆），但是当时学业非常紧张，我又太年轻，也没有来得及问他关于祖父的事情。祖父的子女中，二叔跟在他身边的时间最长，尤其是抗战八年，一直在他身边，可以说对他最了解，真是可惜。

七七事变前，中共地下党的孟用潜常常来祖父在北平的家里，向他了解西北军和国民党的动向。孟用潜是通州孟家的，是个大家族，我祖母也是通州人，因为这一层关系，所以他来找我祖父就比较方便。当时孟用潜化名孟天培（也可能是别的字，总之是个pei字），几乎天天来家里陪祖父说话，当时我父亲在家，笑对他说"你真是名叫孟天陪——天天来陪我爸爸嘛。"虽然他不说，但是大家都能猜到他的共产党身份，我祖母就在家说过他是CP（共产党）。后来我父亲去西南联大念书，孟用潜去昆明看他，见面时他惊讶地说"你怎么敢来？"孟用潜笑了笑，说道"现在国共合作嘛，联合抗日，没事。"孟先生是老资格的共产党，文化大革命中却出了名。20世纪20年代，他在中共满洲省委工作时与刘少奇同时被捕入狱。"文化革命"中为了打倒刘少奇，以酷刑逼迫他做刘少奇叛变的假证，材料被通报全党全国，所以我对他的名字印象很深。

五、教授生涯

除了在外交部门服务，祖父一辈子的大半光阴是在高校教书，比如清华、北大、北师大、中国大学、辅仁等校，所以他更多是个学者。我不知道他当年从外交界退出的心情，总归并不容易吧。

当然他没想到，也因为他选择从绚烂归于平淡，他才得以安享天年——他当初在美国做学生会会长时，杨杏佛（杨诠）在他主持的演讲会上做过"科学与中国"的演讲，也是下一届的学生会成员，后来因为参加保障人权同盟被军统暗杀 —— 那时候他们一帮年轻人聚会畅谈的时候，哪里想得到各人后来的命运沉浮？我二叔回忆里说，华北沦陷后，他和祖父曾经暂时避居在天津的英租界，准备转道去抗战大后方重庆。但是因为不久日本又发动淞沪战役，他们就滞留在了天津，没有能去成重庆。在天津英租界，他曾经跟着祖父去见过王揖唐（后来是华北敌伪高官），王当面劝说祖父出任敌伪职务，但被祖父拒绝了。抗战胜利后，王被枪毙了。

1939 年，华北时局比较稳定以后，祖父就从天津回到北京，担任了中国大学（何其巩任校长）外文系主任。他还曾经一度兼任了辅仁大学的外文系主任，因为原系主任英千里先生为保护爱国学生抗日，被日本当局通缉，不得已逃到重庆去了。抗战胜利后，祖父又将辅大外文系主任之职交还给英千里先生，转任北京华北学院外文系主任。

祖父应该是很喜欢教书的，即是在外交部工作的时候，他也在大学兼职做教授，再比如他 1919 年就进外交部了，但是在清华教书一直教到 1921 年去古巴赴任。他在北师大等校做专任教授时，也在北大政治学系，和张奚若、赵凤喈等人一起任教。1932 年以后，他对政界非常失望，就完全回到了高校，只是兼着外交部的顾问职务。

在外交部工作时，祖父与罗昌（康有为小女儿康同璧的丈夫）相识，关系不错。他后来在北师大外文系任教时，罗昌是系主任。在冯玉祥部时，他结交了一批西北军文官，比如何其巩等人，他在中国大学做外文系主任的时候，何其巩是校长。

清华前后有四任校长是圣约翰校友，但我们很少听祖父提过，倒是听祖母说，有一回祖父在圣约翰的另一位校友马约翰教授家打牌，大概玩得太高兴了，回家才发现把西装忘在了马家。

1940 年，经过老朋友沈兼士（沈尹默之弟）介绍，祖父开始在辅仁外文系当专任教授，他在辅仁开美国文学、英国文学、公文写作的课程，一直到他 1956 年去世。1952 年院系调整的时候，他因为年龄大了、身体不好，曾经提出过要退休，还写了申请，但是好像没有得到批准（北师大档案馆存有唐悦良的亲笔申请）。

我母亲是祖父在辅仁外文系的学生，据她讲，祖父讲课非常生动，学生很爱听。20 世纪 80 年代，跟"美国之音"学英语的中国人对"何丽达"这个名字都很熟悉，因为她在美国之音教英语九百句。何丽达本名茅漪，是我祖父在辅仁的学生，后来去了美国。我 20 世纪 80 年代在加拿大留学时去美国旅游，还到美国之音的总部去看过她，她见到老师的后人非常激动。

六、祖父祖母

说来奇怪，祖父是个特别洋派的人（圣约翰大学人称"现代中国绅士的摇篮"，非常重视英文教育与礼仪，祖父的洋派可能与这有关），祖母是很传统的中国女性，他们两人一辈子却相处得很好。他们两个人身世很相仿，都是父母早早去世，由叔父抚养长大，他们 1916 年冬天结的婚，清华的副校长赵国材等人出席，当时的《清华周刊》上还有报道。不过我们都不知道他们是怎么相识的，大概还是和教会有关吧。

我祖母晚年得过中风，虽然她努力锻炼，恢复得不错，但是仍有一条腿不太方便，需要拄拐杖。但我印象很深的是，从 1950 年代后期开始祖母家里就有一台黑白电视，国庆节的时候我们从清华进城去看她，全家一起看电视转播国庆游行，每当天安门广场升国旗演奏国歌时，她一定会努力从沙发里站起来，一直要站到国歌演奏完毕。我想，在爱国的思想层面，她和祖父是有共鸣的。

关于祖母，还有一件事我记得特别清楚。她说零钱时，向来只说"几角钱"，从来不说"几毛钱"，原因是她认为说"几毛钱"对毛主席不敬。她真是个很特别的老太太。

我印象里，祖父虽然是基督徒，但好像他并不是特别严格的教徒，至少不像祖母那样虔诚——我的名字"虔"是祖母给起的，一则因为我是虎年出生的，"虔"字又含有我母亲名字中的"文"字，二则有表示虔诚的意思，这大概也能体现她的信仰。

七、家庭教育

我二婶是梁敦彦（清政府首批留美幼童，后为驻美大使、外务大臣）先生的孙女，据她父亲说，我祖父是个很活跃的人，梁家当时有七八个孩子，"悦良一来家里气氛就特别活跃"。可是，在我父亲、姑姑们和叔叔们眼里，他们的父亲是个话不多的人（他们的原话是"守口如瓶"），六个孩子多和祖母亲近，对他则又敬又怕。看来尽管很"洋派"，他还是个传统的中国父亲。

1917年7月祖父的长子，也就是我的父亲出生，此时正是孙中山先生在广州发起"护法运动"，反对段祺瑞"不要约法、不要国会"的"武力统一"，祖父给长子取名"统一"，表达自己对国家统一的愿望，1932年他在清华发表演讲，也强调"须求统一。苟国家不能统一，即不是以言准备，更无以言一致对外"。他给1918年出生、不久就夭折的大女儿取名叫"欧和"，是为了纪念第一次世界大战结束，欧洲重获和平。从他给儿女取名这事来看，他对世界形势和国内政局很关注、很投入。

祖父的六个儿女，虽然三个念清华（电机、机械、水利）、两个念北大（化学、医学）、一个念协和，儿子们都念了工程、俩女儿都学了医，但是，不仅没人从政，连一个念文科的也没有。据说他本人没干涉过子女的专业选择，但是我想，他本人的价值取向对子女肯定是有影响的。

祖父最宠爱的孩子，是长子统一和长女敏一，因为他们两个学习成绩最出色，其他几个稍微逊色一点。统一中学会考的时候，得过全北平第一名，冯玉祥还专门向祖父道贺。他考上清华那年，抗战爆发，他在燕京大学借读了一年才去昆明西南联大，借读一事，祖父找了燕大教务长司徒雷登，他们认识多年。敏一是林巧稚大夫的学生，林大夫非常严厉，敏一做住院医时被她训哭，回家向祖母诉苦，祖母安慰她说要好好学。实际上，她是林大夫非常中意的学生，后来林大夫去世前对人说过"我的东西，唐敏一是学了的"。林大夫是基督徒，所以我祖父母跟她也认识。

我二叔在回忆里说，当祖父在华北冀察政务委员会管理外交事务时，宋哲元曾在北京中南海怀仁堂举行过两场空前绝后的京剧演出，招待那时候驻在北平东交民巷内的各国外交使节。白天演出的是杨小楼、郝寿臣的全本《连环套》，夜场戏是梅、程、荀、尚四大名伶及马连良、谭富英的全本《红鬃烈马》，他有幸看了夜场演出，"可惜那时候还没有录像设备把那日的盛况保留下来，憾甚！"不知道二叔这爱好是不是源于祖父？祖父如果也喜欢京剧的话，我可真是觉得意外——他那么个洋派的人，还有这爱好？

八、我眼中的祖父

我是长孙，1950年出生，但祖父1956年就去世了，我们祖孙今生相处的时间并不多。我不知道他对自己的一生如何评价，幸运的是祖母在我成年之后才去世，也很疼爱我，常常跟我提起祖父。所以，我今天对祖父的理解，更多来自她的讲述与回忆。

我记得的是，晚年的祖父，因为多年的支气管炎（实际上可能就是开放性肺结核），身体很不好。当时并没有抗生素一类的药物，也就没有什么有效的治疗办法，能做的只能是把病人隔离起来，这样他能静养，也避免传染其他家人。当时家里有个长廊，后来专门封起来，隔了间屋子给祖父住。我记得每周随父母从清华进城，去看祖父的时候，进到他那间有玻璃窗的屋，鞠个躬就退出来。

我那时候太小了，小男孩就想着赶紧行完礼，好到院子里玩。那个院子在幼年的我看来，非常非常大，好像有好几个篮球场大（可能在小孩子眼里，尺寸被放大了），房子都在北边，院里种着高大的桑树，有压水的水井，还有个不小的坡，总之到处是我喜欢玩耍的地方。可惜大烟筒胡同的那个院子已经不存在了，但它永远留在我的记忆里。

我知道祖父是辅仁的外文教授，后来周恩来总理给他发聘书，请他做中央文史馆馆员。几十年里，我想当然地以为他教外文，教英美文学，那他在美国留学念的就是英美文学吧，根本没想到他先念了教育学、后念了政治学。家里人一直说我的个性与祖父最像，运动生理学专业出身的我，如今在联合国机构里做负责全球教育的助理总干事，工作的内容正好是祖父当年学习的两个专业，而我唯一的女儿念大学时主科是政治学，副科是英美文学——我们父女两个人，在不知不觉中念了、做了祖父当初的所学与所教，也许，这里头真的有天意在。每每想到这里，我就觉得他其实没走远，一直就在离我们不远的地方。

祖父 21 岁的时候，剪了辫子从上海坐船出洋留学，回来的时候清朝变成民国了；我父亲 21 岁的时候，在抗战的烽火中从北平辗转到昆明就读西南联大；我 21 岁的时候，在山西农村插队当牲口饲养员，真心以为要扎根农村一辈子；我女儿 21 岁的时候已经在北美上大学了。4 代人，一百年，起起伏伏，变化太大了。

整理者手记

2009 年，"唐悦良"这个名字最早是在余日宣文件中见到，余先生视涂羽卿、唐悦良为好友。涂羽卿是早年清华学堂的留美学生，是圣约翰大学第一任、也是最后一任华人校长，更是余日宣的湖北教会同乡，但是唐悦良则资料甚少，只知道是第一批庚款留美生。

历史往往停在某处，微笑地等着后来人。

当年冬，在京参加联合国教科文组织会议时，偶然和该组织的助理总干事唐虔谈话，他说起祖父是老清华的，但是现在的人可能不知道了。我不由好奇地追问其姓名——居然正是唐悦良先生。我意外地找到了唐先生后人，他的后人意外地知晓祖父留学先念教育学，后念政治学。

此后至2012年，先后在北京、上海两地与唐虔先生进行了多次交谈，查阅多处资料，互相比证，其间唐先生每次回国，再三专门请教九旬高龄的父母，终于逐渐厘清了这位庚款第一位政治学人的人生经历。唐先生感慨地说，做这篇口述史的过程，也是他追踪家史的过程。

这位圣约翰的广东学子、满腔报国心的庚款留学生、北伐时的外交干才、教鞭遍及北京名校的教授，谢世56年后，在气质酷似他的长孙眼里，有过什么样的人生？在安静的会议室中，故人与今人、血缘与学缘，繁华与安稳，在徐徐道来的叙说中，恍惚间重叠在一起，那个已远去的身影，逐渐清晰起来。

上海那密密的高楼后，当年的圣约翰大学旧址仍在，尽管它和它那群近代史上的辉煌学子已烟消云散。有一回访谈在上海，合上笔记本走出会议室，外面阳光明媚，怎能想到一个世纪已经走过。其实，曾经的人与事，仍在那阳光中，仍在那旧楼中，仍在人心里。

近日看唐德刚先生回忆当年多次为顾维钧先生做口述史，说尽管很熟悉了，顾却不像胡适和李宗仁那样不拘小节，"顾公可能是久做外交官的关系，对任何人都文质彬彬的，保持一段礼貌上的距离。每次我前往谒见，他总是站起来和我握手，叫我'Dr. Tong'，顾公告诉我，当年他的上司陆徵祥对他总是如此"，看到此处，不禁想起另一位Dr.Tong——唐虔，他有顾一般的风度，但并不像顾维钧那样保持距离。

2012年夏，联合国教科文组织主办的第三次世界职业教育大会在上海召开，上海市长在开幕式上提到，中国职业教育的先驱黄炎培先生当年正是在上海组织了中国职业教育社；唐虔作为联合国教科文组织助理总干事，他的大会闭幕致辞赢得 100 多个国家代表的满堂掌声。《冯玉祥书信集》中专门提到 "'唐悦良同志'与黄炎培接洽" ——当日谈话的黄、唐两人自然不会想到，80 年后，唐的长孙以这种方式续接了前辈的使命。其实，个人的历史与家庭的历史所构成的，岂不就是国家的历史。

2013 秋，唐先生父亲、清华电机系唐统一教授高龄去世，谨以此文向老先生的远行致敬，感谢他在世时对若干问题的回答与补充。

2　清华缘

吴采采口述：我的父母吴之椿与欧阳采薇[*]

吴之椿（1894—1971），湖北江陵（今属沙市）人。民国初年毕业于武昌文华书院，1917 年考取湖北官费，赴美国就读伊利诺伊大学，1920 年获文学士学位，又入哈佛大学，次年获硕士学位。嗣后在伦敦政治经济学院和法国巴黎大学深造。1922 年夏归国后，历任中州大学、武昌国立商科大学、中山大学教授。 1926 年秋，加入广州国民政府外交部，任秘书兼政务处长。次年 1 月，汉口"一·三"惨案发生后，作为部长陈友仁的助手参与收回汉口英租界协定的谈判，协助收回九江英租界。1927 年国共合作破裂后辞职，随宋庆龄、陈友仁前往莫斯科。1928 年春取道西欧，在巴黎大学和柏林大学听课，是年夏天回国。 回国后，应新任清华大学校长罗家伦之聘，任政治学系教授、系主任，并兼教务长。主持政治学系后，与教师共同努力，在系务方面多有改进，相继增聘了张奚若、莱特（美芝加哥大学国际法教授）、胡道维等学者任教。1931 年春因病辞职。历任青岛山东大学、武汉大学、国立西南联合大学、北京大学教授。期间，1945 年与张奚若等十教授联名上书蒋介石、毛泽东，就国共商淡、民主建设事宜发表意见，1947 年参与发表《十三教授保障人权宣言》。

1949 年后继任北大教授，1952 年改任北京政法学院教授。1958 年退休。1961 年被聘为中央文史研究馆馆员。1971 年病故，年 77 岁。著有《青年的修养》、《民治与法治》《自由与组织》；译有《德国实业发达史》《近代工业社会的病理》、

*　口　述：吴采采（吴之椿与欧阳采薇次女）
　　地　点：海淀区羊坊店、清华大学明斋
　　时　间：2012.7.1—7.5

《论出版自由》《印度简史》(与欧阳采薇合译)。

欧阳采薇(1910—1998),吴之椿夫人。1932年毕业于清华大学西洋语言文学系,1947年赴美留学,在洛杉矶加州大学英国文学系和哥伦比亚大学教育学院英语教学专业学习,获英语教学硕士。后在西南联大、新华社对外部工作。

我的父亲吴之椿，1894 年出生于湖北武昌，他在本地的小学毕业以后，进了宜昌的美华学院读书。他父亲是湖北的小官吏，在他九岁时就去世了。我从来没有回过父亲的故乡，只知道祖母大概在抗战前就已去世，父亲有一个弟弟，在抗战时期走失了，再也没有找到。1952 年院系改造时，周鲠生先生请父亲回武大教书，他也很想回去，但是母亲舍不得她新华社的工作，就没去成。

一、慈爱的父亲

爸爸年长我 50 多岁，如果他还在，我真想像现在的年轻人一样，叫他"老爸"。小时候，我不懂为什么家家都有规矩，我的朋友们一般都怕爸爸。我儿时印象最深的就是爸爸的慈祥——他不光对我们家的孩子这样，对我们所有的小朋友们都是笑眯眯的，他非常喜欢孩子。我的朋友们都喜欢在我家玩，因为非常自由。后来听妈妈说，爸爸受西方教育的影响很深，相信民主自由，所以不用中国传统的教育方式。我们兄妹没有一个人挨过打。大哥小时候，爸爸总觉得老师管得太严，他最爱说的一句话是"一将成名万古哭"，讽刺老师让学生痛苦地写超量作业。在我们家，不光父母是平等的，连孩子和父母也是平等的。如今在美国生活多年，观察到很多美国家庭，很少有人家像我们家给孩子那么多自由的。如果是现在，我一定会叫他一声"老爸"。

在家里，我最怕的就是喝牛奶，一听老爸那拉长了的湖北口音"或—留—来"，我就吓得乱跑。当时家里有个记账本，每个人买了东西，都要记账，爸爸妈妈也不例外。我五六岁时，到附近小店买东西，多买了几分钱的糖，偷偷吃了。回家交账时，就出了麻烦。我很害怕，就开始哭。现在我记不得爸爸是批评我还是安慰我呢，只记得一张很大很大的桌子，我在这头哭，他在桌子那头站着。

我在家里是个被宠坏了的公主，动不动就和老爸撒娇、跳脚。后来去了兵团，很后悔，打算回家以后一定改。1969年底，好不容易轮到我探亲，归心似箭，坐火车到了天津，背着背包从天津往北京走，几经周折，还是拦车才回到了北京。到家时，是老爸开的门。可是到了家里，一见到老爸，我的决心就化为泡影。他不小心把我的印相纸打开了，我又开始和他跳脚。正好我的一个朋友在，老爸问她："你在家里，能对你爸爸这样吗？"

我记得老爸的书房有个糖罐，别的人都不去动，只有我可以在任何时候去拿糖吃。有一天，我又把小手伸到那个糖罐里，老爸突然制止了我，他说"姐姐生病了，以后糖果要留给姐姐吃"。为了给姐姐治病，父母到处借债，几乎到了倾家荡产的地步。

我18岁，要去北大荒插队。老爸去过西伯利亚，知道那里冬天有多冷。当时他已经七十四五岁了，公园也很少去了，在家里说好了，老爸不去送行，因为坐车去北京站对他来说太苦太难了。可是，火车开动之前，拄着拐杖的老爸突然出现在我的面前！我急坏了，火车站送行的人很多，我很怕他被挤着或者摔倒，更害怕他病倒。于是我摆出了小公主的架势，"命令"他马上回家，他无可奈何地离开了我。其实，我心里何尝不想和他说声"再见"呢！如今，自己也成了老妈，才会想到老爸被我"轰"回家的路上，心里会多么难过！

二、革命青年

在我记忆里，老爸一直是慈祥和笑眯眯的，对我来说，实在是难以想象他年轻的时候是个热血青年，参加了中国近代史上的很多大事。

老爸书念得不错。1917年9月，他以湖北省官费留学考试第一名的成绩去美国留学，他跟我说过考官费、看榜的事。他在美国伊利诺伊大学念完本科，他的硕士是在哈佛大学拿到的。老爸说中文时，湖北口音很重，但是他的英文却非常标准。他跟我说过在美国苦练发音的事，说为了念好 three（三）这个词，他在河边连续练了三个早晨。从哈佛毕业后，老爸又去英国伦敦政治经济学院和法国巴黎大学深造。他在欧洲时学会了炸土豆饼，就是把土豆蒸熟了捣成泥，再裹上鸡蛋糊炸，非常好吃。

在欧美留学的时候，他曾经在《政学丛刊》上发表"德国之新政府"、"德意志新宪法"、"俄国中央劳农政府之组织"等文章。1920—1921 年华盛顿会议期间，他提议组成"中国留美学生华盛顿会议后援团"，与罗家伦、蒋廷黻等人一起，声援中国对日交涉 [1]。那时候，他可真是个热血的革命青年。

1922 年夏天，老爸从欧洲回国，担任位于河南的中州大学教授，不久以后，他就离开河南，转到国立武昌商科大学、国立武昌大学任教。我不知道为什么他回国先去的中州大学，可能有什么朋友介绍吧。

1926 年夏天，老爸这个革命青年，与几个朋友一起，前往北京面见李大钊，李大钊介绍他加入了中国国民党，夏末秋初的时候，在李大钊的介绍下，他和周炳琳、赵太牟等人一起南下广州，见到担任广东国民政府外交部部长的陈友仁，陈友仁对这个年轻人很满意，请他担任了外交部秘书兼政务处长。随着北伐节节胜利，国民政府外交部搬到武汉，老爸也来到武汉，参与收回汉口英租界协定的谈判，成功收回汉口。陈友仁在武汉的重要外交活动，他基本上都参加了。陈友仁不会说中文，所以他的讲话都是老爸翻译的，他在武汉对群众发表的公开演讲，也是老爸翻的。有一回陈友仁在公开演讲中说"在中国的教育发展中，教会学校是发挥了作用的"，当时民族主义革命情绪高涨，怕出事，加上老爸是念过教会学校的，不同意他这个看法，在翻译成中文时就把这句敏感的话翻译成相反的意思了。

1927 年 7 月 15 日汪精卫在武汉背叛革命，开始"分共"后，宋庆龄坚决不参加，同一天父亲撰写了《为抗议违反孙中山的革命原则和政策的声明》，

1　我和段锡朋、童冠贤、罗家伦、吴之椿等在华盛顿参加了中国留学生向中国出席九国会议的代表团的请愿游行。学生们堵住中国公使馆的门口。我向中国政府代表团团长施肇基及代表顾维钧等说："你不答应我们的要求，今天就不许你出这个门。"施肇基说："你来参加当一个代表好不好？"我当时一只手插入衣袋，美国警探疑心我要掏武器，就立即把我包围起来。施肇基对警探说："这是我们自己的事，你们散开吧。"何思源：《五四运动回忆》，中国共青团网：http://www.ccyl.org.cn/zhuanti/09_54/54zlg/gsh/200904/t20090427_227902.html.

作为宋庆龄的"临别赠言"，向中外新闻界广泛发布，还印成传单，在武汉的大街小巷到处张贴。同年8月南京政府也"分共"后，他辞去公职，陪同宋庆龄在这危难的时刻秘密访问了苏联。当时是连夜从上海走的，先是在海上花了好多天到达海参崴，然后再转道坐了11天的西伯利亚铁路，去了莫斯科，前前后后在苏联停留了半年多。

老爸讲过他陪宋庆龄和陈有仁去苏联的事情。他告诉我，他和陈友仁不欢而散，是因为陈让他去做代表和汪精卫谈判，他认为这是对他人格的侮辱。[1]

老爸晚年的时候，因为身体不好，向政法大学（当时叫北京政法学院）提出退休，几经周折，学校还是批准了。我记得他给宋庆龄写过一封信，有一天，有两个人来到家里，原来是请他去做中央文史馆馆员，送周总理签的聘书来了。

在我记忆里，老爸不怎么谈政局。他说他入过国民党，但是是孙中山先生的国民党，不是蒋介石的国民党。因为是国民党左派，他对共产党的很多政策是理解和赞同的。反右和"文革"的时候，他因为身体不好，早就淡出了，风暴就没怎么影响到他，现在想来很幸运啊。

三、勤勉的教授

老爸的事业似乎与常人走了相反的一条曲线。年轻的时候，老爸怀着满腔热忱和拯救中国的希望，参加了孙中山先生领导的革命。大革命失败之后，他随着宋庆龄去苏联，然后在欧洲一游。其后，在各个大学任教。在家里，老爸不太说起这些——也许和我与他年龄差距太大有关。

1928年夏天，他从欧洲回国后，不久就应清华校长罗家伦的邀请，担任政治学系教授和系主任。我最近刚知道他在任几年间，当过清华教务长，还

1　在苏联时，有一天他突然对我说"我要你回国当我的代表去见汪精卫，我将为你买一张车票。"我听了以后，非常恼怒，认为是重大侮辱。我和陈友仁当时就不欢而散了。吴之椿手稿："关于陈友仁"。

当过短期的代理校长。但最主要的是推动了政治学系的发展，比如请了张奚若先生、胡道维先生、美国芝加哥大学的莱特教授等人，开办了研究生教育，等等。他晚年很少说起这些，很多事我都不知道——他在美国念政治学、研究欧美宪法史我一直是知道的，但没有想到他在清华做了这么多事情。[1]

抗战开始后，老爸先在武汉大学政治学系任教，后来又到西南联大，抗战胜利后，全家回到北平，他在北京大学任教。1952年院系调整后，老爸又转到了北京政法学院。我大哥是在南京出生的，那是老爸应老朋友、湖北同乡王世杰[2]邀请，在王当部长的教育部工作，负责全国中小学英文教材和考试题——很多年以后，插队在东北的我本来有机会推荐当工农兵大学生，但是因为父亲和王世杰的关系被刷下来了，当然，海峡对岸的王先生无论如何也想不到，他的名字就这样改变了一个晚辈的人生轨迹；我姐姐是在四川乐山出生的，那是老爸在中央大学教书，我小哥是在昆明出生的，那时老爸在西南联大。我记得妈妈说，在昆明的时候，有学生送了个猫咪给他们养，不料那猫越长越大，居然还开始吃肉，后来找人来看，才知道那是头豹子！

由于四处奔波，条件艰苦，老爸的健康早早受到影响，重庆和昆明的事我知道得不多，我出生在北京，从小就记得老爸神经衰弱，很难入睡，肠胃也不好——我小时候家里常常备有酵母片，我的朋友至今还对我说"你记得吗，困难时期，你把你家的酵母片分给我们当花生米吃"。

---

1 "致吴之椿电（1929年4月4日发自南京）北平清华大学吴之椿先生转教授会议：董事会开会不准本会代表列席，仅允于议及本会提案时出席说明，限定发言十五分钟结束。详校长另电。现校长因政策不行已决心向国府辞职。弟有辱使命，极歉。冯友兰。"冯友兰：《三松堂全集》第十四卷，河南人民出版社2000年，第36页。

2 王世杰（1891—1981），字雪艇，湖北崇阳人。武汉大学首任校长。1911年肄业于天津北洋大学采矿冶金科，1917年获英国伦敦大学公共管理学士，1920年获法国巴黎大学法学博士。回国后曾任教于北京大学，与胡适等创办《现代评论》周刊。历任国民党政府法制局局长，湖北省政府委员兼教育厅长，海牙公断院公断员，武汉大学校长，教育部长，军事委员会参事室主任兼政治部指导员，国民党中央宣传部长，中央设计局秘书长。一度任国民参政会主席团主席。1945年当选国民党中央监察委员，并出任外交部长，赴苏签订"中苏友好条约"，嗣任巴黎和会代表团团长。1948年当选中央研究院院士。赴台先后出任"总统府秘书长"、"行政院政务委员"、"中央研究院"院长兼"中华文化复兴运动推行委员会"常委。国民党第七至十二届中央评议委员。1981年病逝。

在家里，老爸是个非常称职的丈夫。妈妈对我说过，当时很少有教授做家务，但在昆明时没有保姆，爸爸就经常帮她做家务，是出名的"模范丈夫"。[1] 1946 年，妈妈去美国留学，爸爸一个人在家照顾三个不到十岁的孩子。他想回武大教书，但妈妈舍不得自己的工作，他就放弃了自己的想法。

刚解放的时候，老爸应邀参与制定宪法，住在很高级的和平宾馆，但是他身体不行，坐不了班，才一个多月就得了结核性胸膜炎，只好早早退出了。

小时候，我知道爸爸是教授。但教授是什么意思，我也不一定懂。我只记得，老爸有个书房，里面有很多书，有大书柜和一张书桌，他常坐在书房的藤椅上看书。他写的、翻译的书，有些家里有，有些我从来没见过。妈妈很好强，那时候还抱怨老爸没有更多成果，现在想来，老爸身体不好，无法支撑，再说了，多亏他没有积极参与，否则那年月里他肯定难逃运动风浪。

四、我的母亲

我的母亲欧阳采薇是欧阳修的后代，因为父母是留日学生，她 1910 年出生于东京，第二年，也就是辛亥革命几个月后，与父母一起回国。外祖母在日本学的是营养学，这一点在我们家留下了很深的印记：我们家的早饭一定有碳水化合物和蛋白质，中饭和晚饭则是蛋白质、维生素和碳水化合物的结合。我记得妈妈是解放脚——她父母是留日学生，居然让自己的女儿裹脚，简直不可思议。

---

[1] "另外还有吴之椿先生，那时候总有五十多岁了，比一般的老师都老，也是讲西洋政治思想史，其实主要就是讲十九世纪后半叶英国达尔文主义的社会思潮。吴先生的课讲得非常深刻，谈到斯宾塞以降的英国政治思潮，真是如数家珍。不过他和张奚若先生一样，都没写过大文章，要按现在的标准就得被刷下去，可是那时候人们都知道他们是大学者，学问非常好。吴之椿先生偶尔写文章，也不是纯学术性的，我倒是对他的文章很欣赏，有一段我现在都记得，他说：人类的关系有一种是权威的关系，一种是圣洁的关系。比如政治上是权威的关系，你是我的下属，你就得服从，可是夫妻间就是纯粹的圣洁的关系，夫妻双方是平等的，并不是说一方命令你什么你就得听他的。吴先生说：'可惜中国人的事情权威的成分多，而圣洁的观念少。'这段话给我印象很深。"何兆武：《上学记》，三联书店 2006 年，第 147 页。

　　由于外公在北洋政府担任国会议员，母亲在北京宣武门的一个深宅大院长大。但是，外公的重男轻女思想很重，不仅对太太动过手，连女儿也打。[1]但是母亲自小念书，成绩极好，外公也逐渐喜欢上这个大女儿，让她给弟弟们辅导功课。母亲中学上的是师大女附中，乘坐轿式马车来往于家里和学校，高中的时候就能用英语演话剧。她毕业的时候，外公问她要嫁妆还是要上学？她选择了上学，先考上燕京大学，但她不大喜欢，加上学费太贵，所以入学第二年、清华开始招女生时，她就离开燕京，考入清华，成为清华的第一届女生，她后来常常跟我提起同届的黎宪初、蒋恩钿等女同学，而她最好的朋友就是黎宪初。

　　在我印象中，母亲是个格外好强的人，在学业和工作上尤其如此。她的这种好强，根源在于她母亲在家庭中的遭遇。但她母亲一门心思让她学习自强，居然不主张她运动，加上她小时候生过一场大病，身体不好，结果都十岁了还不会跑，一跑就摔跤，这状况上了清华才改善，在强调体育锻炼的清华学会了滑冰等运动。由于吃够了母亲不让她运动的苦头，她后来对自己的孩子则非常支持体育锻炼。

　　妈妈从清华毕业后，吴宓先生介绍她到国立北平图书馆，后来又介绍她认识老爸。妈妈年轻时肤色非常白皙，在清华时，同学以为她抹了粉，让她洗掉，结果她越洗脸越红——根本没有粉，完全是她自然的白皙肤色。妈妈跟我说过在清华时，大家都说她是校花，但实际上她自己对外表是很不在意的，她不但自己根本不打扮，也不给自己的女儿打扮，也不让我们化妆。

　　妈妈实在一个好学的人，几乎有几分书呆子气，我们家的桌子上、床上，到处都是书。她晚年时，有一回我看书多得快要把书架压塌了，就费了半天

1　"我的父亲，后来是北洋政府的国会议员——不允许我的母亲在一所中学任教。他认为，如果他的妻子在外面工作，会有损于他的尊严。我母亲便把希望寄托在我身上，我才四岁就被送到私塾念书，在我读小学三年级以前以及入学后的课余时间里，我读了《四书》《诗经》以及其他经书。我母亲急切地想使我受到可能获得的最好教育，使我有朝一日能够做到她自己没有做到的事。"欧阳采薇："回忆新闻工作二三事"。

劲给她整理好，结果惹得她大发雷霆，说我弄得她找不到要用的书了！妈妈一辈子极其好学，除了英文，她还懂法文、德文、俄文。她在西南联大等校教过英文，在 37 岁时考取奖学金去美国留学，在哥伦比亚大学拿到硕士学位。1970 年代，柬埔寨的西哈努克国王多次在人民大会堂举办晚宴，他每次的讲话都是妈妈连夜从法文译成英文，向全世界播发的。妈妈工作到 76 岁才退休，退休后还常常跑北京图书馆查资料，忙翻译，一直忙到 80 多岁病倒。她一辈子教书、翻译、写作，忙个不停，晚年还拿过墨西哥的新闻奖。

妈妈一辈子追求的是做个独立的职业妇女，但是，我看她这一生在学业和事业上的努力，被她容貌的名气给遮盖了，妈妈对这大概会很不甘心的吧。[1] 我记得她晚年的时候，有清华当年的足球队长等同学来看望过她，事后她对我说："我喜欢教授"，这大概就是她选择老爸的原因。母亲和老爸志趣相投，他们合译过《印度简史》。[2]

妈妈给我讲过，老爸年轻时追求过袁震（后来的吴晗夫人），还给了她不少经济上的帮助。可是，当老爸去找她求婚的时候，她却把老爸大骂了一顿。为了这，（可能也有其他原因——老爸说过，当时闹学生运动，教务长当不成了），老爸死活不在清华教书了。去了新成立的青岛大学当了什么总务长，图书馆就是他负责筹建的（按：江青当时在青岛大学的图书馆工作）。这在妈妈看来，真是不可思议。老爸参与过营救袁震的姐姐袁溥之，起初，我以为这是为了袁震，但后来知道他在长达四年的时间里，包括离开清华之后，始终为袁溥之奔忙，我想，这就是老爸，他不会因为袁溥之是不得势的共产党

---

1 "合影时，人们发现，立于第一排边缘上，有一位白发红颜五十开外的女士，她披一袭黑色呢大衣，着紫红色围巾，显得雍容华贵，神情端庄，仪态非凡。人们纷纷打听：她是谁？原来她就是欧阳采薇。"赵淮青："雨中黄叶树下白头人——忆念欧阳采薇先生"。
2 "（季老）接着告诉我，欧阳小姐，全名欧阳采薇，英文专业的，吴宓眼中的大美人。后来嫁了个丈夫，也姓吴，不是吴宓，是……噢，叫吴之椿。这人资格很老，老北大毕业，我读清华时，他已是教授。新中国成立后，在北大法学院任教，后来院系调整，调出去了。欧阳采薇新中国成立后在新华社对外部工作，曾经为了翻译印度的一个什么词，跟我联系过。"卞毓方：《天意从来高难问：晚年季羡林》，中国文联出版社 2009 年，第 29 页。

而撒手不管的。而且，在我现在看来，他能在和袁震"断交"之后，还能坚持到底地营救她姐姐，是很不容易的。我知道，爸爸的耳聋，就是和去救袁溥之有关。在奔波的路上，他得了重感冒，来不及治，转成中耳炎，结果一只耳膜穿孔，造成他一辈子耳背。

但是老爸后来也不是再也没有见过袁震。在昆明的时候，吴晗和袁震夫妻就住在我们家楼上，有一回不知道怎么回事，他家的煤球还把地板烧了个大洞。[1]

在我们家，老爸耳背，妈妈又有一副好嗓子，所以我们家听起来总是吵吵嚷嚷的。[2]

时间在妈妈眼里是最珍贵的。我们家不许吃瓜子和玩牌，因为这两样最浪费时间。就连做饭也不是太鼓励，因为阿姨可以做。而下棋是鼓励的，因为那属于开发智力。妈妈热爱工作，她手里总是有工作。我们睡觉的房间有一个大桌子，吃饭时是饭桌，到了晚上，就是妈妈的办公桌。我几乎每天都是在妈妈的打字声中入睡的。我考研时，她怕我累倒，每天从单位食堂买一只烧好的大鸡腿，装在搪瓷饭盆里，用手绢包好，挤公交车拿回家给我吃，当时她已经70多岁了，同事们都开玩笑说"欧阳老太太，你怎么倒着孝顺啊？"

五、我的兄弟姐妹

我们家兄妹四人：吴小椿、吴小薇、吴捷、我。除了要求我们好学之外，妈妈很注重我们的身体健康和毅力培养。6岁，她送我去学滑冰，9岁学体操，

1　"我家的楼上住着历史教授吴晗，他的夫人袁震长期患肺结核，卧床休息，常请医生来看病，他们起初每天去街口小饭馆吃饭，日子长了，饭馆的饭菜过于油腻，缺少蔬菜，吴晗只好来求助于其他教授的太太。他跟着我们出去买菜，我们讲好价钱，他照样买一份，凑合着做点家常便饭。"欧阳采薇："忆叙永艰难岁月"。

2　"吴伯母给我的印象最深，发辫高高盘在头顶，像乌克兰的前女总理，爽朗干练的样子。我们两家住邻居，只记得吴伯母总是很忙，进进出出地高声叫喊"之椿啊"，这是吴伯伯在他的小花园里慢慢地抬起头来，看着她，没有声息。"冯姚平："柿子树下的人家：记吴之椿欧阳采薇夫妇"，《北京青年报》，2010年5月22日。

然后学花样滑冰和田径，还常常带我去看京剧，鼓励我学画画，学数学。我大哥叫吴小椿，[1]姐姐叫吴小薇。姐姐非常要强，在最好的学校还要考得最好，常常累得趴在桌子上就睡着了。她从师大女附中毕业后考上北大物理系，但是不久就因病休学，"文革"开始后嫁到京郊，后来早早去世。她在的时候，平常提得最多的是贺美英（后来的清华党委书记），那是她最好的朋友。

我小哥吴捷初中和高中念的都是北京四中，但他早早迷上了相声，在学校里除了说相声，他还写相声。考大学时，他报了一大串中文系，可能是他的诚心感动了上帝，他被北大中文系录取了。他的很多朋友知道他"高知"的父母反对说相声。我记得妈妈问他："你怎么就喜欢上相声了呢？"他一脸无可奈何。北大毕业后，小哥分到河北，因为是大学生而调不回北京，就跑手续把我调回了。小哥后来因为火车失事而意外去世，马季曾到家里看望妈妈，说他的去世对相声界都是一个损失，因为在当时，相声界只有他这么一个大学生。小哥是最孝顺的，他曾经为了给老爸抓中药，连夜敲了28家中药店的门，他调不回北京，就到处跑手续把我调回来陪妈妈。他的去世，对妈妈打击很大。但是当妈妈来到出事现场——一座铁路桥梁的桥头，只是含泪说："希望在这里竖一块牌子，防止类似事情再发生。"

那时候，妈妈工作忙，经常回来得晚。爸爸因为身体不好，需要早早休息，他们就常常给对方留条子，就贴在过道的书柜上，一进门就能看到。我小哥的字不好看，老叫我给他抄相声，但是老爸的字很漂亮。白天妈妈去上班，我们去上学，爸爸就自己去公园走走，他去的最多的是中山公园和北海——

1　"吴之椿伯伯的大公子吴小椿扮过《兄妹开荒》中的哥哥，那个演妹妹的也许是吴小薇（吴小椿的二妹），也许是别的姐姐。当夜幕下垂时，演出就开始了。台上的灯光人影、歌舞道白深深地吸引了全院的居民：伯父伯母们、李妈她们以及我们这些忠实的小观众。吴小椿、江老三比专业演员还让我佩服。他们让我有种亲切感，而有名的专业演员不过是陌生人。吴小椿有个弟弟叫吴捷，和我差不多高。我们叫他吴大头，他那双聪明活泼的大眼睛一闪一闪的。那年苏联文化代表团访华，一行人来到北大的民主广场。我和吴大头荣幸地被选为献花儿童。在雪亮的灯光下，我们肩并肩地跑上司令台，把鲜花献给中间那个外国人：《青年近卫军》的作者法捷耶夫。"贺美英："回忆我的父亲贺麟及中老胡同32号"，《中老胡同32号——老北大宿舍纪事》，北京大学出版社2011年。

他经常给我们带回来好吃的小包子。

老爸和妈妈的英文都很好，但是我的英文是妈妈辅导的，爸爸没怎么管过。老爸英文很棒，是自小在教会学校学会的，但他不会分析语法；妈妈是外文系科班出身，语言和语法都很好。我上初中上英语课，第一次学国际音标，没学会，回家急得大哭，老爸也没有办法。妈妈晚上下夜班回来，我已经哭得睡着了，她把我叫醒问还要不要学？我说要，她就连夜教我。第二次上英语课，我才发现就我一个人会！原来第一次大家都没学会，我就当了英语课代表。老爸总拿我当小孩儿看，妈妈在晚饭后散步的时候，或者我陪她去清华参加校庆的时候，会提到很多往事，可惜我那时候太年轻了。我记得那时候，我曾经跟妈妈开玩笑说"你看你那些同学那么有名，你是不是很惭愧啊？"她很认真地说："不。"

老爸临终的前几天，我在北大荒的一个朋友回京探亲，来我家看望。当时老爸闭着眼睛躺在床上——他已经没有精神坐起来了，妈妈对他说："采采的朋友来看你了"，他听到我的名字，以为我回来了，马上兴奋地睁开了眼睛。他是1971年夏天去世的。八月的一天，他坐在书房的藤椅上，对妈妈说了一句："我要死了！"就安然过世了。那年，他78岁。

整理者手记

民国外交史上，吴之椿曾经是一个重要角色；在清华大学发展史上，吴之椿也曾有一席之地。但是，如今鲜有人知吴之椿，于近代史上，他往往以要角入场，露面之后却迅即退出，隐身重重帷幕之后。清华百年校庆过后，才意外发现他原来曾担任过代理校长一职，但校史上却几无记载。而赵元任夫人在回忆录中对他不甚客气的讨问，钱钟书夫人杨绛在回忆袁震的文字中关于他的一句记载，都使他的身后名增添了几分凉意。

与吴之椿不同，吴夫人欧阳采薇的名字，在出版物中常常可以见到，尤其是吴宓诗词中有四首写她的诗，更是广为人知。比如：

> 容华美艳最天真，诗礼名家德性醇。
>
> 力学早惊驰藻誉，痴情渐悔识秋鞹。
>
> 吉人天相期多幅，枯树花开未易春。
>
> 射影含沙伤俗薄，置身绝巘望星辰。

（吴宓《四十初度怀人诗》之四）

作为清华历史上第一届 11 名女生之一，欧阳采薇以容貌闻名天下，但少有人见过她，更见不到一张她风华正茂时的照片。几经辗转，终于联系上身在美国的吴家小女儿吴采采，她在母亲旧宅中找寻到的几张老照片，终于让世人有机会目睹这位当年清华校花的真容。

与吴采采的交谈，不意外的是确认了吴之椿对孩子们的疼爱乃至溺爱，但意外的是得知他的耳聋和当时为救袁溥之（袁震之姊）长期奔波所致，更意外的是，原来欧阳采薇这个大美女，对外貌毫不在乎，满肚子书呆子气，37 岁去美国留学，76 岁退休，之后还挤公交去北图查资料。当然，在男性社会的审美视角中，她的才华与努力，无疑被她的容貌遮蔽了。幸焉？不幸焉？

尽管常年身体不好，吴之椿却在 1971 年夏天以几乎传奇的方式安然离世，但是，他唯一的弟弟在抗战中的失踪，他与欧阳采薇长女次子两个孩子的悲剧命运，欧阳采薇留学生母亲的遭遇和她父亲的家暴与重男轻女，尽显上个世纪的动荡中，无数个中国家庭的流离与心碎。

历史常有太多偶然。有一相识十多年的教育评估界老前辈，今春偶然谈及 1960 年代他在北大心理学系念书时业余说相声的往事，突然想起吴之椿悲剧性的小儿子吴捷，便随口问道："您的搭档是否姓吴？"他大惊："你怎么知道？"原来他的搭档真是吴捷，当初他还应吴捷之邀，到过吴之椿欧阳采薇家，开导吴捷因病从北大退学的姐姐。

3　志士与学者于一身

张文朴口述：我的父亲张奚若[*]

张奚若（1889—1973）原名志明，字熙若，又名耘，陕西省朝邑县（今大荔县朝邑镇）人。早年就读宏道书院，参加同盟会。辛亥革命后，赴美国哥伦比亚大学学习，获政治学硕士学位；后赴英国伦敦政治经济学院，师从拉斯基。回国后，历任北洋政府教育部国际出版物交换局局长、南京政府大学院高等教育处处长，国立中央大学政治学系、清华大学政治学系和西南联大政治学系教授。张奚若在清华大学主讲西洋政治思想史等课程，颇受学生欢迎。

1949年后，先后担任新中国政务院政务委员、政法委员会副主任、教育部部长、对外文化联络委员会主任、中国人民外交学会会长等职。

张奚若一生学术著述并不多，著有《主权论》《社约论考》等。但其《社约论考》、《主权论》《法国人权宣言的来源问题》《卢梭与人权》《自然法则之演进》等论著，影响很大。他被视为西方政治思想史教学与研究的开创者。

*　口　述：张文朴（张奚若长子，前中国驻加拿大大使）
　　地　点：电话访谈
　　时　间：2013.10—2014.6

一

我父亲是陕西省朝邑县仓西村西寨子人，他只有一个亲妹妹，叫青娥，很年轻的时候就去世了，我没有见过这个姑姑。父亲1917年在美国哥伦比亚大学拍的一张单人照片，上面写着给"青娥吾妹"，我一直保留着。很可惜，我一辈子没有回过故乡，最多到过西安，也是出差路过。但是抗战前和解放后我父母将祖母和外祖母都接到北京奉养，她们都是陕西人（一个朝邑人，一个宜君人），在这样的语言环境中，我能听懂，也能说几句陕西话。有一回在北京的公交车上，听见两个白领模样的女子交谈，她们一会儿普通话，一会儿陕西话，顺溜极了，我很佩服，并感到亲切。

我父亲一辈子有好几个名字，比如志明、熙若、奚若、耘。这其中，志明是我祖父给他取的名字，我祖母晚年在我们家，总是这么叫他，他给青娥姑姑的照片落款也是志明。熙若应该是他的号，但是不知道是祖父给他取的，还是他上学后老师给他取的，后来他又把"熙"字改成了"奚"字。这样，既增添了些许哲理味道，又同康熙皇帝拉开了距离。他在美国留学的时候给自己又取了个名字叫耘，号亦农，胡适的信里几次提到的"亦农"，就是他，他当时在国内发表的文章也署这个名。留学时他的署名往往是 Y.Chang，就是张耘（Yun Chang）的缩写。我最近又看了他的辛亥革命回忆录，里头写他辛亥革命前后回陕西，到了朝邑县城，怕回家被祖父扣住不让走，他们一行人就在旅店住下，大家说他是本地人让他出门看看情况，结果一出门就碰见祖父打着灯笼迎面走过来。据他说，祖父喊了他一声"志明"，父辈的威严，顿时使他在外面学的什么民主啊独立啊人权啊，一下子全到脑后去了，只好乖乖地跟着回了家。

父亲在陕西三原的宏道高等学堂念书时，和吴宓先生是同学（按：陕西的好多名人，比如于右任先生、张季鸾先生都是这个学堂出来的），他后来因为闹学潮不到 20 岁就被开除了,这事广为人知。其实闹学潮当天他回家了,并不在学校,但是由于他平时一贯的反抗表现,被学校当成替罪羊了。他后来到上海,进了理化专修学校,学习文化科学知识,以后又转入上海公学。也就是这时,他认识了胡适,并且请胡适为他补习英文。但他从不承认胡适所说的他是胡的"学生"。在上海他先后结识了陈其美、宋教仁、井勿幕等革命党人,加入了同盟会,开始为辛亥革命奔走。为了买军火,和任鸿隽在日本还有来往。辛亥革命后,陕西的政权被哥老会霸占,同盟会的人很不满,派他去湖北找革命军,想驱逐哥老会,半路上在河南被仍掌握当地政权的清廷官吏捉住,关到牢里两个月,差点给杀掉。革命后的现实让他很失望,他就下定决心出洋学习建设国家的本领。

二

　　父亲在美国念书多年,和那些留美学生,尤其是胡适以及念政治学的金岳霖、徐志摩等人交往很多,是一辈子的朋友。徐志摩飞机失事后,是他和梁思成一起去空难现场处理的后事。在美国,他同杨杏佛、赵之道来往也很密切,见过黄兴,和当年的朋友任鸿隽也来往不少。他留学念书拿的是陕西省的官费,钱并不宽裕。他在美国念书的时候,很为来纽约讲学的拉斯基教授的学问倾倒,在家里常听他说拉斯基当年风度翩翩、才华横溢、语惊四座。他拿到哥伦比亚大学的学位后,专门跑到欧洲去听他的课。在这前后,金岳霖和徐志摩也去了英伦和欧洲,部分地也是出于对拉斯基的仰慕。

　　就是在这个时期,父亲初次见到了林徽因,也就是说,他认识林徽因要早于认识梁思成。据父亲回忆,徐志摩总是拉着他去拜会侨居在伦敦的林长民。然而到了林宅以后,"说着说着他(指徐)人就不见了,原来是到别的房间找那位小姐攀谈去了!"梁思成之子梁从诫在纪念他母亲的文章中曾说,他亲耳听到我父亲说初次见到林徽因时,他母亲还是一个"梳着两条辫子的小姑娘",用以佐证由于存在年龄的差距,根本不存在什么"徐林之恋",只能是徐自作多情。大概父亲也同意这一看法。只是在我们家的语境中，早年的林徽因已显露出才思敏捷的特质，并且能说一口漂亮的英国式的英语，给父亲留下深刻的印象。

我祖父是个中医，但我外公可是省里的名人——我外公杨西堂先生是陕西同盟会员，北洋政府时做过国会议员，我母亲杨景任是他的长女，先后在北京女一中和上海"什么"神州女中读书。我父亲从美国回来后就和母亲订了婚，然后一起去了英国，父亲在伦敦政治经济学院，母亲在爱丁堡上学，后来在爱丁堡成了婚。父亲在欧洲待了近四年时间，大体上一半是在英国度过的，在法国住过一年多，其余时间花在去德国考察以及去希腊、意大利等国游览。

我父母两人一生不善于理财，更不会置业。他们留学时还资助过别人，赵元任夫人在回忆录里写他们在欧洲旅游时，一时钱紧，我母亲就给了她个翡翠印章当掉。1925 年他们回国时没有路费，经过胡适向《努力》周报借了一笔钱，多年后才还清。父亲早年留学时购置了一个照相机，后来坏掉后，家里就一直没有照相机，一直到我后半生参加外事工作后才买了一架新的，这也是为什么我父亲留世的照片很少的原因。但是应当说，由于大学教授的丰厚待遇，我们家在战前的生活是相当优裕的。

三

父亲在清华教书时，我们家住在北平城里，他在清华有宿舍，每周来校教书时住两个晚上。为解决吃饭问题，他就参加了叶企孙、陈岱孙等单身教授组织的"饭团"。近来出版的易社强教授的《抗战中的西南联大》中说我父亲在城里和清华都租有豪宅，这是不准确的。我家在城里的房子虽然月租要 70 几块大洋，但也算不上什么豪宅。

父亲把家安在城里，主要是因为城里文化生活丰富得多，听戏、看电影以及餐饮设施，都远比清华园内方便。再者，几位最熟的朋友，都住在城内。

这里需要说一下金岳霖（我们子女们称他为金爸）组织的"星期六聚会"。据金岳霖晚年回忆，从 1932 年到"七七事变"为止，这一聚会经常举行，常客有我父亲、母亲，陶孟和及夫人沈性仁，陈岱孙、梁思成、林徽因、邓以蛰（号叔存，清代书法家邓完白的后人，"两弹元勋"邓稼先的父亲）。据费正清夫人费慰梅的回忆，常去的还有钱端升和考古学家李济，周培源后人回忆说周培源夫妇偶尔也去过。据金岳霖回忆，每次聚会总是从谈论时政开始，主要发言的是张奚若、陶孟和、钱端升几位，但时间花得最多的是谈论文学、艺术、建筑、绘画，等等，美学家邓以蛰是后一类话题的主讲人，有时还带一些字画去供大家欣赏。当时我们姐弟年龄尚小，只知道父母周末常去北总布胡同梁思成家，但所谈何事当然无从知晓，只记得父亲带我们去看金爸斗蛐蛐，还看过一次从外面请来的班子表演的皮影戏。现在可以想象父辈们这一群体，可谓志同道合，相得益彰。他们当时的观点交锋和知识交流，肯定能迸发出思想的火花。我父亲曾说，他对西洋音乐、建筑、绘画、雕塑的理解，主要得益于徐志摩。我想他对中国传统建筑、书法和绘画的热爱和鉴赏能力，肯定得益于邓以蛰和梁思成夫妇。父亲在那篇不赞成"全盘"西化的文章中曾谈到，中国传统绘画贵在"写意"，绝不逊于西洋油画的"写实"，这些议论想来也不是他凭空独自想出来的。

可惜的是，20 世纪 30 年代中国北方这个类似欧洲文化沙龙的聚会，极少见到文字记载。成为悖论的是，它却因冰心的一篇讽刺文章——《我们太太的客厅》而闻名于世。然而文中刻画的拜倒在"太太"石榴裙下的那帮男士，既浅薄又无聊，同我所了解的那个知识精英群体的格调和意境，大相径庭。倒反衬出此文的立意似乎低了一些。此后曾流传一则故事，说林徽因见到这篇文章以后，给冰心送了一坛子醋。前几年一个偶然场合，听到萧乾的夫人文洁若提到这个故事，似乎还真有其事。果如此的话，我想它更像是出自梁思成的手笔。因为梁思成的秉性更加容易做出这种"戏对人生"的事！

20 世纪 30 年代，虽然父亲和他的朋友们文化生活相当丰富，但在"九一八"事变以后，国难日深，不能不在他们的思想上投下阴影，引起深深的焦虑。作为学者，父亲是偏向于"述而不作"的，他的学术著作很少。但在这个时期，他写了不少政论、时评之类的文章。除了对内呼唤民主政治、倡导个人解放以外，更多是揭露日本的侵略阴谋，抨击国民政府的屈辱外交。1935 年他在《大公报》上发表的"论所谓中日亲善"一文中，揭露日本以最终征服中国为基本国策，不管换了谁主持内阁，这个基本国策是不会变的，对此国人应提高警惕，并且鲜明地申明：不归还东三省和热河，就谈不到"亲善"。他还相当准确地预测日本的行为必将触发世界大战，而最后必将以日本的失败而告终。

父亲对蒋介石向来没有好感，认为他就是个政治流氓。对他的不抵抗政策，尤为不满。然而在日本谋我日急的情况下，他从理性出发，认为应当承认蒋的合法领袖地位，借以维持国家的统一局面，以利尔后终将到来的抗日战争。因此，西安事变发生后，他同其他教授联名发表公开信，谴责张、杨为"叛逆"。对于"一·二九"学生运动，至少对于清华一些学生的行为，我的印象里，他也不是很赞成。

父亲的最大特点是敢于仗义直言，称得上铮铮铁骨。1936 年 11 月，针对地方当局的某些迎合日本推动所谓"华北自治"阴谋的作为，他在《独立评论》上发表了题为"晋察不应以特殊自居"的文章加以批评，致使《评论》遭到查封，被迫停刊数月。

"七七事变"爆发时，父亲不在北平，而是和陈岱孙等几位清华同仁一起，应邀出席了蒋介石的庐山"谈话会"。庐山开完会后，平津已经沦陷，而父亲的抗日立场又众所周知。为了防止日伪加害，他没有直接回北平，而是在天津租界滞留了一段时间。期间他曾短暂回来过两次，主要是整理去后方教学需要随身携带的书籍。为了安全起见，晚上没有住在家里，而是到金岳霖处借宿。大概在九月下旬（记得在学校开学后，我还在小学四年级上了几天课），母亲率领我们到天津与父亲会合。此时天津车站已经被日军控制，出于安全考虑，父亲自己没有来，而是由周培源（我们称他为周爸）来接我们。

走出车站以后，周爸突然大发脾气、怒不可遏，并且把头上戴的西服礼帽用力往地上一摔，砸得扁平，嘴里还骂声不止。所为何事，当时我们也不敢问，以后才知道那是因为他看见去接人的清华同仁中有个别人居然戴上了日伪组织的"治安维持会"的白色袖标，感到是可忍，孰不可忍。几十年过去了，我们对这位长辈义理之怒的发作，仍然记忆犹新。

在天津逗留一段时间后，我们一家五口（最初还有小姨景仪随行，到郑州以后她西行回陕了）便开始了向后方转移的"逃难"之旅。先是与周培源家同乘英商轮船去青岛，到青岛后，周家继续南行，我们则弃舟登岸，坐火车经济南、徐州、郑州、武汉，10月下旬抵达长沙（根据西南联大校史资料，父亲在10月15日之前尚未到达）。从离开北平算起，行程将近一个月。途中虽然仅遇到一次空袭，但所经的车站多已沦为断垣残瓦。好在经过员工努力，火车基本上保持畅通，这也反映了抗战初期民心士气之高。当时父亲还在壮年，照顾和指挥全家或行或止，非常果断。他分配给我和弟弟文逸的任务，是每到一地要紧跟月台上为我们搬运行李的工人（当时叫脚夫），保证物件不会丢失。这个任务我们完成得不错，他感到满意，我们也颇为"自豪"。

在武汉时，因为父亲的旧友很多（如周鲠生、杨端六、刘南陔、陈西滢等），所以盘桓了一些时日。记得当时住在珞珈山下，东湖之滨武汉大学的一幢招待所里，风景十分优美，而且这个招待所的名称也很雅致，叫作"听松庐"。

初到长沙时，曾受到父亲的一位叫皮皓白（按：应该是皮宗石，时为国立湖南大学校长，是留日的同盟会员）的老朋友的热情接待。后来我家在韭菜园大王家巷租了几间民房安顿下来。有一天，日机空袭，把梁思成家的房子炸塌了，梁家的人死里逃生后就到我们家来，两家人挤在一起，住了几天，直到他们找到新的住处才搬出去。梁家的后人对此记忆很深，而我对此的印象已经有些模糊了，只记得一个插曲：两家人在一起开伙吃饭，我母亲注意到张家的人饭量很大而梁家的人饭量特小，对此颇感不安，认为长此以往有些不便。还有一件趣事：那时城里的交通工具只有人力车，一次父亲从外面坐人力车回家，北平的人力车不管快慢总是要跑的，而长沙的人力车却只走不跑。父亲有些着急，就说："你能不能快点？"车夫听后把车往地上一撂，说："你拉个快的给我看看。"我父亲气得不行，于是走下车来一路快步如飞走到家。因为车钱没付，迫使车夫在后面气喘吁吁跟了一路，到家后才收到车钱。事后父亲挺高兴，认为自己总算"找平了"。后来我们子女们把这视为陕西人的犟劲同湖南人的倔劲之间的一次"碰撞"。

原来以为北大、清华、南开在长沙组成的临时大学是长久之计，父亲让我进了一所叫"智成"的小学，上了一两个月的课。这让我发现湖南的教育比沿海城市要"传统"得多：一是偶尔还见到体罚，二是做算术题也要用毛笔。对于后者，我尤其感到"恐怖"！后来随着战事的发展，政府有关部门和三校领导决定进一步西迁，于是我们就再度启程，随着学校撤往昆明。

当时有一部分师生是徒步从长沙去昆明，教授们大都是坐火车走的，从长沙到广州，再经香港乘船转海防、河内到昆明。我记得和我们一起走的有政治系的王化成、经济系的萧遽，以及体育教授马约翰。王化成个子很高，南方人——可能是广东人或者福建人，他切甘蔗很有一套，一根长甘蔗到他手里三两下就切成一寸见方的若干小块，而且都还连在主干上，可以拿着分请周围的客人用手掰来享用，北方人没那本事。

还记得行至湘粤交界时，因为前方有空袭，火车在界首的旷野停了一天。马约翰同一些年轻教师还去登山，爬上足有百丈之高的悬崖金鸡岭。马约翰等登顶后挥舞手中的帽子向山下的人群致意。他们的身影依稀可见，但帽子已经变成小黑点，似乎在凌空飞舞——因为持帽的臂膀已经看不见了。父亲由于要照顾家小，没有参加这一"壮举"。

四

我们家经过广州时，正赶上 1938 年的阴历年，记得白天敌机空袭，夜间龙灯照舞，十分热闹。按此推算，抵达昆明应该是在1938年2月。初到时，全家人都为这座小山城的春光明媚、碧空如洗所陶醉，只是听大人们反映，因为海拔高，走路快了会感到气短。时间长了也就适应了。那时物价也很便宜，生活水平比之战前当然一落千丈，但也还算温饱无虞，堪称小康。我们在翠湖边上的西仓坡租了几间民房，环境相当幽美。相隔不远处有一所陆军学校（近年才了解它的前身就是朱德、叶剑英就学过的云南讲武堂），清早和傍晚常听到士兵列队出操或收操，经过我们家门口，口中唱着"大刀向……"

这时梁思成家也在昆明（他们1940年才去四川）。有了北总布胡同时期的频繁交往，长沙时期的患难相济，两家关系更加密切，是可想而知的。虽然相距不近（一家在城东，一家在城西），但常相往来。我当时年仅11岁，尚在懵懂之中，对大人之间议论之事全不关心。但却记得一件事：每次林徽因（我们称她梁阿姨）来，临行时总是叫着我的小名，叫我帮她把一张顺着墙放的单人床竖过来，对墙形成直角，说"这样比较好"。这时父亲总是站在一旁看着，一言不发。但等她走后，他立刻又叫我帮他把床恢复原状。如是者若干次！这使我们儿女们感到好笑。现在看来，林徽因早年学过舞台设计，又研究建筑多年，出于艺术家的本能，她把我们家当做一种场景，对怎样摆设才算匀称好看有自己的判断。而父亲从实用出发，要给房间中央多留一点空间以方便生活。由此导致这样两种不同追求之间的较劲，也就不足为奇了。

在西仓坡之后，我们又搬过几次家，但基本上都在城内，不像有些教授把家搬到乡下以躲避空袭。例如周培源就在西山脚下昆明湖边找到一个极好的去处，在一座中式两层楼房的前面，还有一个由石砌栈道围出来的大约一亩见方的"湖中之池"。1940年夏天日寇空袭十分频繁，父亲要去重庆开会，就把我们弟兄两人"寄放"在周家，使我们在湖光山色之间度过了一个美好而又安全的夏天。至今还刻印在脑海中的景象之一，是每天早上，周爸这位曾给爱因斯坦做过助手的洋派十足的物理学家，要赤脚走过那个栈道，到水深处用一对很大的木桶挑好几担水回家。既是为家人食用，又为了饮马。他那时养了一匹取名"华龙"的云南马驹，供进城上课骑用。于是周培源教授策马来校上课就成了西南联大光辉校史中富有传奇色彩的一页！

后来我们住得最久的是一位滇军将领金汉鼎家的陵园。那是个很大的长满花草果木的园子，有一座气势颇为雄伟的陵墓，还有一幢传统格式的祠堂。我们一家就住在这座祠堂里。陵园的名字叫"孝园"，大门内侧还有几间房子，其中一间成了我们家的"餐厅"兼客厅，另外几间住着叶公超的一位堂妹和妹夫。这一时期，吴宓先生常来我家，主要是找我母亲攀谈，所以在《吴宓日记》中多处提到这个"孝园"。按照这部《日记》，我们搬到这里应该是1940年秋。这一年我的生活也发生了某种转折。我刚在一所教会中学读完初一。因为贪玩，功课一塌糊涂，被学校勒令退学。退学通知倒是写得挺"外交"，大意是说令郎天赋太高，我们教不了。父亲得知后气得要命，经他测试，发现我上了一年英语课居然连字母还不认识，于是狠狠打了我一巴掌。从此，他不得不亲自抽时间为我补习英语，教我读了几个月的《纳氏文法》（Nesfield Grammar，英国人为印度学生编写的一本教科书），为我以后学外语打下了初步基础。也就在这一年秋天，西南联大成立了附属学校（简称联大附中），我们姐弟三人先后都进了附中。这所学校由联大师范学院院长黄钰生亲任校长，聘请了许多联大教师（主要是青年讲师、助教，比如杨振宁、丁则良、任继愈，也有个别教授，比如杨振宁的父亲杨武之）来校授课或兼课，使它成为后方的名校之一。我和姐姐文英都在这所学校读到高中毕业。这五年，不仅使我受到良好的文化基础知识的教育，而且留下许多美好的回忆。

约在1944年夏天，大概是金汉鼎家的家长从外地回到昆明，觉得供有祖先牌位的祠堂租给外人居住不大体面，于是开始勒令我们搬家。一天，金家的管家又来催促，不仅态度粗野而且口出秽语，父亲气不过，打了他一记耳光，他即扬起所持拐杖，当头一棒把父亲打晕在地。这天我正好因为胃疼请假在家，赶忙从床上起来，三拳两脚把这位管家逐了出去。事后，他声言我们父子合伙打人。不管是非曲直如何，反正这里住不下去了。后来几经辗转，最终由吴晗先生介绍，住进了唐继尧的后人唐晓冀所有的唐家花园（唐继尧因为民主同盟的关系，和吴晗熟识）。唐继尧住的是西式洋楼，我们所住的是为看坟人设计的一个小院。在这里我们一直住到 1946 年复员回北平。联大的一些单身教授如陈岱孙、金岳霖，以及美籍教授温德（Bob Winter）也住在附近，与父亲来往十分方便。林徽因在抗战胜利后曾回昆明小住，先是在我们家，后来也是在这个花园内找了一处住所。她给费慰梅（费正清夫人）的信中对这个花园有过很好的描述。

　　事过多年，听家人说（因为我参加工作后即不同父母住在一起）全国解放后，那位滇军将领金汉鼎作为起义人士也留在大陆（他早年曾参加过护国之役，是朱德的部下），一次他曾与父亲邂逅于北京饭店，谈起孝园逐客之事，他还表示了歉意。我想这时经过沧桑巨变，两人当然不只是前嫌尽释，而且能笑谈当年了。

五

　　抗战前期，国内政治气氛还是较为祥和的，主流呼声是团结一致、共御外敌。云南地方当局对内迁的高等学府还是热诚相待的。记得当时的省主席龙云（1884—1962）曾举行宴会，欢迎西南联大的教授们。父亲曾说，龙云经人介绍认识他后，称许他"比想象的要年轻得多，可谓翩翩年少"（事实上龙云只比他大五岁）。父亲还称赞宴会上的酒十分香醇可口，他多干了几杯，但一点也没有"上头"。

　　然而随着战争进程的发展，国民党政府的治理能力急剧下滑，形势变得愈来愈严峻。首先是物价飞涨带来生活的艰辛。大约从 40 年代开始，通货膨胀日趋严重。记得每月发薪水，母亲总是希望尽量把每月的生活必需品买齐，以免到月末蒙受货币贬值的损失。而父亲有自己的活动，总希望手头多些钱以备不时之需。这样在家庭财政问题上常常发生争执，这多少影响到家庭气氛的和谐。

国际形势的发展也使父亲的精神受到很大的冲击和压抑。其中冲击最大的是法国 1940 年的"瞬间"败亡。出于所治之学——西洋政治思想史，父亲对 18 世纪法国先哲们十分敬仰。他早年在巴黎住过将近两年，对法国文明有很深的感情。在 30 年代一封致邓以蜇的信中，他称赞法国人"有礼貌、通人情、尚美观、理想与实在合洽一炉为一般人家之家常便饭。"（这当然不包括殖民地的法国官员，对于后者，父亲印象是很坏的。）再加上法国是一战的战胜国，法国陆军在当时享有盛誉，记得父亲常说法国的 75 毫米炮（seventyfives）如何厉害，等等。然而在希特勒的闪击之下，不仅一个多月这个国家就签了城下之盟，这使父亲感到极为沮丧。记得有一次父亲回家大发雷霆，说同仁中（可能是留过德的）居然还有人对德国陆军赞不绝口，说到这里气得几乎把桌子掀翻。民主的法国在极权的德国手下，显得那么不堪一击，民主的英国也岌岌可危，这不能不使他原有的一些深信不疑的观念受到冲击。

父亲原来对苏联也没有什么好印象，常听他管希特勒叫强盗，管斯大林叫"流氓"。我们这些在昆明的年轻人也大多崇尚英美那一套，认为苏联的成就大多是"宣传"。1941 年德军大举进攻苏联，苏军节节败退，我们就认为苏联确实不行。但是红军最后在莫斯科居然顶住了，使不可一世的德军遭到第一次挫败，这进一步动摇了他原有的一些观念，不得不重新思考。当然，斯大林的自我迷信，顽固拒绝大量有关德军即将进攻的可靠情报，致使苏联军队和人民在战争初期因为毫无防范而遭受惨重损失，付出高昂代价，这些事实在当时是并不为人所知的。不管怎样，能使头号恶魔希特勒受阻，不得不使父亲对苏联这个国家刮目相看。这种转变比我们年轻人都早。

国民党军人大多是崇拜德国陆军的。当时驻防云南的一部中央军的司令官是关麟征，他是陕西人，又是 30 年代长城抗日的名将，所以在昆明时同父亲曾有较多的来往。他的司令部设在云南东部的文山，但家在昆明。有一次我们被房东赶出来后一时无栖身之地，曾在他的驻地借住了几天。当然，父亲公开反蒋后就再无来往了。记得一次他同父亲相见，谈到德军兵败莫斯科时，他表示这确实难以置信，但又以地道的陕西方言说"这绝非中国之福"，父亲听后一言未发。

六

本来，大半河山陷于敌手，统治者应该励精图治，救亡图存，但国民党政府却相反，在战争相持阶段到来以后，它却偏安一隅，不思进取，政治上日趋腐败，军事上更加无能。特别自皖南事变以后，更把主要力量用于反共、防共，而无心从日寇手中夺回失地。即使就日常所见，种种腐败现象也屡见不鲜。士兵是抓壮丁抓来的，不知为何而战。军队里克扣军饷，"吃空额"现象普遍，士兵营养极差。我们在孝园时，隔壁本来是一所学校，后来被征用为训练新兵的场所。一次有个人翻墙而入，我们以为是小偷，把他围住，但他下跪求饶，原来是个逃兵。我们惜他一命，只好放他走了。我们在"孝园"时，园外有片空地，挖了一些散兵坑，本来供民众躲避空袭之用。后来这些坑内常有扒光了衣服的尸体，散发着臭气，迫使我们掩鼻而过，而那绝大多数是病死饿死的士兵，军服还被留作他用。这样的军队怎么能打仗呢？无怪乎，自台儿庄以后，除了战争末期在美军直接指挥和配合下，在缅北、滇西反攻中有所建树外，国民党军队在中国大陆可以说是战无不败。特别是在"飞虎队"来后，在国民党负责的战场上，已经逐步掌握了制空权。由于美国的援助，武器装备也胜过日军，在这种情况下，依然是败讯连连。尤其是1944年日本在全局已经出现颓势的情况下，为了打通所谓大陆交通线发动湘桂战役，几十万国民党军队，不是闻风而逃，就是一触即溃。致使日军一度突进到距贵阳仅几十公里的都匀，使昆明感到震动。这恐怕是许多像父亲这样的知识界人士对国民党政府完全绝望的"最后一根稻草"。

作为一位原来相当彻底的自由主义知识分子，由拥蒋抗日，到公开反蒋，再到支持中共所领导的革命战争，父亲的这一转变是经过相当长而痛苦的过程的。最早与当局的冲突始于 1941 年 3 月的一次参政会。据事后父亲所述，经过是这样的：一位财政部的次长报告经济形势，矢口否认通货膨胀。父亲听后发言说：那看要用什么标准来衡量，如果到阴沟里都能找到票子才算通货膨胀，那的确还没有。讲到这里，主持会议的蒋介石极为恼火，长时间按铃制止他发言。据称父亲当时还是坚持把话说完了。从此以后就拒绝再去开会，并把寄来的路费如数退回。但政治上父亲仍保持了几年沉默。记得日军偷袭珍珠港以后，香港相继沦陷，有传闻说许多爱国人士未及撤出，而孔二小姐却用政府派去的飞机运宠物狗。由此次年年初在昆明触发第一次反对国民党的游行。游行队伍经过我们家附近，在队伍前面所举的横幅大标语是"拥护龙主席，打倒孔祥熙！"父亲闻知后，只是笑笑，说这个口号很聪明，但未作更多评论。

他公开抨击国民党政府是在 1943 年冬的一次所谓"宪政讲座"上。这次会上他违反主持人的旨意，戳穿国民党关于要实行"宪政"的宣传是一种欺骗。他以民国以来颁布的各种宪法、宪草来说明，有宪法不一定有宪政。国民党把人民当阿斗，实行"训政"，训了多少年。他说："如果真要有诚意实行'宪政'，那首先就要结束'训政'，也就是结束国民党的一党专政。"记得他事后曾对别人说，这一次讲话把积郁多年的愤懑之情，好像潮水决堤般一下子都宣泄出来了。事后得知，次年 1 月重庆《新华日报》对他这次讲话作了报道。也就是在这前后，延安方面的一篇文章中说到"连张奚若这样的人也站到人民方面来了。"他听了这话后，笑着说道："共产党这样说我，真是受宠若惊了！"我想，对于这句话中隐含的他过去从未站到人民方面的意思，他是并不同意的。无论如何，这是他与中共的第一次互动吧。

父亲早年在给朋友王文伯（王徵）的信中曾表示他认为共产主义理论在外国可能行得通，但不适合中国国情。二三十年代他也不认为共产国际影响下的中共是一支建设性的力量。即使抗战初期，他对中共的观感似乎也没有多少改变。我们到昆明以后，他曾先后几次去武汉和重庆参加国民参政会，回来后好像从未提起过周恩来和董必武，但却几次提到陈绍禹（王明）。他对陈绍禹的印象不好，说陈"只会喊口号"，这样的人怎么能当领导呢？然而，由于战争的发展，严酷的事实使他逐渐改变了对中共的看法。

与国民党军队节节败退形成鲜明对比的是中共领导下的八路军、新四军挺进敌后，开展游击战，建立根据地，更加有效地抗击了日寇的侵略。尽管国民党对此严加封锁，但真相逐渐为后方关心国运的人群所知悉。在他公开抨击国民党政府以后，他与闻一多先生和吴晗先生交往愈来愈多，为此常能看到民盟朋友们组织传阅的重庆《新华日报》。美国参战以后，由史迪威领导下的美国驻华美军，通过其驻延安观察组以及在敌后迫降、跳伞后被护送到后方的飞行员口中得到信息，不久也认识到比之国民党，中共是一支更加积极有效的抗日力量。这就是为什么史迪威坚持要分一部分军援给中共因而同蒋介石闹翻并被美国政府召回。当然，史迪威日记以及美国《时代杂志》驻华战地记者白修德轰动一时的对抗日根据地的长篇报道——Thunder Out of China（"来自中国的惊雷"）的发表，是后来几年的事。但父亲在昆明时期有不少美国朋友：除了在清华时代认识而此时在美国驻华机构任职的费正清以外，前后有两任驻昆明的总领事（Phil Sprouse 和 Hal Roser）都与父亲熟识。我想，美方人士的信息，也有助于促成他对中共形成新的看法。他在 1944 年冬的一次公开讲话中就曾说道："连美国盟友也认为中共是真正抗日的。"

总之，抗战后期，种种事实使父亲不得不承认国民党代表腐朽，共产党代表新生；国民党代表反动，共产党代表进步。而且共产党当时的政治纲领与口号从现在看来并不很高，只是要求国民党开放党禁，实行宪政，承认中共的合法地位，成立联合政府之类。与父亲的政治诉求是契合的。这样，他逐步由反对国民党发展到拥护共产党，也就变得顺理成章了。

促成他态度转变的还有一个重要因素，即他深受启蒙思想家的影响，崇尚理性和理性思维，强调要以理智而非感情来指导自己的行为，不以个人好恶决定取舍。后来，特别是闻一多被害以后，他形成了无可置疑的观点：国民党反动政权已经无可救药，如果由这个党继续统治，则他所终生期盼并为之奋斗的中国的现代化事业将毫无希望，而在当时的条件下，唯一有能力推翻国民党政权的只有共产党。因此，合乎逻辑的唯一结论，只能是坚决支持中共领导的革命战争，期盼它早日取得胜利。尽管在感情上他与持民主个人主义立场的知识界的许多朋友更加亲近，但在政治上他明确反对所谓"第三条道路"，认为它是没有前途的。陈岱孙曾说父亲是一个合志士与学者于一身的人物。我想，此时他的人格中志士的一面胜过了学者的一面。

当然，这些都只是关于政治方向的。由于在昆明时期他与中共并没有直接的交往，因此对中共的了解是不充分的，当然也不可能是毫无保留和疑问的。比如，在他脑海中曾长期存在一个问题：中共从事战争的能力毋庸置疑，但党内有没有足够数量治国的良材却是个未知数。只是到全国解放以后，这些疑问才逐步打消了。

闻一多遇害后，父亲曾到美国驻昆明领事馆暂避了几天，这是事实。但与现在有些材料上的描述的在情节上还是有些重要出入。比如前华东师大研究生戈洪伟的论文《音容宛在——张奚若的生平与思想》中说我父亲打电话给美国人请求避难，不久前陕西《华商报》的一篇报道也这样说，而这是不对的。第一，我家跟大多数一般教授家庭一样，那时根本就没有电话。第二，是美国总领事罗瑟亲自驱车主动请我父亲去的。后来知道同去的还有楚图南、潘光旦、费孝通等人。这也反映出美国政府当时的政策是寄希望于这些"民主个人主义者"在战后的中国发挥作用的，从而对这些人加以保护并进行"感情投资"吧。

在领事馆待了几天，等风声一过，父亲便回到家中。听朋友劝告，认为沿海大城市可能相对更安全一些，于是他便提前离开昆明，只身经上海回到北平。而母亲和我们姐弟三人，是一两个月以后，才经联大善后机构安排乘机北返的。

需要补充的是，在昆明时同我家关系密切成为通家之好的，除了梁思成、周培源两家以外，当然还有钱端升家。钱端升（我们称他为钱爸）早年在大学院与父亲是同事，在西南联大又在一个系里共事八年，抗战后期在反蒋问题上又是同志，当然关系十分亲密。只是两家的第二代由于年龄差距较大，来往不如跟前两家人那样多。钱家的孩子说日本投降时钱爸曾开了一瓶好酒，同父亲共饮以示庆祝。这事我记不得了。但记得同一年春夏，欧洲战场胜利在即的时候，英国举行大选，工党出人意料地取得胜利。父亲与钱爸二人同声称赞英国选民十分成熟：战时用丘吉尔这头好战的"约翰牛"当领袖来拯救国家，和平到来时就另选他人来发展经济，尽管这时丘吉尔已经成为民族英雄。他们二人还一同去电报局给拉斯基发了一封贺电，庆祝他们的胜利，并预祝他顺利施展自己的政治抱负。作为费边派的社会主义者，当时拉斯基是英国工党的智囊人物之一。

还有一件小事：钱端升是早于我们家回到北平的。母亲和我们在动身离开昆明之前，接到钱端升的一封信，要我们把他留在昆明的一顶西服礼帽顺便带回北平。这个带字上还打了引号。钱端升在我们家是以细致著称的，我们当然不敢怠慢，走到哪里都把这顶盛在一个圆纸硬盒里的帽子提在手里，当做珍贵物品加以呵护。回到北平，物归原主，当钱爸得知事情的经过以后，大为懊悔，原来百密竟有一疏，他原本是叫我们顺便"戴"来北平，误写成"带"字，以至费了许多周折。但说心里话，那是一顶全新的呢子礼帽，即使那个字写对了，我们两个小伙子谁敢戴它？那将成何体统？

在昆明时常来我们家的还有张慰慈。我们有一处住所就是经他安排住进去的。他应当也是父亲早年的朋友之一。据家里人说20世纪20年代我父母初到北京时就借住在他家，姐姐出生后才另觅住处。抗日时期，他在资源委员会工作，常来昆明，每次到我们家总带一些精美食品，但他的作风是来也匆匆，去也匆匆，无暇同父亲长谈。他的长子泽群大哥有时也来，后来到英国留学去了。父亲1946年提前北返，经上海时也是住在他那里。全国解放以后，他留在了大陆。作为翁文灏、钱昌照的老同事，他应当也成了一位统战对象。20世纪70年代我曾趁出差之便到上海看望过这位老伯，正赶上他在处理杂物，把大批精装的外文书籍论斤卖给收废品的人，怅然之情，形诸于色。作为子侄辈，我原来对父亲的这位朋友知之甚少，直到前几年读了智效民所著《胡适和他的朋友们》，才知道他是把西洋政治学介绍到中国的第一人，堪称这个领域的开拓者。对于我所见到的他在晚年的心情，也就不难理解了。

<h2 style="text-align:center">七</h2>

　　父亲从昆明回到北平以后，采取了较为低调的政策。大型集会、公开演讲之类活动基本上不参加了。除了安全方面的考虑以外，还由于这时他认为国家的前途只能由战场来解决了。即使他还能在知识界起些作用，对于大局已经无足轻重了。这时我们已住进清华园，父亲除了同昔日旧友持续交往外，出于政治原因，同吴晗先生来往大为增加。吴晗有一部收音机，他经常把记录下来的新华广播电台的文稿传抄给父亲，供他了解解放战争的最新进展。也是通过吴晗，他同地下党组织开始有了一些间接的联系。有个进步同学要去解放区，找到父亲，父亲就把他转介绍给吴晗，结果就去成了。

　　当然，他也没有完全偃旗息鼓。有时应学生会或进步学生组织的要求，他常在家里接待青年师生进行座谈，一二十人席地而坐，谈个一两个小时结束。我在昆明高中毕业以后，考入西南联大读了一年工学院，但回到北平以后得了肺结核，不得不休学在家养病。父亲的这些活动我概不参加。身体稍好以后就躲在书房里，浏览他的藏书。对于政治学方面的书籍，我认为过于枯燥，主要挑选有关文学和历史的书籍，读了不少。这为我后半生从事外交工作多少提供一些知识储备。由于身体的原因，复学后我转入清华历史系，到1951年才毕业，还同后来考入历史系的梁从诫同过一年学。

　　几十年后，身为国务院总理的朱镕基在清华的一次讲话中曾提到当年他很爱来我们家，听张奚若骂国民党。这就是指当年的那种小型家庭座谈会。由于不同系，当时我当然不可能认识他。直到20世纪90年代我在外交学会工作时，有几次陪他见外宾，我得提前去汇报情况，按惯例，我总要先自报姓名和部门。他曾客气地说"当然知道你张文朴是谁。"因为没有机会深谈，对于他对我这个人"知道"到什么程度，就不得而知了。

有时这种座谈会可以达到较大的规模。据一位经济系的学长黎东群回忆，1947 年 11 月 25 日，清华政治系举行"中国政治前途"座谈会，请张奚若参加。由于到会人数超过预期，改在大礼堂举行。后来这位校友把自己的记录加以整理，以问答录的形式于次年刊载于香港的一期叫作《时代批评》的杂志上。据这篇文章，父亲预见到共产党领导的革命胜利后，将在中国推行社会主义制度。而针对社会主义是否完美无缺，要是有缺点又该如何的提问，父亲的回答是："天地间没有绝对完美的事情。""新生的 Baby 不一定是永远健康的，可是不能因此就不让他生出来。""将来可能发生的问题的大小，现在还无法预言。在每个历史阶段我们只能尽到自己的历史任务。到了我们的子孙再有问题发生的话，那时候自然有办法解决，甚至再革命都可以。"我想，这真实地反映了他拥护这场其远景尚难以完全预测的革命的立场和逻辑。

在这前后，地下党同父亲有了直接的接触。后来成为卫生部长的崔月犁同志，当时化名"李医生"，1948 年后常来我们家，每次来父亲都把他让到书房单独谈话，不让他人参加。有时这位"李医生"来时父亲不在家，他就坚持在院子里散步，直到父亲回来才一同进来。到了 1948 年秋冬，解放战争胜利在望，中共着手把散在全国各地的党外民主人士接到解放区来，一是为了保护这些人的安全，避免为国民党垂死挣扎时的疯狂所害，二是为建国事宜作初步的酝酿。在这位李医生的安排下，父亲也接受邀请准备前往解放区，连化妆用的棉衣都做好了。但当年 12 月清华园提前解放，他的西柏坡之行也就作罢了。

八

新中国成立初期，父亲是相当活跃的。北平解放以后不久，他参加了欢迎解放军入城式，并以北平市民主人士代表的身份讲了话。1949年4月，他参加以郭沫若为团长的一个代表团乘火车去布拉格参加和平大会。这是他1925年自欧洲回国后唯一的一次出国旅行。谈到此行见闻，除了称赞布拉格的整洁美丽以外，还谈到沿西伯利亚铁路看到"那么多穷人"，感到难以理解。团里强调说这是尚在克服中的二战后果，并打招呼说对"老大哥"的这些阴暗面回国后不要多讲。此行的收获之一是同行的徐悲鸿在漫长的火车旅途中为他画了一幅素描肖像，相当传神。

毛泽东进北平的时候，父亲是在南苑机场迎接的民主人士之一。他对毛泽东的才学和待人接物印象极好。据当时已参加南下工作团的一位学长艾天秩的回忆，他问父亲对毛泽东的印象，父亲回答说："好，比想象的还要好！"除了伟大的历史功绩以外，毛主席的旧学基础深厚，讲话富有哲理，对父亲这代的知识分子还是有感召力的。

以后他参加新政协，参与了《共同纲领》的制订。现在广为人知的是我们的国名定为"中华人民共和国"，去掉原来拟议的"民主"或"民主主义"等字样，是和他的建言有关。较少为人知道的是，"义勇军进行曲"照原样定为国歌，也同他有关。会上曾有人认为时代变了，至少歌词要改一下，而他举马赛曲为例，强调保留革命战争时期的歌词，有助于激励后人。当然，持这种观点的不止他一个人。

何炳棣先生在《读史阅世六十年》里说张奚若曾经和毛泽东有一次长谈，力劝不要出兵朝鲜。我觉得这是不可能的，我父亲和毛泽东并没有那么深的交情，深到能彻夜长谈，他也不是随便能进中南海的。当时我住在家里，是个要求进步的团员。我记得志愿军入朝，我们团内先传达了的。次日他去城里开会，我说大概是传达此事，他并不相信。然而他散会回家后忧心忡忡，一夜没睡，第二天对我说："那是别人（苏联）的baby，为什么要我们出兵？"他还复述当时毛主席关于"争取小打，但也要准备中打、大打"的战略方针。总的心情是担忧，但他在会上怎样表态，我不得而知。既然是听传达，说明中央决策已定，我想，他在会上并没有机会表达反对意见。

1952 年院系调整时，清华的文科和理科要被调出去，一批教授认为这样清华要被"肢解"，非常担心和不满，因为我父亲当时可以和中央说上话，钱伟长（带头的总会有他）、钱三强、费孝通、屠守锷等人专门到我家来找我父亲谈，希望能够保留清华的文理科。他把这意思转达了，结果周恩来总理专门找他谈，跟他解释院系调整是为了加快培养工业化所需要的大量人才，而这是旧体制做不到的。我想，这是他第一次对党的政策提出不同意见。但经周总理解释以后，他未再坚持。这件事，他想帮清华没帮成。清华大学的校名，则是他请毛泽东题写的。

1990 年我访问美国，专门去过一次父亲的母校哥伦比亚大学。说来有意思，父亲早年给胡适的信里多次提到的"科大"，其实指的是哥大（当时并没有统一的翻译），1989 年清华大学组织纪念我父亲百年诞辰的活动，校史研究室的孙敦恒先生写了一篇我父亲的传记，总的写得很好，但文内误以为这个"科大"指的是德国的科隆大学，因此误以为他早在 1917、1918 年就去过欧洲。虽然孙先生随后发表了更正启事，但是后辈学子们没有看到这则更正，还照原样引用他的文章，最近清华大学新出版的《老清华的社会科学》也这么引用，真让我感到无可奈何。我父亲留美用的是陕西官费，时断时续，常常得去信催要，手头很不宽裕，哪里还有钱在学业结束前去趟德国呢？再说当时交通很不方便，靠轮船通行，在欧美之间来回往返哪里是现在坐飞机这么容易的事？实际情况是他到 1921 年春才去的欧洲，之前一直在美国。

1989 年父亲诞辰百年，清华大学党委书记李传信同志（当年的地下党员），出面组织了纪念活动，还整理出版了《张奚若文集》，我当时在加拿大当大使，为此专门请了假，赶回国出席，当时父亲不少的朋友和学生都出席了，当时健在的陈岱孙先生和其他父亲的生前友好也都发了言，习仲勋同志也来了，还专门讲了话。为此，我对清华始终有一份特殊的感激。

关于父亲在 1957 年对共产党所作的"好大喜功、急功近利、鄙视既往、迷信将来"的十六字激烈批评，很多人奇怪他居然没有被划为"右派"，有人说是周总理出面保护的，我对此有些怀疑。那时周总理已因"反冒进"而获罪于前，不是还有"距离右派仅 50 米之遥"的评语吗？自身处境已很困难，还能保张奚若吗？后来又有看材料多的老前辈告诉我，说是邓小平起了保护作用，对此我就无从判断了。至少客观上是他自己向来不拉帮结派的作风帮了他——民主人士中，当时他只和陈叔通老先生一人来往比较多，也从不加入任何有形的群体。作为"单干户"，他不构成多大威胁。当然，如果他当时被划为"右派"，我自己、我们家的命运那可就难说了。现在想起来，可真算是所谓的"皇恩浩荡"吧。钱端升是我父亲最好的朋友之一。对于钱先生和其他朋友、学生的遭遇，我们都很难过。

　　实际上，他那十六个字的批评是由北京的建设引起的。他同梁思成一样，对于维护北京的古都风貌有一种"顽固"的执着。也就是在那封给邓以蛰的信中，他曾把北京与巴黎类比，认为二者之所以可爱宜人，是因为它们都兼有中古与现代这两种元素，只是程度不同而已。他对中国传统的殿堂楼阁有一种深沉的爱。认为故宫具有庄严与美的理想结合，是世所罕见的。出于此种情绪，他反对拆城墙，反对拆牌楼，特别是反对拆原来天安门东西两侧的"三座门"。当市政当局因为"三座门"曾酿成交通事故造成死伤，从而组织死者家属控诉这些"封建古董"时，父亲说这简直幼稚得可笑。一次同周总理讨论此类问题时，他曾说"建筑是死的，人是活的嘛！"大概即指此而言。据说彭真同志在一次会上曾不点名地批评他"迷恋过去，食古不化"。正是由于这种尖锐的争论，使他憋了一口气，到了 1957 年就不得不发了。他那后两句话大概就是对彭真的回敬。

　　然而有着超常政治敏感的毛泽东却认为这几句话是直接对着他去的，因而在 1958 年初的一次最高国务会议上对在场的父亲作了严厉的批判，但没点名，并且申明："说这些话的是一位朋友，不是右派。"我想，至少在建国初期，父亲对毛泽东还是很崇敬的，他说那些话时，心里未必是冲着毛泽东去的，然而若自己"对号入座",他也毫无办法。

据父亲说,他在这次会上后来做了一次检讨性的发言,解释了他对党的政策产生抵触的原委。这个发言得到了某种程度的认可。毛泽东还表示:"不是旧的一切都好,新的都不好。我看青岛这个城市就胜过开封洛阳。"对此,父亲并不完全服气,对我说:"谈到这个,那是我看的多,还是他看的多?!"

根据后来的"文革"小报记载,当年随后召开的南宁会议、成都会议等党内会议上,毛泽东又对父亲的言论大加鞭挞,并且把他同陈铭枢相提并论,而陈铭枢是被划为右派的。这也使党内部分人士误认为张奚若已被划为右派,或认为他本质上是右派,只是未"戴帽子"而已。以至于在20世纪70年代末的一次传达中,我听到某位高层领导人解释邓小平关于右派分子个人可以改正,而反右派运动不能否定的决策时说:"当时有的人很恶劣嘛,像张奚若就很恶劣嘛。"

据家里人回忆,在受到批判以后,父亲一度想辞官不做。但就在这前后,周总理曾来家里探视过他,谈话内容就不得而知了。不管怎样,这年(1958年)他虽然被免去了教育部长职务,但又被任命为对外文委主任,直到"文革"期间这一机构被撤销为止。

说到"文革",初期他还表现出很高的兴趣,常去外文委机关看大字报。那时外文委分为两派,一派拥护陈忠经,一派拥护楚图南。当时在外文委工作的周鲠生的女儿有时也到父亲家里通风报信。然而随着运动发展得波谲云诡、变幻莫测,使他感到迷惘,于是决心保持沉默,置身事外了。我们这些年轻人有时在家里议论天派如何、地派如何,不管议论得怎样热闹,他都从不介入。一次我从教育部(当时我的工作单位)带了一些准备写大字报的原始材料到父母家,他知道后叫家人要我赶快拿走。当然有时也听他谈一些同运动有关的事,比如一次他从外面参加活动回来,笑着说碰见陈老总(陈毅元帅),而陈毅对他说:"奚老,我们现在跟你一样了!"意思是有职无权、靠边站了。到运动后期,偶尔也听到他说:"要是再一翻手,那怎么办?"我想这类语言大概也是从党内老同志那里听来的。

"文革"后期外交学会恢复活动,一次我在父亲家听到学会来电话,要他主持一场招待外宾的宴会,他问陪客有谁,在得知陪客中有在运动初期冲撞过周总理的姚登山后,他断然表示决不同姚登山同席,如果名单不能更动,那就请别人主持宴会。后来学会的这位秘书长请示了上面并做了更动,他才出席并主持了这场活动。由此可见,他对周恩来的感情很深,超出了一般对领导人的尊敬。

他在"文革"中未受到任何冲击,这倒明白无误地是受益于周恩来。在多年后一个纪念周总理的电视节目中,周总理的前外事秘书出示了一张由总理亲自起草,经毛主席批准的保护民主人士的名单,其中第三名就是张奚若。这使我想起,在 20 世纪 60 年代我看见父亲的很多好友都入了党,也曾劝他考虑入党问题,都被他以"难以达标"为词婉言谢绝了。从某方面说,这倒未必不好,如果"文革"期间他已变成党员领导干部,要完全不受冲击就很难了。而且,以无党派人士的身份终此一生,也可能更加符合他的人格特性。

建国前 20 年,绝大多数西方国家同我国没有建交,外交学会的成立主要目的就是面对这些国家,尤其是上层,以民间的形式进行交往,开展工作。我那时同外事工作不沾边,对父亲在外交学会的工作情况了解不多,但总的印象他对这一工作是很投入的。作为党外人士,他很少参与决策,所从事的基本是礼宾性质的工作,但他也临事以敬,每有活动总是认真听介绍、看文件,做好准备。我想以他的学术根底和对西方文化的通晓,至少在交流、交友方面能起很好的作用,可以补他人之不足。可能正因为如此,他这个会长从 1949 年干起,一直到 1973 年去世,一共干了 23 年而未被更换。我从一些历史图片和纪录片中得知,他早年曾陪国家领导人会见过英国工党领袖艾德礼、陆军元帅蒙哥马利。还同日本社会党领导人浅沼稻次郎发表过联合声明。1963 年,戴高乐派前总理富尔作为他的特使来华,父亲主持了欢迎宴会并参加了周恩来的会见,但随后秘密进行的建交谈判他没有参加。尽管如此,富尔在他的回忆录里对张奚若的谈吐、见解做了很好的评价，认为他绝不仅仅是一个"非党陪衬"。上世纪70年代末我自己曾随团访问过拉美，在智利遇到一位在野的友好人士，他在阿连德时期做过教育部长，是智利友协的奠基人。他从翻译那里知道我是张奚若的儿子，非要请我到他家吃晚饭。席间他回忆了早年访华之行，特别是父亲对他的热情款待，对父亲的学识赞不绝口。1972年尼克松访华，父亲本来也在欢迎人士之列，但因心脏病突发他不能前往，经周总理决定临时由周培源以学会副会长的名义代替出席。错过这场有历史意义的活动，是他晚年的一件憾事。

费正清在他的回忆录里头，写我父亲是昆明自由主义知识分子中最有盎格鲁－撒克逊气质的个人主义者，而他1972年再度来华见到我父亲时，"Hsi-jo did most of the talking but said little"（《费正清对华回忆录》中文版译为"滔滔不绝的言论却言之无物"）。费先生的英文水平显然很高，用词不多但意思表达得很准，可是父亲能如费所期待的 say 些什么呢？有外事纪律呢。费先生回忆录里说我母亲"Chang His-jo's sweet wife"，这倒是符合实际的。

十

不久前去世的李光谟教授（李济之子）十几年前寄给我一篇报刊所载的王元化的文章，这篇文章谈到父亲的一篇学术论文《法国人权宣言的来源问题》。王元化读得很认真，由于文中多处用原文引用了法国大革命时期国民议会讨论宪法问题时的发言和文件，而他不懂法文，还请了一位教授逐句翻译给他听。他对父亲的文风十分佩服，说它立论严谨，行文如"老吏断狱"一般，经反复推敲的结论"泰山难移"。但他认为文中所列卢梭的国家学说强调由人民产生的"主权者"（sovereign，似应译为最高统治者）不会犯错，因而不应受任何制约，这就容易导向集体主义、国家主义，甚至专制主义。而这与张奚若20世纪30年代发表的《国民人格之培养》和《再论国民人格》这两篇文章所深刻阐明的权力有腐蚀作用、国家权力必须受到制约的鲜明立场截然相反。由此他质疑张奚若是否真的像一些后人纪念文章所说的那样推崇卢梭。

本来，对父亲的学术思想我不敢多所论列，但这里可以用家人的身份证明：他对卢梭的确是十分推崇的。他教我读卢梭的《社会契约论》，每次读到那句名言"Man was born free, and everywhere he is in chains"（人是生而自由的，而现在他却无处不在枷锁之中）时，他总是充满激情的。的确，30年代的张奚若在他的那两篇论国民人格的文章中不遗余力地宣扬"五四"精神，呼唤人的解放，确信个人主义的政治哲学虽有缺陷，但仍不失为现代社会、现代文明的基础。而他在学术论文中又毫不含糊地断言卢梭是"团体主义（集体主义）者"而非个人主义者。因此，我想，他对卢梭的推崇，当然不是因为认同卢梭的国家学说。相反，他认为卢梭设想的由人民产生而无所不能的"主权者"只是一个抽象的近似玄学的理念，并无多少实际意义。而卢梭的最大的历史功绩是他关于自由、平等、天赋人权、主权在民的思想和学说，在18世纪的法国社会，特别是中下层产生了巨大的影响，从而促成了法国大革命。他在文中也说，尽管洛克、伏尔泰、孟德斯鸠对法国大革命也有过影响，但影响最大的是卢梭。对于法国大革命这个人类历史上的重大事件，父亲是充分肯定的。

十一

在我父亲早年的朋友中，徐志摩不幸早亡。同胡适虽然曾经志同道合、关系亲密，但20世纪40年代以后因为政治上分道扬镳，就再无来往了。同我父亲交往时间最长的应属金岳霖了。据说我出生时（1927年）父亲不在北京，把我从协和医院抱回家的就是金爸，可见他与我家关系之深。

至交之间的相互评价，不可能永远是正面的。例如徐志摩称赞张奚若是个硬人，但说话写文章总是直挺挺的，其魅力近似于张飞、牛皋一类人物，言外之意是失之于简单。金岳霖对此看法如何，我不得而知。但他在 20 世纪 30 年代写过一段游戏文字，挖苦我父亲说话总是："第一，如何如何；第二，如何如何；第三，如何如何"，称他为"三点之教"者！（有兴趣者可翻阅《金岳霖的回忆与回忆金岳霖》增补本 2000 年，第 15 页。）我父亲对金岳霖的才学却是十分佩服的。记得在昆明时父亲曾推荐让我读金岳霖用英文写的一篇哲学论文，开头一句是：If Chinese philosophy is worldly, western philosophy is unworldly, then Indian philosophy is otherworldly（如果中国哲学是入世的，西方哲学是出世的，则印度哲学是（有关）来世的。）父亲说中国人用英文写东西，遣词造句如此精妙是少有的。费慰梅在她所著介绍林徽因和梁思成的书中也称赞金岳霖对"牛津式"英语的熟练掌握是"striking（惊人的）"。

1946 年闻一多遇害时，金岳霖在重庆，风闻我父亲张奚若也遭难了，即时写了一对挽联：

本直道而行，何须世情曲顾，肝胆相照，过失相规，休戚更相关，卅载交情同骨肉；

坚义利之辩，不为奸党所容，盛德不彰，忠言招忌，是非终有定，一生疑谤尽皮毛。

当然，后来知道父亲并未遇害，这副挽联也就束之高阁了。直到 1961 年，他又把它捡出寄给父亲，并附言"秋日黄花，残冬落叶，春雷一扫而光，但当时情况，似仍有忠实处。"由此多少可以窥见父辈们交友之真诚与脱俗。

金岳霖辞世是在我父亲去世十年之后。他在晚年的回忆中说道，他同意王蒂澂（周培源夫人）所说张奚若这个人完全是方的，四方形的角很尖，碰到了当然是很不好受的，但这个方形的四边又是广泛而和蔼可亲的。他还说父亲既是一个外洋留学生，又是一个保存了中国风格的学者。我认为他的这种概括是很恰切的。

早年在美欧留学 12 年，在我父亲身上留下很深的印记。他的生活习惯、思维方法、待人处事的原则是相当西化的，或者说现代化的。遇事讲原则而不徇私情，对中国旧社会的一些传统陋习深恶痛绝，尤其反对利用职务为子女、亲友谋私利。顺便提一下，我20世纪70年代初从在安徽的教育部五七干校出来，想回北京而致信当时直属于外交部的对外友协负责人，在求职信中作完自我介绍以后，我特别声明这事与我父亲无关（尽管他当时已重病在身），因为他如果知道了，未必会同意我这样做。这倒不是故意矫情，而是不敢有违家风。

正是由于"本直道而行"，讲话又少含蓄，有时难免要得罪人。据华东师大戈洪伟那篇论文所述，当年清华同事萧公权、浦薛凤对他就不无微词，遭到西南联大不续聘的龚祥瑞大概对他印象也不会好。

另一方面，父亲又是重情义、念故交的人。钱端升被划为右派以后，父亲从一开始就认为这是错误的，并且一如既往，坚持常去看望这位老朋友。这是钱家后人在不同场合多次提到的。几年前读到一篇对地质学家杨起的采访报道，谈到杨起的父亲杨今甫（原在北大，院系调整后调到东北人民大学任教）50年代从东北到北京来看病，遇到很多困难，父亲把自己的专车借给他用，解决了很大的问题，这让他的家人十分感激。解放以后，父亲工资较高，经济比较宽裕，有时也用来接济经济困难的亲友，例如每年对住在苏州的丁文江的遗孀（我称她为干妈）都有所馈赠。他也曾借出差之便，去上海看望过陆小曼。我所不知道的类似事例，应当还有一些吧。

在生活作风上，他偏于严肃，不吸烟，很少喝酒，也不打牌（钱仲兴提到，他到周培源家打桥牌，那应该是我母亲，而不是父亲）。但他也有自己的爱好：他会跳舞，爱打网球。小时候听他盛赞的外国人中就有美国网球明星蒂尔登（Bill Tilden）。他还能绘影绘声地描述蒂尔登在比赛中的精彩表现。例如说蒂尔登在英国的一次比赛中，利用网前吊小球得了一分，观众席上有人大喊"Dirty trick（卑鄙伎俩）"！蒂尔登对此怒目而视，但没有发作并保持了镇静。而他的比赛对手却为他抱不平，高喊了一句"Don't be silly（别犯傻）"！抗战后初到昆明时，第一学年他在蒙自讲课时还打过网球。回昆明后未再打过，但美军来了以后，时常有网球比赛，他带我去过一两次。有时我看到精彩处，不禁失声叫好，当即被他制止，说只能鼓掌不能出声。看来他那个时代网球还是比较高雅的运动。

他非常爱听京剧。抗战前他醉心于梅兰芳、杨小楼、郝寿臣等名角的戏。抗战时期当然无戏可听，解放初期比较宽松的年代，听戏机会还是比较多的，他有时去怀仁堂，有时去戏院。他自己不会拉琴、唱戏，就这个意义来说他不是真"懂"戏，但他有很强的综合鉴赏能力。例如他常说梅兰芳不仅唱腔高雅，而且是表演大师，"浑身都是戏"。而他的弟子中虽有一些唱腔尚称悦耳，但表演呆滞，"去其师远矣"！记得有一次他带我去听李和曾的《哭秦廷》，我深为李的激情演唱功力所震撼，但父亲却评论说比之谭富英，李和曾的唱腔高亢有余而韵味不足。在我见识较多以后，觉得他的评论是有道理的。根据戈洪伟的文章，一位黄裳先生50年代听到我父亲议论京剧，认为他的见解颇为独到。

如前所述，他热爱传统绘画和书法。记得刚解放的时候，张伯驹先生曾把多年收藏的国画捐献给国家。在送走之前，在当时的燕京大学办了一个展览，父亲带我去看过这个画展，真是琳琅满目，美不胜收。那也是我第一次看到石涛的几幅作品，其着色之大胆突兀，给我留下了深刻的印象。当然这样的经历，也只是使我增长了一些见识，受时代所限，我不可能在这方面作进一步的探索。但即使是耳濡目染，也使我受益匪浅。

在文化上他很重视传统。拜早年私塾和宏道高等学堂所赐，他有相当深厚的旧学根基。在教育子女方面，首先教我们唐诗宋词、古文观止，总是告诫我们要多读点旧书，不要到头来变得"胸无点墨"。他不主张我们过早接触西方文化，这是怕我们在当时的历史条件下，在没有打好中国文化的底子以前为西洋文化所陶醉、所俘虏，这样成人以后会脚下无根，难于融入中国主流社会，做个有用之人。

反对国民党统治的鲜明立场，使父亲在抗战后期的西南联大和解放前的清华青年学生中有很高的声望。而在教学领域，他的口碑也不错。王铁崖先生曾对我说，父亲课讲得很活，因而很受学生欢迎，但他打分很严，所以他的课"好上不好下"。父亲对有才华的学生，也是不吝夸奖之词的。我记得他就很欣赏陈体强的才华。楼邦彦也是他称赞过的学生。他们都曾来过我们家。抗战后期，杜汝楫当了系里的助教，因为工作关系，常到家里来找父亲，因此同我们家里人也很熟识，关系更密切一些。对于这几位学长在 1957 年的遭遇，我们都深感同情。父亲去世后，陈体强、杜汝楫都来看望过我母亲，并且同我们子女们保持了一段联系。

我年轻的时候总觉得来日方长，加上天天能在家里听到父亲的言论，我就没有特别上心，结果到头来我居然没有听过口才闻名的父亲一节课，也没有听过他的一次演讲，真是遗憾。关于父亲的学问，我年轻的时候没有兴趣，后来没有机会，结果到现在也了解得不多，也是件遗憾的事。我自认是个"不肖子孙"，对于父亲的学问和成就，实在是"难以望其项背"。

我们姐弟三人，我后半辈子从事外交工作，弟弟是空军飞行员，战功卓著，做过驻外武官，后来也成了将军。只有我姐姐继承了父亲做学问的本事，她当年在清华外文系念过研究生。从新华社离休以后，去美国读比较文学，得过博士学位。她的博士论文中的一个注释，还引发了美国学界的一场争论……

整理者手记

张奚若在故乡陕西是当然的大名人，甚至已经开建了以他名字命名的中学，但大家一般知道的是他当过教育部部长，很多人知道"中华人民共和国"这个国名跟他有关，但至于他作为学者，作为清华教授的经历则少有人知，他搞的学问太抽象了，远不如部长官位来得具体和形象。

张奚若是一个特别的人。他既不像他的宏道同学和清华同事吴宓，一辈子念书教书；也不像他的很多革命同志，革命成功后安享胜利果实。在他那一代人中，尤其是在那一代西北人中，他的做派绝对独树一帜。他冒着生命危险参加辛亥革命和之后毅然不做官，去美国留学的选择，何止故乡的人当时不明白，今天明白的人恐怕也不多。古都西安的城墙有个"勿幕"门，是以辛亥革命时牺牲的张奚若的朋友井勿幕名字命名的。如今繁华的城门下，来来往往的人里，没几个人知道这个城门名字的来历，就像很少有人明白张奚若这个人一样。

在清华，张奚若曾是政治学系主任，以西方政治思想史研究，尤以"主权与人权"研究名满天下，激荡一代学子心灵，如今清华校门上毛泽东的题字，也是全校师生委托他代为请毛泽东题写的。由于他1952年院系改造之前就离开清华就任部长，也由于清华文科和政治学专业的数十年缺失，也许还因为他并非清华学生出身，这个政治思想史上独树一帜功力精深的学者，在清华百年校庆的名单里，出现在担任过部长级领导之列，教授名单中却没有了他。

和其他教授相比，张奚若绝不只是个学者，他从来就是一个行动者，并且不是头脑发热的书生。不知道他是不是认同郑板桥的自嘲，认为教书无非是"傍人门户度春秋"，但他确实早就声明教书和做学问本来不是他的志向，他的目标在于参加有助于开启民智以利国家现代化的实际工作。后来他果真求仁得仁，位居高位。早年在河南监狱里被关进死牢几个月，几乎送命的经历，大概早就证明，也磨炼了他的胆量；和同盟会同志往返上海与东京之间运送武器，也不是一般人有胆量做的事。所以陈岱孙评论他是集"志士与学者于一身的人物"。

这么的一个人念政治学，当然和一介书生钱端升不一样，也和徐志摩、金岳霖不一样。他能为了追随拉斯基专门前往伦敦经济学院；但和徐志摩后来搞文学、金岳霖投身逻辑学不同，他一生以政治学研究和有关国家建设的实际工作安身立命，一以贯通、有始有终。虽然他最终与胡适等早先的自由主义朋友分道扬镳，但他终其一生，无党无派，保持了旧话所说的"君子群而不党"的风范。

以个人境遇来说，张奚若是20世纪中国知识人的一个特例。自年少在陕西参加学潮、之后在上海参加同盟会起，他即不时深陷危险之中，在昆明时他公开大骂蒋介石，完全有可能遭遇闻一多、李公朴一样的暗杀，再后来，他的朋辈与弟子多在各种"运动"中被打倒或遭灭顶之灾，他语惊四座的发言也掀起不小的风浪，但他安然渡过了所有危机。

因为写另外一篇关于清华政治系文章的缘故，通过外交部联系上了张奚若长子张文朴大使。之后的两三年里，陆陆续续通了许多次电话，有意思的是，我们常常不知不觉地从普通话转入陕西话，而且是老派的陕西话——只有在那种充满古文字的语境里，才能准确体悟张奚若作为革命者，作为"有棱角"的学者的风貌——杜甫所谓"秦兵善战"，信夫。张奚若是一个述而不作的人，连金岳霖也说他的学术文章太少了，但他1947年发表的"辛亥革命回忆录"，实在是精彩纷呈。他晚年没有留下回忆文字，是非常遗憾的事。

赵元任最后一次去医院看望张奚若，居然准确地记得年轻时在美国留学时张奚若跟他说过的一段陕西话，可见印象之深。1960年代，张奚若与习仲勋在北京一起去看进京的陕西地方戏碗碗腔剧团演出，他实在喜欢看，天天晚上都去捧场。虽然离开故乡后，很少回去，但是他保持了一辈子的故乡情怀。1949年后，考上北京知名大学的一帮陕西青年来看他，使他大喜过望，因为1949年前他任教清华时非常少见陕西籍学生在北京求学。在家庭角色上，他也是典型的"慈严相济"的陕西父亲——虽然父亲已经过世40年，但张家儿女对父亲的尊重与敬爱，时时刻刻都能感受到。

晚年的张奚若在宣纸上练习毛笔字，常写杜甫的那首《戏为六绝句》："王杨卢骆当时体，轻薄为文哂未休。尔曹身与名俱灭，不废江河万古流。"提笔、落笔之间，他所思为何，所想为何，永远不得而知了。

4　落霞与孤鹜齐飞　秋水共长天一色

钱仲兴口述：我的父亲钱端升[*]

钱端升（1900—1990），字寿朋，上海曹行乡人。钱氏祖上行医，钱端升13岁就学江苏省立三中（松江中学），1916年秋入上海南洋中学，17岁考入北京清华学校，19岁被选送美国北达科他州立大学，不久入哈佛大学研究院深造，24岁获哲学博士学位。回国后历任清华大学、中央大学、西南联大政治学系教授，北京大学政治学系教授兼主任，并曾担任天津《益世报》主笔。1937—1949年，四次应邀赴美国，并曾受国民政府委派，与胡适、张忠绂三人赴美宣传抗战。1947年底，任哈佛大学客座教授，讲授《中国政府与政治》（1950年哈佛大学版，2010年商务印书馆版）。1948年末，坚辞美国著名学府聘任回国。

1949年后历任北京大学法学院院长、北京政法学院院长、外交学会副会长、对外友协副会长、世界和平理事会理事、外交部顾问。1954年，被聘为全国人大宪法起草委员会顾问，参加新中国第一部宪法的起草。1957年被划为右派。1974年，在周恩来亲自过问下，出任外交部法律顾问及国际问题研究所顾问。后被选为第六届全国人民代表大会常务委员会委员、法律委员会副主任委员等职。1980年，担任北京大学、外交学院兼职教授、中国政治学会名誉会长、全国总工会法律顾问、中国国际文化交流中心理事、欧美同学会名誉会长、北大校友会和西南联大校友会名誉会长、各国议会联盟大会人民代表执行委员会委员等职务。1981年，任外交学院教授。同年，加入中国共产党。著有《德国的政府》《法国

---

* 口　述：钱仲兴（钱端升次子）
　地　点：北京金台西路钱宅
　时　间：2013.1.8

的政治组织》《法国的政府》《民国政制史》《战后世界之改造》，译有《英国史》，与王世杰合著《比较宪法》（2010 年商务印书馆再版）等，与楼邦彦合著《资产阶级宪法的反动本质》。1981 年加入中国共产党。

　　我父亲一直想出国留学，他只有一个妹妹，小他 16 岁，家里世代行医，家境并不好，指望家里出钱供他留学是不可能的。于是他就好好念书，最初是在松江中学念书，虽然那也是地方名校，但他还要进更好的学校。于是就考上了上海南洋中学。据说南洋中学的前 2 名能上清华，他考了第 3 名，但是因为第 2 名放弃了，这样他就有机会了。他自己说本来是想学数学的，不知道为什么后来念了政治学了。他在清华学堂读了两年就去美国了。

　　抗战胜利后，我们从昆明回北平，先到重庆、武汉、再到上海，在上海住了三个月，期间他带我们回了趟故乡，这是我唯一回去过的一次，他后来一直担任上海人大代表，但是不是还回过故乡，我就不知道了。学生们总是抱怨说他口音太重、听起课来费劲，但他一辈子并不怎么讲上海话，总是说他那口音很重的普通话。

　　我 81 年从外地调回北京，他 90 年去世。由于专业差异，我对他懂得很少。晚年的时候，他常常出门散步，刚开始还是他自己一个人出门，能从住的太平桥大街 41 号走到西单，后来因为视力不好，就由晚辈、孙辈搀扶，我也陪过他，但是很可惜，当时居然没有问他问题，现在想问而不可得了。

　　最近中国政法大学校庆，我们才得知学校的有关部门找到了一个小木箱，里头有他的两本日记以及雷洁琼的一些东西。我后来读了那两本日记，才对父亲有了更多的了解与认识。那两本日记一本是 1937 年下旬到 1946 年的，其中 1943、1944、1945 年仅是个非常简单的年记；另一本是 1947 年中旬到 1956 年中旬的日记。还有些其他年份的日记，我们还没有整理出来。

一、敢言与沉默

　　我想，父亲首先是一个敢想敢干的人，他前半生确实是风风火火。他早年在天津《益世报》、在国民政府参政会上，都是非常敢说话的。即使是 1949 年后，在彭真、邓小平和刘少奇主持的第一次宪法制订会议上，他也是很敢于提出自己意见的，并有不少得到采纳。在 1957 年前不少民主人士抱怨"有职无权"，但在他当北京政法学院院长时，我认为他倒并不这么看，天天认真去上班，甚至还会因为业务和书记顶起来。后来这位书记被调到高教部工作，他还到高教部去看望那位书记，在他看来，他们已是朋友，只是工作上的分歧，并不是对人有意见。

我看他日记里写，和胡适、张忠绂去欧美宣传抗战时，他对胡适的一些措辞有不同看法，他在日记里说，如果是让他来讲的话，他将会是另一种讲法。我认为如果说敢言分上、中、下，张奚若的敢言是上的话，他算中上。

我倒不觉得他不爱说话。1957 年前，他一直非常忙，我们孩子没多少机会和他碰面交流，但我们并不怕他。1957 年后父亲在家和在外面确实不怎么说话。我想有两个原因，一个是"反右"和"文革"期间，不愿意"祸从口出"或怕影响我们，再一个就是 1978 年"改正"复出后，他年事已高，又脱离社会实际太长时间，也就没什么话好说了。但是，我记得邓小平复出后，他还是给邓小平写了封对我国外交工作建议的长信。

我记忆里 1957 年前他总是非常忙，1957 年后我们兄弟三人都离家外出上学或参加工作了，因此没有机会和他说话。他日记里记，当时他是政法学院院长、外交学会副会长，常常是早上在政法学院，中午到外交学会，下午还要参加其他社会活动，往往一天要赶几场活动，50 多岁的他晚上回到家自己都常喊累。我母亲说如果他要开夜车写东西常常要靠喝咖啡提神，到该睡觉的时候，又要吃安眠药才能入睡。

他当"右派"之前，忙得没时间跟我们说话；当了"右派"后，怕影响我们，又不敢跟我们多说，结果我们和他说的话一直不多。

二、报国

父亲一辈子的敢言与人生选择，离不开"爱国"这个中心思想。他一辈子最大的抱负就是报效国家，所以中国受日本侵略期间他最恨人家对日本妥协、不积极抗日。他当初离开天津《益世报》，都是因为他激烈的爱国言辞。

1948年他在哈佛讲学完成后，哥伦比亚大学也打算聘他，但是他归心似箭，急着回国迎接解放、参加建设，就拒绝了。他解放后几次出国，一有机会就动员自己的学生、朋友回国报效。比方说动员了在联合国工作的田保生回国，没想到倒害了自己的学生，田保生后来在政治运动中死于非命。

1956年，有个美国大资本家出资请中、美、英、苏等国的大科学家去美国聚会，打算缓和紧张的冷战关系，那个邀请被外交部压下了，觉得无人可派，不知怎么被周总理知道了，他说为什么不派人去？钱端升就可以去嘛。我父亲还怕当局不放心，主动问要不要派个秘书一起去吧？总理说不用，你自己一个人去就好，他就一个人去了。到了美国，他还专门去动员任之恭回国[1]。

父亲虽然一直积极参政议政，但他并不是老民盟的成员，在昆明时他连民盟盟员都不是，他是1949年后才加入民盟。后来批斗他的时候说他在民盟内是"连升三级"，其实他可能对参加民主党派没什么兴趣。

三、朋辈

在清华的同学中，记得父亲常提到叶企孙，可能是因为他们在中学、在清华和哈佛都是同学而且又都是上海人有关系吧，虽然年纪比他大一岁，但叶企孙比他晚一年上清华，两个人都是在哈佛拿的博士。叶企孙后来遭到非常不公正的对待，父亲心里十分难过。父亲一直很喜欢清华，直到晚年，清华的校庆他总去参加。

张奚若一解放就见到了毛泽东等领导人，我父亲则不是。刚解放的时候，张奚若和吴晗常找他，希望他做这个，做那个，后来他来往的面渐渐广了，比

1　"我们的老朋友，政治科学家钱端升，在50年代初期，他代表中华人民共和国出使海外，1947—1948年曾是我家的客人。1954年，他打电话给我们说是在新斯科夏半岛的格沃什参加会议。"费正清：《费正清对华回忆录》，知识出版社1991年，第539页。

如华北教育委员会什么的也来找他，张奚若和吴晗来得就渐渐少了。他较晚才在开会时见到了高层领导，比如在中南海怀仁堂开会见到毛泽东，他说毛泽东身材魁梧，印象很好。北京政法学院的校名，是他专门托林伯渠请毛泽东题的字。

张奚若是他一辈子最好的朋友。在昆明，抗战胜利的消息传来，张奚若来我家找他，他开了一瓶珍藏了很久的酒，两人一起庆祝，那真是"漫卷诗书喜欲狂"。他划成"右派"后，从前的朋友们就不再上门了，但是张奚若不管，还来我家，梁思成、周培源、李四光也都"奉命"和他见过面。张奚若的女儿个性非常像她父亲，爽朗大方，我父亲最后一次住院，她当时退休了，正要去美国念博士，来医院看他，带了一束鲜花，我一直都记得。

"文革"期间，政法学院要搬到安徽去，他已经准备好一起去，行李包都拿绳子捆好了，他连遗嘱都立好了——他觉得那一去，估计就回不来了。但临到要走的时候，组织突然告他说他不走了，于是就被分到北京市教育局去了，当时的北京市教育局是在西单路口东边的一些平房。他不用上班，但他一直还是希望能做些事。

1973年原资源委员会的缪云台先生回北京，周总理宴请，我父亲和钱昌照等人作陪。饭后总理送缪云台出去，我父亲和邓颖超等人还坐在屋里，他等着和总理谈话——这是自1957年以来他第一次正式和总理坐在一起，他和总理提出想工作，但是经过多场"运动"，清华北大已经面目全非，他觉得去了也没事做，总理很明白，就建议他去外交部工作，但当时外交部关系还很复杂，也不是总理说了都能算的，于是把他安排到外交部国际问题研究所，名义上是外交部顾问，但在国际问题研究所上班、领工资。1976年毛主席去世时，他没什么特别的表示；但是年初周总理的去世，却让他十分悲伤，从此他就在家里挂上了周总理的照片。[1]

---

[1] "1960年和1973年周恩来总理两次给予我亲切的关怀和坦诚的鼓励，却使我永志难忘。可以说，在那检讨不起作用，实事不能求是，呼吁不获同情，妻儿不能幸免的多灾多难的岁月里，我之所以能够饥即食，病即医，坚定地生存下去，是与周恩来总理的开导分不开的。"钱端升：《钱端升学术论著自选集》，北京师范学院出版社1991年，第701页。

如果说父亲有什么爱好的话，我想一个是桥牌，还有一个可能就是跳舞了。头一个真是他的兴趣，在北平教书的时候，尤其是抗战胜利后回北平，他和张奚若、周培源、梁思成、金岳霖、陈岱孙、赵诏熊那些好朋友常常在一起打桥牌，1949年后就很少打了。他还教我如何叫牌，他们打牌都用英文，例如"昂呐（honor）"，他给我翻译成"光荣"（大牌）。

我记得解放前梁思成从美国回来，带回来个小汽车，很小，就像奥拓那么大，他开着车从西郊的清华来东城贡院头条接上我父母、我们兄弟，一起去周培源家，他们大人打一天桥牌，我们小孩子们就在一起玩。周培源家全是女儿，我家全是男孩。林徽因不怎么参加，记得她儿子梁从诫带我们从周培源家去他家玩，林徽因好像躺在床上还是在做什么，总之一个人在家，我对她就只有那么个模糊的印象。梁从诫比我们大几岁，他来我们家时总是逗我们，捏捏这个，推推那个，我们闹作一团。

我母亲陈公蕙是福建人，她和我父亲认识，林徽因是介绍人，林徽因是福建人，陈岱孙也是福建人。我父母和梁思成的弟弟梁思永夫妇关系一直很好，梁思永去世后，我母亲和梁思永夫人也一直来往很密切——她们两个人后来都很长寿。我父亲跳舞，大概也谈不上爱好。主要是他当时在外交学会当副会长，我们小孩可以去国际俱乐部游泳，大人可以去参加很多活动，如跳舞，他就带着我母亲一起去。有时候有社交活动，他急着出门，我母亲呢，因为难得有这种可以带夫人的活动，所以要花时间梳洗打扮，他就不耐烦，总催她，两人之间就闹点不愉快，他陪她去跳舞，倒不见得是他自己特别喜欢跳，我想更多是陪我母亲的意思。

在昆明的时候，由于梁思成林徽因搬到李庄去了，金岳霖就迁来我们家住，当时我们住在乡下，父亲在城里教书，每周一徒步走40里进城，周末再走回来。我们乡下的大门是那种薄薄的木头门，金岳霖回来的时候总是一边敲着门，一边唱起马赛曲"嘟嘟嘟，滴滴滴"，我们一听这个就知道他来了——因为我哥哥小名叫都都，我小名叫弟弟。金岳霖是湖南人，爱吃辣，常常在我们家的火炉上拿两个柿子椒放到火上烤了吃，我还记得他吃的时候会把上面的一层皮揭掉。回到北平后，有一年暑假，我在他北大燕南园的房子里住了一段时间，因为方便去颐和园等地方玩，金伯伯有个专门的厨师，饭做得特别好。

我父亲和费正清等美国学者关系很好。当时说美国有三个有名的中国问题专家，费正清[1]一个，还有鲍大可（Barnett）[2]和施乐伯（Scalapino）[3]。费正清我没见过，后面这两位1981年后都到过我们家，当时我在，记得我在屋里，斯卡拉皮诺和我父亲在外头的客厅交谈。

我母亲是英文系毕业的，虽说口语比不上张奚若夫人杨景任女士，但是我父亲晚年的英文信件都是他口授，她书写出的，这我们都做不到。

四、"反右"

父亲因是全国人大法制委员会副主任，又是北京市政协副主席，所以与彭真打交道较多。1956年有一天他回家后非常生气，原来是和彭真一起开政法会议，意见不同，不知道为什么彭真在会上指责他："你还是教授呢，根本就不懂"，使他的自尊心受到伤害。他回家后就写了封信，让我交给市委。后来他被划成"右派"，他就认为是彭真起了作用。

1978年他平反后，全国人大法制委员会开会，他还在彭真的领导下工作，

---

1 费正清（1907—1991），哈佛大学教授，美国最负盛名的中国问题专家。著有《美国与中国》、《剑桥中国史》。"1979年8月，我为能够有幸陪同琼·蒙代尔（美国副总统蒙代尔夫人）去拜访钱端升教授一家，作为对开明人士的一种表示而深感高兴。"费正清：《费正清对华回忆录》，知识出版社1991年，第539页。

2 鲍大可（1921—1999），哥伦比亚大学、约翰霍普金斯大学教授，布鲁金斯研究所研究员。著有《共产经济的策略：大陆中国的崛起》、《共产中国与亚洲：对美国政策的挑战》、《毛以后的中国》、《不确定的航程：中国过渡到毛时代》、《中国政策：老问题、新挑战》、《中国外交政策的制定：结构与过程》、《中国的大西北：四十年来的变化》、《重新认识中国：改革的动力与困境》。

3 施乐伯（1919—2011），美国加州大学伯克利分校政治学家。曾为约翰逊、尼克松、卡特三任美国总统担任过东亚和中国政策的顾问。就越南、中国、朝鲜、韩国、日本等发表过39部著作以及553篇文章，其中包括：《战前日本的民主和政党运动》、《当代日本的政党和政治》，两卷《社会主义在朝鲜》。

但他说这时彭真对他较客气。他的个性可以说是比较高傲的，从来就是这样，如果你尊重他、对他客气，他会认真工作，全力付出，但是你要是对他傲气，他会比你还傲气。他在美国宣传抗日时对美国议员也是这态度，对态度友好的、支持中国抗战的议员，他也对人家就印象很好。

至于他为什么会被打成"右派"，据一位知情人士说，他曾经陪着政法学院的某位书记去北京市委找主管高校的市委书记刘仁，要求把钱端升划成"右派"，刘仁不同意，他们就多次找刘去磨，最后刘仁没办法才同意。其实究竟到底是谁给他打成"右派"的，谁也说不清楚，他自己的看法也只是推测而已。

我当时上中学，非常要求上进，高中就写了入党申请书，所以反右后在家里也跟他说要认真改造之类幼稚的话，现在想，他当时心里可能很不是味道，但是他也没法跟我解释什么，让我信他的话，不合适；不信他的话，也不合适，所以他就什么也不说。

我弟弟说我"左"，其实我那时心里也很矛盾，一方面相信报纸上党的话，他肯定是右派，但是对他的那些反党反社会主义指控，我又觉得不可能啊，说他妄图走资本主义道路——可是他干吗临解放时要从资本主义的美国跑回来社会主义的祖国，然后回来又要走资本主义道路呢？总之心里很困惑。

父亲在贡院头条的家里有间大书房。大概是 1954 年前后，我在他书房的桌子上见到过他写的入党申请书。1981 年，他终于被批准入党了。他究竟是什么心路历程，为什么入党，很可惜，我没有来得及问他。

我记得父亲在改正之前说过一句话："我这案子 50 年（之内）肯定翻过来"。但他没想到，20 年就改正了。

五、作为先生

很多人都知道我父亲一辈子爱才，他确实非常爱护学生、保护学生，他尤其喜欢高材生、喜欢功课好的学生，比方说上世纪 30 年代他在清华的三个学生王铁崖、楼邦彦、龚祥瑞（即所谓的"三剑客"），就是功课很好的学生。抗战开始后，他和胡适、张忠绂出国宣传抗战，到英国还专门去看望自己在外留学的学生们，他们也给了他力所能及的帮助。对"三剑客"，当然后来他也有不很满意的地方。"三剑客"中的两个虽然也被划为"右派"，但他比较喜欢楼邦彦，在楼邦彦得了癌症后，住在北京医院，他主动要我陪他去看望，当时楼邦彦的头已经肿得很大，看见他就大哭，可见他们师生情谊并没有受到政治运动的干扰。

我记得有个他喜欢的学生陈体强在外交部国际问题研究所（也是1957年的"右派"），是非常聪明的才子；对曾是北大法律系任主任的一个学生（好像是张国华）他也非常喜欢，不仅功课好，品质也非常好，办事很牢靠，可惜去世得早。还有个学生余叔通，从前是北大的助教，后来在政法学院做他的秘书，因为有才气，我父亲也非常喜欢他，1957年也被打成"右派"。在家里，他经常提起当时也在外交学会工作的一个学生有才气。

我还记得有些学生对他很好，做了很多事，但他对人家却一般，说功课不够好，其实这些学生在其他方面能力很强。他在政法学院当院长时的六任秘书，除了最后一任，都是从北大带过去的，后来无一例外都成了"右派"。

中美建交后，有人说基辛格是我父亲教过的学生，他说年份是对的，但记不太清楚了，因为当年他在美国教书的学生点名册文化大革命中被抄家抄走，没有下落了，所以他拿不准。他早年受了很好的学术训练，一辈子做事井井有条，资料整理得非常仔细，他有近十个卡片箱，装满了记录一些书的卡片；甚至某年某月某日收到谁的信、给谁寄了信，都记录得清清楚楚。

中美建交后，他的很多学生想去美国留学访问，纷纷来找他推荐，不单是写推荐信，主要让他介绍给美国学者建立联系，我记得有赵宝煦等人。后来他们出国回来看他，问他为什么不推荐自己的儿子出去，他才写信给在云南山沟工厂工作的我，问我想不想出国，我很激动，说想啊，他就说那要好好学英语。但我后来的出国他其实没帮上什么忙，记得我给他看我写的英文申请文件，希望他帮助修改，结果他非常瞧不起我的英文。

父亲晚年的时候，常常有学生来，他们会组织给他过生日、办周年纪念之类的活动。大家说虽然王铁崖年纪大了，但毕竟是父亲的学生，所以组织活动时常常让他挂名牵头，其他人负责跑腿办事。

他在西南联大教过的学生，后来在哥伦比亚大学教书的邹谠[1]（国民党元老邹鲁的儿子），1980年代常常从美国给他寄书，寄了很多，对他了解国外现状很有帮助，他后来立遗嘱专门说要把自己的书捐给北大，尤其提到要把邹谠寄给他的书，全部捐出。

六、洋派与传统

我父亲应该算是个洋派的人。他早年的照片，除了在松江中学念书时及在中央大学任教时穿的是长袍，别的几乎全部都是穿西装、风衣，直到解放后改穿了中山装。他早餐喜欢吃面包、鸡蛋、黄油和果酱，在昆明时条件艰苦，没有面包，就把馒头切片烤了当面包，没有果酱，我妈妈就买了广柑，果切成小块，皮切成丝加上冰糖一起熬成酱，再装瓶并用蜡封口，吃完一瓶再开一瓶。

但我父亲又保留了中国传统的人情味、重感情。比如说他对春节很重视，记得过去每年春节的早上我们都会吃煎的上海的猪油年糕，晚饭还会吃菠菜肉丝炒年糕；他对亲戚都很重视，有时春节会请亲戚们（都比他小）去丰泽园吃一顿饭。我母亲家是个大家族，有很多亲戚在美国，他去美国的时候，会去一一看望，他和钱家的亲戚、我母亲家的亲戚一直都相处得非常好。作为兄长，在美国学成后，他把唯一的妹妹——我的姑姑，几乎一直带在身边，姑姑也很

---

1 邹谠（1918—1999），广东大埔人。父亲邹鲁是国民党元老、政治家及中山大学的筹创人和校长。邹毕业于西南联大，1946年就读芝加哥大学研究院，1951年获博士学位后一直任教芝加哥大学政治学系。出版六部著作及多篇学术论文，其中包括《美国在中国的失败1941—1950》、《中国之危机》（合编）、《从1850年到今中国基层的政治领袖与社会变迁》、《文化大革命与毛后改革》、《二十世纪中国政治——从宏观历史与微观行动角度看》等。《美国在中国的失败》是芝加哥大学出版社当年的最佳著作。

懂事,在昆明念书时,为了给他省钱,跑去念了西南联大的"吃饭"(师范)学院。

他虽然早早上了清华,后来又留美念书,能懂英、法、德等多种文字,但他的中文底子也非常好,念了不少书,毛笔字很漂亮。我哥哥小时候,他还专门给买回来《四书五经》让他读。当时干面胡同有个英文学校,他给我们报名去学,但是我们净顾着玩了,也没学好。

父亲非常喜欢中外历史,翻译《英国史》也和他这个爱好有关。在昆明的时候,他带我去参观展览(应该是西南联大教工展),我印象很深的是一种机器,把铁丝从这边放过去,那边就出来钉子,八岁的我感到很神奇,它直接引发了我对机械和工科的兴趣。

七、"我不吃瓦片"

我父亲是个对物质和钱财没有什么欲望的人。他古玩字画家具什么的都不收集,他说过他"不吃瓦片",意思是自己不要出租房子挣钱。那时候他做教授,工资不低,他常常资助学生。甚至在文化大革命中我有一个小学同学,家境困难,我在外地工作的时候,他常去我家找我父亲聊天,后来他告诉我,我父亲有一天居然大老远地跑到在东城的他家去,并给了他钱。对他自己的学生,他更会帮助。

抗战后北平,他在东城的贡院头条买了个很大的院子(当时的房价很便宜),房子是半中半西的,有个非常大的后院,里面也有好多房。后来因为他调到政法学院工作,那时候觉得贡院到蓟门桥很远;加上我哥哥又去外地读书了,家里就我们四个人,打扫那么个大院子也很费劲,就想换小房子住。他把这事告诉了北京市委的刘仁,刘很重视,派了房管局局长亲自处理。当时《人民日报》正在给苏联的《真理报》找房子,看上了贡院头条的院子,就暂时交换给他们了。

我记得陪他去看过多处房子,一个比一个大,但一直找不到靠西城这边小一些的，后来终于在北沟沿找到一处，他也找累了，于是我们就搬进去了。搬进去才发现，那地方明清时代是一条河，地下都是空的，晚上街上的公交车一过，整个房子就轰隆隆地震动，影响经常失眠的他。当时心想先住下，以后再搬，不料就一直住下去了。我和哥哥20多年后拉家带口地从外地回京，家里房子不够住，我只好住在储物及临时来客住的房间，睡在父亲从美国带回来的几个木头书箱上。去找《人民日报》，才知道中苏关系破裂后，《真理报》撤走了，因为我父亲钱端升是右派分子，《人民日报》的房管部门就可以擅自将那房子当做公房给了铁道部，铁道部又把它分给三个局长住了，可是我父亲还一直为那大房交着房产税呢。后来还是由于民盟北京市委出面协调，《人民日报》才逐步给了我们补偿。

"文革"期间，抄家抄得很厉害。"文革"后，被抄的东西发回来，虽然我母亲的旗袍什么都发回来了，连抄家部门想拍卖的价签都还在上面，但是好多东西再也没下落了。我记得家里有一幅徐悲鸿画的马，一幅郑板桥的画以及我弟弟积攒几十年的邮票，后来再也没见过。但是父亲代表沈雁冰去给齐白石颁发"世界和平奖"，事后齐白石送给他的那一幅画倒还在。

八、人生遗憾

1988年深秋，父亲走着进了北京医院，不料一去一年多，就再也没像以前治疗后就出院回家。他当时除了左眼静脉栓塞视力有问题，也有肠癌在身，但最终去世的原因则是心脏衰竭。他去世后，先放在八宝山革命公墓的骨灰堂中，我记得那个骨灰堂的正面最初还有萧劲光、李富春、纪登奎等人。我母亲去世后，我们把他俩合葬在人文气息比较厚重的万安公墓了。

父亲晚年的时候一直说要写书，也经常让秘书去北京图书馆（现在叫国家图书馆，位置在文津街、紫竹院二处）给他借书，他看完还回去，秘书再借。但是因为他晚年的时候视力不好，一只眼视力是0.3，另一只眼只有0.01

的视力，看东西，尤其是看书很费力。费正清第一次回北京的时候，曾送了他一个放大镜，他就一直用那个来看书。看东西这么费劲，书就一直没写成。不过我也不知道他要写什么书，当时没顾上问他。

父亲 1956 年去加拿大参加美国人伊顿举办的国际问题研讨会，第二年因为他成了右派了，1957 年伊顿又召集开会，中国就改派周培源去了。我记得周培源来过我家，问他前一年开会的情况。他 85 岁那年，他的许多学生帮他联系想让他重访美国和哈佛，他非常想去，但是我母亲坚决拒绝同去，因为他便秘很严重，每次都要坐在热水盆里，有时候还得我们动手帮忙，我母亲觉得她去难以照顾。这样他就没去成。现在想来，这也是他人生的一个遗憾吧。

我是学坦克的，后来改行搞汽车，后来有了驾照，买了自己的车；我哥哥是地质大学学矿产勘探的，70 岁时考了驾照，也买了自己的车。想想父亲当初在外交部国际问题研究所，外出参加活动时要个车都比较费劲，要是能坐我们的车该多好啊。可惜他没有机会坐我们的车了，好在我母亲晚年坐过，我们曾跟她说开车去看看贡院的老房子吧，她说好，我们就带她去了贡院头条，还敲门进去看了看，故地重游吧。

父亲在去世的前几年，曾对我们说过他有一万块钱，当时我母亲工资只有 78 元，他本来是一级教授，上世纪 50 年代工资约 346 元，当右派后降成二级教授工资约 265 元，1978 年改正后又改回一级，直到 1989 年末临终前才升到 500 元。他说母亲比他小十岁，将来比他要晚去世十年，这一万块相当于她每月工资翻番，以后当我们回去看她时，她也请得起我们在家吃饭的了。他哪里想到母亲比他晚去世 18 年，那一万块还不够吃饭呢，他也想不到后来国家每月还给了母亲一些补贴。

九、父亲与我

我 1937 年在北平出生时，父亲已经和胡适、张忠绂先生一起，受政府委派，到美国宣传抗战去了。我从他日记中才看到我出生的消息是我姑姑写信告诉他的，姑姑仔细地告诉他我出生的时辰、体重什么的。

父亲对儿子的专业选择从来不干预。我们兄弟都学了理工科，完全是个人兴趣，还有就是受当时学习理工科、报效国家大气氛的影响。我本来在25中（后来其高中部又改成65中，即从前有一百多年校史的育英中学）念初一，我哥哥高我三届，不知道为什么他不喜欢某个老师，初中毕业就转学到十一学校去了，我本来念得好好的，但是初二也鬼使神差地跟他转过去了。因为十一学校校长是清华的学生傅任敢（清华1925级），且是有名的重庆清华中学的校长，父亲他信任傅任敢的水平，所以也就没拦着我们兄弟。去了我才发现，十一学校和25中大不一样，25中是老校，条件好极了，有体育场、课外活动很丰富，十一学校则是工农学校，校风非常朴素，在那儿我们都不好意思吃好的、穿花的。

初中毕业的时候，老师说国家建设急需人才，动员我上中专。我当时是热血青年，就报名了。回到家跟父亲说了，他不同意，说"我觉得我有能力送你念大学"，帮助我找老师改志愿。我当时还很不好意思去改，现在想，如果没有他当时的意见，我的一生可能完全是另一副样子。初中毕业后，我又考回了育英。高中毕业时，我们班六个保送留苏，六个上清华，两个上北大。我在留苏预备部专修俄文一年，但是后来因为中苏关系破裂，就没有去成，去了北京工学院。如果能再考，我一定要考清华。

中国政法大学60周年校庆的时候，请我们兄弟去参加了，当天来了清华、北大等校的许多校长，他们都是50岁上下的年纪。看着他们，我一下子就想起了父亲，他当年做政法学院院长的时候，也是这个年纪。有校长发言的时候把他的名字念成"钱瑞升"了，我觉得奇怪，但也不意外，因为他的学科和他本人，确实消失过很长时间。他前半生风风火火，可惜1957年后的时光都荒废了。

我大学毕业离京工作，有一次回来探亲，父亲和我在外面走，不知为什么他说起了《滕王阁序》，背了句"落霞与孤鹜齐飞，秋水共长天一色"，我一下子就记住了，至今不忘。我真希望能多学些文科知识，尤其是诗歌什么的。

整理者手记

钱端升生于 1900 年，读书一路念的全是名校，成绩优异自不必多说。24 岁就拿到哈佛博士，整装回清华任教的时候，意气风发的钱端升踌躇满志。在清华的发展史中，他的名字屡屡出现。在清华校史中，钱端升一度是有名的少壮派。和他的好友张奚若不同，钱的经历决定了他是才华横溢的一介热血书生。

清华百年时，钱端升和他那批赫赫有名的朋友们都已经不在这个世界上了。在他身后，虽然他的藏书捐给了北大；以他名字命名的法学奖设在了他担任第一任校长的中国政法大学。但钱端升是清华在政法领域培养的杰出学生，作为中国政法学术的"祖师爷"之一，从来没有被他的母校忘记。

钱不但读书一直是名校出身，任教的也全是中外名校。有幸在钱宅见到他所保存的一部分聘书，真是大开眼界：有胡适和马寅初给他签的北大教授聘书，有曹云祥、吴南轩／翁文灏（代）、梅贻琦签的清华聘书，王世杰签的武大聘书，还有中央大学的聘书，简直可以说是中国老牌名校的教授聘书大全。其中，曹云祥签的教授聘书是 1925 年的，彼时的清华尚是清华学校，这样的聘书存世已经非常少了。

访问钱宅时，出现在眼前的钱先生次子，几乎就是他本人的翻版——清瘦、斯文、挺拔，当然个头要高一些。口述史最使人着迷的一点就是，已经消逝的生命，在神奇的基因继承中鲜活起来。多少有些遗憾的是，由于年龄差距和时代原因，钱先生的儿子们对他意气风发的中青年时期，了解得并不太多。但那个才气纵横、爱才如命的钱端升教授，以他的才华、勇气和报效国家的激情，穿过彼时厚厚的学术著作和犀利充沛的时评，清晰地留给他的国家：

"1938 年 3 月，我曾陪清华教授钱端升先生约见惟大校长戴斯得洛。钱师申明来意为代表中国驻美大使解释日本侵华之将引起侵美战争。戴氏即向书架取出世界年鉴曰："照人口比例，四万万中国人当可抵挡一万万的日本人而胜利。"又指我而续："开禄黄博士对美政论很清楚，今知他学成即回国抗战，此即我人认为有力的胜利因素。"谈话而十分钟结束。当时在惟大攻读博士学位的清华人有级友向景云、助教雷兴翰及公费潘尚贞，得知此事后，皆说"国难而求人，难难难"。同年八月间我自欧返亚的船上，又遇钱师，知他将赴昆明到联大任教。但当时武汉失守，国都在迁重庆，同船的清华人（王元照、汤象龙等）都不知应在何处下船，学成报国的计划因国难而生阻。钱师劝大家不可悲观，返国自强为唯一出路。一九三九年五月，经昆明曾访钱师，仍谈百年抗战绝不会亡国。自后未再晤。不料在一九八零年五月，在北京大学讲完环境经济学后，主席陈师岱孙转告钱师电话说："他在病中望你去会面。"次日去拜访，见面第一句话为"请你两位见到清华同学时，告诉他们钱端升尚在人间！"

———— 黄开禄（1934 届经济系）"寿难皆与国同：话说五十年来清华的人与事"[1]

---

[1]　黄开禄："寿难皆与国同：话说五十年来清华的人与事"，《清华校友通讯》复 10 期，第 125 页。

5　学术生命化

汤经武口述：我的父亲汤象龙[*]

汤象龙（1909—1998），字豫樟。1909年生于湖南湘潭，1925年考入清华，为新设大学部首届学生。1929年毕业后，留校任校长罗家伦特别研究生一年，专攻中国近代经济史。1930年始就职于北平社会调查所，出任经济史组组长，组织大规模抄录清宫档案中的财政经济史资料，并运用统计方法进行系统整理，同时，与所长陶孟和创办并实际主持了第一份中国经济史专业学刊——《中国近代经济史研究集刊》。1934年随所转入中央研究院社会科学研究所，与同仁发起组建了第一个专研中国经济史研究的学术团体"史学研究会"。1936年7月至1938年9月，由中央研究院派往欧洲大学进修，先后在英国伦敦经济学院、法国巴黎大学文学院和德国波恩大学访学，搜集资料并比较研究欧美各国近代财政经济史，归国后仍在中研院工作。1942年后转入从事经济实业，先后任抗战政府经济部物资局专门委员、金城银行附属事业西北垦殖社副社长（代社长）、金城银行总管处专员以及上海中国经济研究所研究员。

1949年10月后，先为"二野"筹设西南经济调查研究所，任副所长、代理所长，后调任西南财政经济委员会计划局研究室主任、统计处处长。1952年冬被调入新建的四川财经学院，先后任副教务长、科研处长以及经济研究所所长，并负责四川省省志编辑委员会财政、金融、贸易三分志的编辑工作。"文革"中受到冲击，被迫中止一切学术活动和行政工作。1978年四川财经学院复建并于1985年更名

*　口　述：汤经武（汤象龙之子，成都理工大学教授）
　　地　点：电话访谈
　　时　间：2012.10—2013.6

为西南财经大学，领衔重建经济史学科，身罹舌癌仍撰写并出版《中国近代海关税收和分配统计（1861—1910）》，是中国经济史学科的开创者和奠基人。1957年加入中共。

2009 年，中国经济史学会和西南财经大学专门联合举办了汤象龙先生百年诞辰追思纪念会，并出版《中国经济史学科主要奠基人：汤象龙先生百年诞辰文集》（西南财经大学出版社，2010 年 6 月）。

父亲是喜欢做学问的人，视学术研究如生命。1949 年后，他主要担任了几十年高校的行政工作，没有能够集中精力搞研究，我一直替他惋惜。如果他能一直专心做研究，他会出更多、更好的成果。

一、明德

父亲是一个早慧的人，也有机会受到了当时最好、最全面的教育。他五岁开始念私塾，六岁进入本乡的国民小学，九岁转到长沙的明德中学附属小学、十岁毕业，11 岁考入明德中学读了三年，14 岁又考入汉口私立明德大学英文专科，两年后 16 岁考进清华大学，20 岁毕业，继做清华大学特别研究生一年，专攻中国近代经济史。他在中央研究院工作时，27 岁进入伦敦经济学院作研究生，学习欧洲近代经济史，第二年又进入巴黎大学文学院做研究生，学习欧洲近代经济史，第三年进入德国波恩大学学习德文。可以说，他30 岁之前的教育经历，在同时代的人当中是很难得的，打下了专业基础和多种外语基础。

祖父对父亲影响很大。父亲在自述中写他"出生于湖南湘潭姜畲镇附近一个破产地主家庭，父亲先后供职私立明德大学和湖南大学，担任国文教员和教务工作共三十年。"

汤氏家族的祖训是"多文为富　与物同春"。我的祖父汤虎臣（1872—1940，学名金，字复醒，后改为佛心）毕业于湖南第一师范的前身长沙城南师范。他先后在长沙明德中学、北京明德大学、汉口明德大学与该校创办人胡元倓先生共事 20 多年，在长沙湖南大学担任了学监六年。祖父的八个子女都进入了小学和中学读书，其中，五个儿子进入了大学或专科学校学习（有三人在明德大学学习过，有四人到过国外进修），工、农、商、学、兵，各占一行，这是一个温暖而好学的大家庭。

明德中学是长沙名校，由我祖父的挚友胡元倓（字子靖，1872—1940）

先生创办，他也是湘潭人。胡先生 1897 年入选拔贡，后来入选湖南首批官费生，赴日本东京留学。1903 年，因为甲午海战和庚子之乱的国难，胡元倓先生从"大学之道，在明明德"里取了"明德"两个字，在长沙创办了明德学堂，这是湖南省最早的新式学堂，后来还在南京、上海等地设立了分校。1904 年，黄兴、陈天华、宋教仁、张继、陈果夫等在明德学堂创立"华兴会"，明德因此被称为"辛亥革命的策源地"。黄兴在长沙被清政府搜捕，胡先生帮他脱了险。他对黄兴说："公倡革命，乃流血之举；我为此教育，是磨血之人也。"1917 年，全国评十所基础教育最佳学校，明德位列榜首，教育总长范源濂题写"成德达材"的匾赠给明德，从那时候开始，便有"北有南开，南有明德"的说法。蔡元培曾经说"今观宣劳党国之同志，出于明德者甚众。"刘公武、宁调元、陈果夫、蒋廷黻、周谷城、任弼时、周小舟等人，都是明德的学生。1949 年后，有 17 位两院院士在明德工作和学习过，这也可见明德的教育质量。

父亲在汉口的明德大学英文专科时，学过一门政治学的课，他很感兴趣，这是他报考清华大学政治学专业的缘由。我想，明德的学风、明德的英文训练，是他能考上清华的原因。明德与辛亥革命的关系，也是他在考上清华之后积极参加爱国活动的原因。

二、清华

清华五年是父亲一辈子最重要的阶段，他的很多性格、志愿、兴趣，都是那个时期形成的。他说清华的读书环境是很好的，有舒适的宿舍、宽敞的礼堂，图书馆藏书丰富，体育馆和科学馆很好，住在里面很安定，就像世外桃源一样。

在清华，父亲和很多同学是好朋友，曾炳钧（中国政法大学教授）、刘心铨（曾任西财大统计系主任）、牟乃祚、傅任敢是他最近的同学，和夏坚白、袁鸿贵、周同庆、吴景祥、张大煜等人关系也近。他们那一级入学的时候是132个人，毕业时剩下82人（《汤象龙档案》），出了很多专家学者。

父亲毕业纪念册的下方，留有政治系同学牟乃祚（级会副主席）的毕业赠言：

"三年来认识了汤君，无形中得到一种力。我想国人颓废不振的恶习，正需要多得几个像汤君这样'肯干'而又'肯从实际干起'的人来打破，来振作。但事实上，我们只得到了一位汤君！"

大学毕业那年，曾炳钧介绍他参加了一个学术性的组织"青年励志会"，宗旨是"抵励学行"。那是北大一批学生成立的改良组织，他们常常每隔一两个月就在一起开会、聚餐。

在清华，身材高大的父亲不仅专心于学问，也是学校运动场上的一个高手，网球、篮球样样拿手，他和他们那一级的级长傅任敢等人，都是很活跃的人物。和他关系比较好的教授是马约翰先生和校医戈绍龙，我几次听父母谈过他。马先生乐观、健康、精力充沛，经常鼓舞学生努力锻炼身体，对他印象很深，他后来一辈子爱好体育运动，有着良好的生活习惯。

父亲一辈子喜欢做学问、爱好体育和古典音乐。1950年代，西南财大修建了两个网球场，他几乎天天去打球。罗象谷教授回忆说：

"汤公的球技最佳，体力最强，可以说'稳、狠、准'皆具备。在打球中他从不逞强好胜，照顾大家，使大家团结一致，互相借鉴、共同进步。外出赛球时，当然会全部发挥他的长处，也取得累累胜利。时间一长，我发现他打球有一个特点，就是打球不打人。我们比赛都是双打，对方总有一个人拦网，威胁很大。破的方法之一，就是利用双方距离近、球速快，用大力对准人打，使对方措手不及，或挡球出界，或仓皇躲避，容易取胜。但有打伤对方球员的危险！汤公宁肯输球也不打人的高尚球德，和他对内的团结合作精神，都是我们应该学习和永志不忘的。"

父亲到晚年还坚持步行，多次参加单位组织的长跑比赛，多年患病的他和上大学的孙女打羽毛球，仍然"发球凶狠，不留余地"，最后一次住院时，他还跟医生炫耀说"我年轻的时候练过长跑，肺活量有 4000！"

三、梁启超、罗家伦

在清华，父亲自愿选定的导师是梁启超先生。梁先生几次言简意赅地教诲他"做人要'外圆内方'"，意思是坚持自己正确的原则或道理，即"内方"，但是也要讲究方式或策略，不要锋芒毕露、咄咄逼人，这样才能取得比较好的效果，即"外圆"。梁先生之所以会对他有这些劝告，和父亲青年时期血气方刚的个性有关。当时的他，少年气盛、自信执着，敢于实话实说，不太计较后果。我的个性和父亲很像。1997 年，我母亲在病床弥留之际，针对我存在的同样毛病，最后嘱咐我要记住梁启超先生教诲的"外圆内方"这一做人经典，如今我虽然已经 70 多岁了，但这句话，仍然让我终生难忘。父亲一辈子难忘梁先生。很多年，他的书架上一直保存着 12 本《饮冰室合集》，表达自己对梁先生的怀念。

梁启超先生去世后，父亲大学毕业即被校长罗家伦收作特别研究生。他当时对近代史感兴趣，梁先生与罗先生都是做历史的，他们对他一生的治学道路有重大影响。跟罗先生做研究生时，父亲选了中国近百年史和中国外交史两门专题研究。梁启超先生的教诲，父亲在世时跟我们说过多次，但是罗家伦先生他很少提起，也许因为罗先生去了台湾，不方便提，也许我们对他的专业不懂，所以没有讲他和罗家伦的交往，却告诉了他的学生肖鹏昭。多亏肖先生在文章中把父亲的这段经历记录下来：

他进社会调查所不久的时候，一天，罗家伦请胡适和陶孟和吃饭，陶孟和叫汤（象龙）同往。学者相聚，谈话内容自然离不开治学之道。席间，胡适说：

"我最近看过一篇文章，题目叫《道光时期的银贵问题》，说得很有见地。

我看，这是我国第一篇从经济角度研究鸦片战争发生的背景的专题论著，是学术上的一个创见。作者汤象龙，以前没有听说过他的名字，好像是个新秀样？"称赞之余，大有恨未相识之感。罗正想发言，陶就指着身边那个身材高大、仪表堂堂的年轻人抢先说道："啰，就是他！我们所里经济组的研究人员，年轻有为，很能干。"眉宇间充满自豪。罗立即接着说："他是我校培养的高材生，确实很不错。"陶很不服气地说："但是文章是在我们所里工作以后才写出来的呀！"罗争辩道："不管怎样，人是我们培养出来的！"二人你一言我一语地争个不停。后来还是胡适出来打圆场，他说"好好好，你们都有功，就是我无劳，好了吧？"稍停一下，又说："来来来，为你二人能培养出这样的人才干杯，也为这位年轻朋友干杯！"罗陶二人相视片刻后，哄然一笑，弄得汤老（汤象龙）很不好意思。（肖鹏昭"敬祝我师长寿"）

四、报国之志

父亲一直是个爱国的热血青年。在清华读书期间，他参加了师生们组织的很多爱国活动。1926 年 3 月，他参加了在天安门前举行的"反对八国最后通牒国民大会"，和同学们在段祺瑞国务院门前，遭到埋伏的军警的枪击和大刀砍杀，他们那一级的同学，被打死一个，打伤一个。军警开枪时，他们卧倒在地下，他身边的一位同学被打死，他也差点被打死，全身沾满了鲜血。

1928 年"济南惨案"后，他和傅任敢等人在清华组织"济案后援会"的爱国活动。1928 年 12 月，以"同仁等怀国势之颠危，知挽救之不容或缓"的激情，父亲与 30 名师生在清华发起成立"边疆问题研究会"，这 30 名师生中，有校长罗家伦和翁文灏，还有冯友兰和朱希祖等教授，11 名学生中，他是最年轻的一个。边疆问题研究会不主张关起门来做学问，认为应该把做研究同拯救民族危亡联系起来，这是父亲赞同的想法。

1931 年 9 月 18 日，"九一八事变"爆发，日本关东军向沈阳城以北的东北军发动进攻，几年时间内，东北三省全部被日本关东军占领，中国民众视为国耻。1937年抗战全面爆发后，1940年父亲随中央研究院社会科学研究所南迁辗转至四川宜宾南溪李庄。在"九一八事变"十年后的1941年9月18日，我在李庄出生。《左传·宣公十二年》中说："见可而进，知难而退，军之善政也；兼弱攻昧，武之善经也。子姑整军而经武乎。"为了表达勿忘九一八国耻、表达文化抗战和整军经武之志，加上汤氏第21代按照族谱是武字辈，父母给我取名汤经武。

我是长子，也是父母唯一的儿子。我们三兄妹在如何做人和如何学习等方面曾多次聆听过父亲的教诲和指导。我大学即将毕业的1963年元旦，父亲在送我的《英华大辞典》（郑易里编）扉页上写着"如果想攀登科学高峰，不学会几国外文是不可能的。多学一门外文，就等于多长一只眼，多掌握一种工具。"但我功夫不够，只得汗颜，至今我都觉得辜负了他的期望。

1930年代中研院派他公费去欧洲进修，轮船到达外国港口时，海关要对上岸的旅客进行体检。体检的医生见父亲身体这么好，就问他是不是日本人，父亲回答说不是，又问是不是印度人，父亲生气地说："我是中国人！"使得那位医生非常尴尬，他没想到身体健康的父亲是中国人，因为当时中国人在世界上被称作东亚病夫。父亲对这件事记忆深刻，中国人在国外被人瞧不起是很痛苦的。我想，父亲在20世纪80年代写的一幅字："自力更生　立身之道　建国之本"，就有这个因素在内。父亲多次把这件事讲给我们子女听。

五、研究之路

1930年，父亲清华研究生毕业。前一年，他的同学和朋友曾炳钧等人进了陶孟和先生的社会调查所工作（后来并入中央研究院），做得很不错，所以介绍他也去工作。他是所里第一批的五个研究生之一，每月工资50块。在社会调查所，父亲从事中国近代财政经济研究工作12年。这12年，是他专心从事经济史资料整理和研究的黄金时期,他"对研究工作产生了深厚的感情,几度下决心要把自己全部生命放在研究上",想做一个大的经济史学者,提出要"学术生命化"。

父亲清华读书时,在征求梁启超先生指导意见后,确定了自己的研究方向——从经济角度入手,研究鸦片战争爆发的原因,他选定了"鸦片战争的经济背景"作为研究课题。一年后,从清华毕业不久的他,在社会调查所工作时写出了《道光时期的银贵问题》,这篇论文是我国第一篇从经济角度研究鸦片战争爆发原因的专题论文。他用丰富的史料,论证了道光时期,由于外国鸦片大量输入导致的中国白银大量外流,是清政府之所以严禁鸦片的一个根本原因。而外国侵略者为维护其既得经济利益,不惜诉诸武力,导致了鸦片战争的爆发。这在当时,是学术上的一大创见。这篇论文,也体现了父亲参加"边疆研究会"的宗旨:把做研究同拯救民族危亡联系起来。这篇三万字的论文,所里给了他300块的奖金,提升为研究员——那时他只有21岁。最重要的是,这篇论文使社会调查所的董事会认识到,对近代经济史的研究和对经济现状的调查一样重要。

1930年冬季,父亲在故宫文献馆的清代军机档案中,发现了很多外国没有发现的史料,于是就建议大规模抄录,调查所接受了这个建议,马上派了两个抄写员。不久,又发现故宫所藏的内阁档案中也有很多宝贵的资料。在陶孟和所长的支持下,社会调查所就拨出大笔款子,聘请的抄写员由两个人增加到四个人、六个人、12个人,1931年增加到了30多个人,之后年年增加,1935年增加到了最多的52个人。(汤象龙档案)这一时期,他们搜集和整理了一大批清代资料,从清宫档案到各地的经济资料,相当齐全。当时,所做的主要工作是:

一是组织人员大量抄录清宫军机处和内阁档案中有关近代财政经济史资料达12万件,其中一半以上实行了统计表格化,形成了半成品,可供研究之用。

二是收集有关中国近代财政经济史书籍和资料1000多种,主要是清政府出版的各种制书、私人集著、阁抄汇编、华制存考、谕折汇存、缙绅全书、各县衙门的档案，以及各行各业商店的账本等等。以上两项资料及书籍现存中国社会科学院经济研究所。（汤象龙"我的自述"）

三是收购了约 3000 种以上的有关中国近代财经史的古书和史料（《汤象龙档案》）。

陶孟和所长赞赏父亲进行的工作，誉为是"开金矿"。李根蟠先生（《中国经济史研究》前主编）称此项工作是 20 世纪中国史学三大新材料发现（殷墟甲骨文、敦煌文书和清朝大内档案）之一。[1]

父亲在社会调查所的时候，一心扑在工作上："（那时）我天天走进北大文科所，院子里大树叶落了又青，青了又落我都不知道"。有一阵子他查抄档案资料的北大明清史料室，就在北大文科所的后院，罗尔纲先生当时就在北大文科研究所考古室工作。[2]

1931 年社会调查所正式成立了经济史组，父亲担任组长，之后几年，组里每年增加两三个研究生，他还和陶孟和先生一起，在 1932 年创办和主编了《中国近代经济史研究集刊》（后来改名为《中国社会经济史研究集刊》，比美国第一个经济史刊物还要早八年），他自己写了七八篇论文，还打算写一部中国近代关税史，材料都基本上搜集齐全了，但是由于出国进修，没有能继续完成。在社会调查所的时候，父亲还和吴晗、梁方仲、张荫麟、朱庆永、罗玉东、罗尔纲、谷霁光、夏鼐、孙毓棠等志同道合的青年学者一起，发起组织了"史学研究会"，按照新的史学观开拓研究，这是一个在中国近代史学发展历史上占有重要地位的学术团体，这批人后来都成为史学界各个领域的台柱，在历史学界都很有成绩。

1　"而搜集整理大内档案中的财政经济史资料，并用之于经济史研究的，汤象龙先生是第一人，是具体组织者"。李根蟠："开创功　未尽才——2009 年 3 月 6 日在汤象龙先生百年诞辰追思会上的专题发言。"

2　"每天上午，总有一个挺拔的青年影子从我的工作室窗前掠过，带着沉重的脚步声向后院走去，表明是一个意志坚强赶往自己岗位的人在走路。这人便是汤象龙同志。他从来没有入过我的工作室谈一句话，还不单是他严守他人工作时间不去打搅，而更由于他自己在走路的时候也一心在想着工作。"罗尔纲："序"，汤象龙：《中国近代海关和税收分配统计》，中华书局 1992 年。

抗日战争爆发时，父亲正在欧洲进修——他先在伦敦经济学院经济系做研究生，师从鲍威尔（Power）和泰奈（Tawwy）教授[1]，选了三门经济学的课程，每周和两位导师讨论一次，对欧洲各国资本主义的发展、中国为什么没有走上资本主义道路，讨论了很多次，但是那两位教授没有到过中国，也并不了解中国。一年后他们介绍父亲去巴黎大学，师从文学院的经济史教授贝来赫（Blech）教授，父亲选了两门课，还是每周和教授讨论一次，内容是法国农业的发展。1938年学习计划结束，父亲去德国，在波恩大学和柏林住了两个多月，考察了德国的大学，跟一位教师学德文。

抗战爆发时，父亲想回国参加抗战，但是陶孟和先生不同意，认为抗战是长期的，他就继续在欧洲进修。一年后他回国时，中央研究院社会调查所已经搬到广西了，他就到广西去报到，继续从事经济史研究。当时日本已侵占了湖南大部分，快要从广西北海登陆，所以飞机经常轰炸广西。中央研究院决定把在广西的几个所搬到云南去，在桂林成立了办事处负责搬迁，父亲接受了担任办事处主任的任务，在不到一个月的时间里，把书和仪器都搬走——工作完成之后，办事处就全部被敌人炸光了。

后来日本侵占贵州，社会所又要搬，从昆明搬到四川宜宾附近的李庄，父亲又再次承担了所里的搬家任务。由于种种原因，1942年，他选择了离开中央研究院社会所，希望能够做一些实际工作，对这段历史，父亲曾对我讲，当时是想走"实业救国"之路。[2]

六、离开中研院

离开中研院后，在清华同学吴半农的介绍下，父亲担任过国民党经济部

1　疑是鲍威尔（Eileen E. Power）教授和泰奈（R.H.Tawney）教授。这两位英国教授早年都曾来清华访问过，泰奈曾应邀在中国政治科学学会发表演讲，其代表作为《中国土地与劳工》（Land and Labour in China）。详见蒋廷黻：《蒋廷黻回忆录》，东方出版社2011年，第181页。
2　汤象龙说自己当时的思想是"国家灭亡，研究何为？"（汤象龙档案）

物资局专门委员，当时物资局的局长是清华学长何浩若[1]，何浩若的父亲和我祖父是长沙明德中学的同事，但父亲与他并不认识。

在物资局他先做过专员，后来物资局派他去西安搞棉纱管制。到西安后，他派人核实棉纱价格，认真工作，曾经有商人拿出金条放到他的办公桌上，意思是请求多多关照，他气坏了，拍案怒斥。当时，何浩若是物资局局长，穆藕初[2]是农本局总经理。农本局迟迟不收购棉花，说是因为物资局提价。不久报上登出穆藕初被撤职，父亲才发现，原来何浩若和穆藕初之间斗争很激烈，他凭着一腔爱国热情地工作，实际上却成了何浩若的斗争工具，他非常生气。穆藕初的后台为了报复，不久物资局也被撤销了，父亲的"官"途到此为止，他发誓再也不干这个了，1942年底，对自己说"要作官就不要作事，要作事就不要作官"。

父亲在社会调查所工作时，认识了南开大学经济学研究所的何廉[3]。他1942年离开中央研究院，何先生请他去南开做研究，因为南开和中研院调查

---

1 何浩若（1899—1971），湖南湘潭人。1913年入清华学校，后赴美入斯坦福大学，后获威斯康星大学哲学博士学位。又入洛威治军校习骑兵。回国任黄埔军校第四期教官。北伐时任第四十六军参谋长及第十师第五十九团团长。之后任中央大学、金陵大学教授、湖南省政府委员兼财政厅厅长、河南省政府委员兼财政厅厅长。抗战爆发后，奉命调查湘、鄂、粤、桂、川、滇、黔七省财政金融，任国民政府军事委员会政治部第三厅厅长、三民主义青年宣传处处长、《中央日报》社社长、经济会议副秘书长。1942年初任物资局局长。后任国家总动员委员会副秘书长、军委会政治部副部长、三民主义青年团中央常务干事、军事委员会外事局局长。抗战胜利后任行政院绥靖区政务委员会秘书长、国民党中央常务委员、行政院政务委员，以联合国中国代表团顾问身份赴美工作。
2 穆藕初（1876—1943），上海人。少时为棉花行学徒，在夜校学英文，后任海关任办事员、江苏铁路公司警务长。1909年赴美获农学硕士。回国后创办纱厂、植棉试验场，参与发起中华职业教育社、上海华商纱布交易所，创办中华劝工银行。曾作为首席代表出席在美国召开的"太平洋商务会议"，担任国民政府工商部常务次长和实业部中央农业实验所筹委主任；拜访"科学管理之父"泰罗并翻译出版《工厂适用学理的管理法》。抗战时任行政院农产促进委员会主委、经济部农本局总经理。他发明了"七七纺棉机"，生产效率提升数倍。
3 何廉（1895—1975），湖南邵阳人，耶鲁大学博士。成立南开大学经济研究所，积极推进经济学教学"中国化"，主张"教学与研究相辅而行"，率先开展中国社会经济、中国物价统计的研究，编制并发表各类物价和生活指数，受到国内外的高度重视。1936年后出任经济部常务次长、农本局总经理、资源委员会代理主任、国民党中央设计局副秘书长等。1938年春，国民政府"经济行政机关调整的完成，标志着国民政府战时经济领导体制的形成"，这是在何廉接受蒋介石亲自委托所提建议方案的基础上进行的。抗战后期，蒋再次要他就战后经济重建提出原则，何主持完成《（战后）第一个复兴期间经济事业总原则草案》。1948年任南开大学代理校长。

所在业务上有竞争关系，所以他没答应。他去西安搞棉纱管制时，问过何先生意见，何先生支持他去。他离开物资局后，何先生介绍他见了金城银行的总经理戴自持。

当时政府号召开发西北，戴自持要我父亲去甘肃做经济调查。他在甘肃的冰天雪地中，用一个多月走了几个大县，发现甘肃人民生活很苦，冬天没有皮袍穿，但是祁连山两千里的草原，是很好的牧场，他就建议金城银行办养殖业。银行同意了，拨了五百万在兰州设立西北垦殖社，他是实际负责人（副社长、代理社长），先后在祁连山、安西、永登都办了牧场。他在兰州三年，做过绵羊死亡率的调查，还做过羊寄生虫等实验，常常和技术人员住在牧场，希望积累经验，抗战胜利后进行推广。但是办了三年，抗战胜利后不再提开发大西北了，大家都愿意回南京上海，金城银行就把兰州的工作停掉了，他也离开兰州。

父亲本来打算教书，但金城银行高薪聘他，希望他留下。回上海后，他去东北考察了一个月，了解物价，调查经济，但是回来交的报告却没有下文。这之后东北解放、北平解放、淮海会战，他本来想留在上海等解放，但金城银行希望他去广州，他说不如回长沙，银行同意了。

不久长沙解放，他思考解放后怎么办，打算在岳麓山办牧场、开书店，不久办牧场的计划长沙人民政府同意了，书店也开张了，进了很多马列主义书籍。但是 10 月 1 日，他接到清华同学、中央研究院的巫宝三（清华经济系）的电报，为"二野"筹设西南经济调查研究所，这是很光荣的任务，父亲 11 日回电报同意，于是他 25 日离开长沙，11 月 5 日到达南京。（我记得上世纪 90 年代，父亲有参加解放大西南服务团的证件，还有 1949 年 10 月 1 日接到的"二野"电报，时间上是不是能算"离休"，他曾经向西南财大党组织反映但是没有下文，父亲也就不追究，看淡了。）三个月后，他调任西南财政经济委员会计划局研究室主任、西南财委统计处处长。1952 年冬天，他到了四川财经学院，1966 年之前，他担任副教务长，还兼任经济研究所所长、科学研究处处长，同时还在四川省省志编辑委员会，负责财政、金融、贸易三分志的编辑工作。

七、把我的铁路再向前修一段！

十年动乱中，父亲受到很大冲击，1972 年被诊断患了舌癌，他曾经专门给郭沫若写信，希望能够回到中国社会科学院经济研究所，利用他早年组织整理的大批清宫档案搞研究，但是因为他的身体原因和当时的复杂情况，调动没有能够实现。1978 年四川财经学院复校后，父亲不再担任行政职务，专心搞科研，还兼任了中国社会科学院经济研究所的研究员。

1993 年 11 月 7 日，84 岁的父亲在给好友赵德馨教授（中南财经政法大学教授）等人的信中写到：

"……日前又想起六十多年前梁启超和我的一次谈话。这是清华大学 1925 年创办时有一种特殊制度，每个学生可以自由选择一个教师作为导师，指导和解答学生的学习和思想问题。我选定了梁启超为导师。梁当时担任清华大学国学部的教授，并为全校学生讲授中国文化史。我第一次见面即提出怎样做一个人的问题。我说，我已十六岁多，有时自命不凡，有点自负；但相反，有时感到什么也不懂，究竟该如何做人，如何学习？梁先生笑着回答我：'一个人的成长好似修建铁路一样，修到哪里算到哪里。首先要有一个志愿，靠自己的主观努力，向着正确的方向走；其次，一个人的成就大小，也要看工作条件和社会环境，是不能完全自主的。'这次谈话给我留下深刻的印象。因此我现在想把我的铁路再向前修一段！舍不得抛弃多年努力尚未完成的工作。"

父亲"学术生命化"，这学术铁路，父亲修了一辈子。他当初在中央研究院社会调查研究所打算写的中国近代关税史，他一直没有忘记。晚年的时候，虽然因为舌癌，27 年里七次手术、四次住院，经过多次极为痛苦的手术和放疗，吐字不清，但他仍然不忘将梁先生这段如何做人的道理，多次讲给我们听。

父亲在教我妹妹学英语时，讲过这样的句子：

I serve no master but the people.

I serve no authority but the truth.[1]

　　父亲讲的这两句话，和梁先生对他的教诲，以及他在清华毕业纪念册上题写的"革命先革心，自由先自治，脚踏实地，步步向前"，正是他一生所遵循的做人原则。他一辈子极为坚强和自律。他对待工作的用心和认真自不必多说，70多岁了，理发还要求用冷水洗头。非常痛苦的舌癌化疗，很多人视之为畏途，他坦然接受。14颗镭针插在舌头上进行放疗后，口腔和舌头全都溃烂了，只能仰脖吞吃流食，但他居然仰卧在病床上看德文版的《资本论》！生病多年，但只要他能动，他就自己做点家务，例如洗衣、拖地、烧开水等，住院也尽可能不要我们帮忙，不要我们搀扶。他一直认为，健康的身体是认真工作的前提，多次治疗后他的味觉早已被破坏，但是他坚持认真地吃每一顿饭，孩子们想帮他拿饭，他硬是自己颤颤悠悠地把一大碗的饭端去餐桌。这些都给我们留下了非常难忘的印象。

　　父亲坚持自己青年时定下的志向、锲而不舍地研究和著书，即使是经历了"十年动乱"对他的摧残、患舌癌27年，他也没有改变。虽然调到社科院经济研究所的愿望没有实现，但是他全身心地投入了研究。身体稍有好转，他就让母亲陪他去北京，在中国社会科学院经济研究所查阅他年轻时候整理的经济史资料，做大量的笔记，伏案写作。1978—1985年的七年中，父亲因舌癌五次住院、四次手术，但是，凭着惊人的毅力与病魔搏斗，1985年父亲将《清季五十年海关税收和分配统计》书稿交付给中华书局。后来，又经历了七年的周折与修订，最终出版了80万字的著作。当时学术著作出版不容易，最后中华书局出了一部分经费，西南财大出了一部分经费，父亲还把侄子寄来请他去美国探亲的旅费也拿出来，才解决了出版费用。终于在1992年（父亲年满83岁），正式出版了《中国近代海关税收和分配统计（1861—1910）》

1　我不侍奉主子，但服务人民；我不服从权势，但是顺从真理。

75 万字的研究专著。在 1976 年以后"改革开放"的 22 年里，父亲出版和发表了 21 篇（本）学术著作、论文、讲话和发言。这真是父亲人生的第二段黄金岁月。我母亲毕业于中央大学历史系，是史学科班出身，是父亲重要而得力的助手。他们两人对学问的执着，"把我的铁路再向前修一段！"的顽强生命力，对我们而言，确实是一份宝贵的精神遗产，不断地激励着我们兄妹三人。

1998 年初，父亲最后一次病重住院，他还念念不忘筹划编写《清代田赋史》和《中国近代财政制度史》，计划 150 万字，让前来探望的人无不为之动容。

八、志同道合 相濡以沫

父亲在中研院工作时，经清华老同学傅任敢夫妇介绍，认识了在长沙读高中的我母亲刘新渼。我外婆很喜欢这个未来的女婿，他们认识一年后订婚，五年后结婚。为了今后俩人能志同道合，父亲建议她学历史专业，母亲 1939 年毕业于南京中央大学历史系。1940 年 7 月 31 日，父亲与放弃了留校工作的母亲完婚，并将她接到昆明。

我们清理父亲保留的信札时，看到他 1986 年 10 月 8 日在给老朋友巫宝三的信中（复写的存件）写道他离开中研院的原因。（按：待他不薄的陶孟和先生夫妇，希望自己的女儿能够与他们最中意的这个助手结成秦晋之好；这件事我的两个妹妹曾经听父母讲过，还开过他们小小的玩笑）[1]。显然，父亲的

---

1 "……我和陶老一起工作和生活 12 年，毫无疑问受他的教育和影响很大。虽然在我回国后 1941—1942 年一年中彼此存在不快，湖南人的脾气不好，修养不到家……在陶老乘船去重庆开会时我送他上船，当面递呈一封辞职信，不两天我也就离船到重庆了。我和陶老之间不快不是由于工作上的问题，也不是由于待遇上的问题，主要是多年来他对我的希望很大，他的夫人对我的希望更大，也正是由于我不能满足陶老想法一度地促成他们夫妇之间的不和。他们夫妇之间的不和促成陶老对我的不快，我离开李庄的时候，陶夫人在江岸相距一百米的地方送行，实际上这时我已是一家三口了。这是私事，西孟兄也许观察到一些。对于研究工作，陶老对我太好了。我这一生的工作，他给我的支持和鼓舞最大，如果说我此生有一点成绩的话首先应该感谢的是陶老。去年暑假我写成了《中国近代海关税收和分配统计（1861—1910）》一书，在自序中我第一个感谢的是陶老，我说'这项研究工作虽然拖到今天才完成，饮水思源，不能不对陶孟和教授的正确领导和对我个人的支持永远铭记在心。'……"

艰难选择，实属不得已而为之。他一辈子都对陶先生非常感激。祖父、梁启超、罗家伦和陶先生都是对他一生影响最大的人。

父母一辈子感情很深。他们的婚姻来之不易。这场婚姻，我母亲也牺牲很多。如果说我父亲付出了自己的学术生涯，我母亲付出的则是她自己的一辈子。她的一生，都为了我父亲而活，亲戚朋友都非常佩服她的人格魅力、佩服她对我父亲的照顾与帮助。父亲1970年代患病后，说话不便，家里有客人来一般都是她出面招待，但她会叮嘱我们去书房陪陪父亲，以免让他感觉被冷落。尽管她自己身体不好，但是她一直是父亲最得力的助手，陪他去北京查资料，替他计算和核实相关数据，后期还要替他回复重要的信件，非常辛苦，她比我父亲的心理压力还要大。她后来也得了癌症，但是她坚持把好的东西留给父亲，后来她比父亲还早一年去世。

母亲病危时，父亲俯身亲吻她，喃喃低语地对她说："我要是能分担你的一些痛苦该多好。"她去世后，父亲非常痛苦，有时候甚至会出现幻觉，会问我们"妈妈哪里去了？"他不顾我们的建议，执意要把母亲的骨灰放在他的书房，有时候能听到他在书房播放他们两人都喜欢的曲子，那是《梁祝》小提琴曲，旋律我至今记得。他去世之后，与母亲合葬在成都郊外陵园，一个简单的西式墓地。

整理者手记

在清华政治学系的第一届学生中，汤象龙是非常特别的一个。16岁考入清华，在校期间师从梁启超，未毕业，梁先生即因病去世，他毕业后留校做了校长罗家伦的特别研究生一年，未几，罗先生也辞职离校——但他为什么选择罗家伦、罗家伦为什么选择他，无从知晓，可能也将永远无法知晓。念完研究生，他去了陶孟和领导的社会调查所（后来并入中央研究院）工作。在调查所工作期间，他组织人员抄录了大批清宫档案，不但升任组长，主持资料整理和刊物出版，还和吴晗、梁方仲、张荫麟、朱庆永、罗玉东、罗尔纲、谷霁光、夏鼐、孙毓棠等一帮志同道合的青年学者一起，组织了"史学研究会"，他坚辞会长一职，但研究会的主要组织工作是他负责的。在中央研究院期间，他还得到机会到欧洲进修，先后在伦敦政治经济学院、巴黎大学和波恩大学进修。可以说，他的学术工作开局的起点非常高，而他自己的学术组织能力也得到了陶孟和等人和同辈学者的一致认可——有才华的学者固然不多，但真正有组织能力的一流学者，更是少之又少。

1942 年是他人生的转折点。这个当年清华校园里血气方刚的帅哥，选择了离开李庄的中央研究院。在辗转数个机构之后、做过多种实际工作和研究调查之后，迎来了 1949 年的大变局。1949 年之后，他以经济调查的特长，先服务"二野"，进而在西南主持了若干重要工作，为四川财经学院和西南的财经工作立下功劳。但年轻时的学术雄心与抱负没有办法实现，尤其是 1970 年代想调到中国社会科学院而不得，无法便利地利用自己当年亲手组织整理的资料，对这个视学术为生命的人而言，打击有多大可以想象。期间"文革"浪涛的千般境遇、舌癌治疗的万般痛苦，这些都是当年清华园里那个年轻人无论如何也想不到的。幸而有历史系科班出身的夫人倾力相助，夫妇二人历尽辛苦，75 万字的大作终得以完成出版。不知道这是否达到了他年轻时的目标，但他以罕见的坚韧，践行了他年轻时的"学术生命化"的誓言，绝对是漫漫学术史上值得尊敬的身影之一。

汤虎臣、汤象龙、汤经武，汤家这几代人的名字都极有气势。通过西南财经大学联系上汤先生长子汤经武后，他热情而细致地提供了他手里的资料，还去调阅了相关档案。一般来说，随着年龄增长，人会产生"技术恐惧"，但是作为地质学教授，汤经武先生的技术手段非常现代化，他先做了电子邮件数据传输实验，然后把亲朋回忆相关的文字资料、图像资料、影像资料和录音（mp3）压缩打包，通过电子邮件分批传了过来。他说他的初衷只为还原一个真实的、生命力极强的父亲。

　　世间没有人的生命能够不朽，但是冷板凳上的苦心孤诣，终会以文字留在书山文海之中，让后来人把学术火车续开下去。他年轻时的抱负是"做一个大的经济史学者"，他最终做到了。吾等晚生，没有机会问汤象龙先生是否曾为他1942年的选择后悔，但是，如果学问与爱情不可得兼，这个血性的高个儿湖南书生，恐怕还是会做出同样的选择。他一生不负学问与爱情，而学问与爱情，也没有负他。

6 吹尽狂沙始到金

曾尔恕口述：我的父亲曾炳钧[*]

曾炳钧（1904—1994），四川泸县人，1925年进入清华大学，成为清华大学部的第一届新生，清华政治学系建系后成为政治学专业的首届学生；1934年考取清华第二届公费留美，先入伊利诺伊州立大学，以英美预算制度为研究论题，完成学业，获硕士学位；后入哥伦比亚大学师从 L. 罗杰斯（L.Rogers），获博士学位，博士论文为《中日冲突在英国议会中的反映》。回国后历任云南大学教授、重庆国民政府经济部参事、武汉大学教授兼政治系主任、清华大学教授兼政治系主任、《清华学报》编辑、北京大学兼任教授、北京政法学院（今中国政法大学）教授。1985年加入中共。

曾在《国立武汉大学（社会科学季刊）》上发表《欧战前国际保工运动概览》（1930年）；由社会调查所出版《国际劳工组织》（1932年）；在《国文周报》的经济评论专栏发表《危机日迫之中国经济现状》（1934年）；在《新经济》半月刊上发表论文《人治与法治》《学术与政治》（1942年）；在英文中国年鉴上发表论文《中国战时的工业和商业管制》（1943年）；在《经济建设季刊》上发表书评《评罗滨汉斯教授的经济计划与国际经济》（1943年）。著有《魏玛宪政时期德国的经济复兴》、《英国的财务管理：预算控制》（英文）、《在放任主义与全盘社会主义计划之间》（英文）、《评柯尔的经济政策未来十年展望》、《评拉斯基的美国的民主》等专论和书评。新中国成立后发表《关于法的继承性问题》（1957年）；《从抑制豪强看海瑞的执法》（1966年）；主编《中国法制史》；翻译伯恩斯的《当代世界政治理论》（1983年）等。

* 口　述：曾尔恕（曾炳钧次女、中国政法大学图书馆馆长）
　地　点：北京西三旗曾宅
　时　间：2012.10.10

我的父亲曾炳钧是四川泸州人，在我记忆中，父亲总是说普通话，从来不说四川话——是不是他一辈子在外读书、工作不会说家乡话了？但别人是能听出来他的四川口音的。

父亲三岁丧父，十余年后丧母，读私塾和读泸县县立中学的费用得到了伯父和外祖父等亲友的资助，这使他早早就知道自己必须用功学习，学会自立。他读中学时伯父的商店因时局动荡连年亏损，最终关闭，他得到的支援也跟着减少，多亏他的成绩优异，能够连年得到县里的奖学金资助。1924年他到北平来备考清华时，身上带的200块钱是伯父和舅父凑的。

我不知道他是从哪里得知清华招考的消息，他从来也没有提起过。假若没上清华，他大概就是四川的一个地方知识分子吧。他能从泸县考上清华，也说明四川那时候的基础教育水平不低。

一、清华与留学

1925年，父亲考入清华，念政治学，应当算是政治学系的第一届本科生。他和南开的王赣愚先生、西南财大的汤象龙先生是同班同学，和清华经济系的巫宝三先生、戴克光先生是同届。

父亲在清华读书的时候，经济上比较艰窘。每天下午四点到六点，他在图书馆勤工俭学，管参考书的出纳。除此之外，他还勤奋地写文章做翻译挣稿费。但是直到毕业，他还是欠了学校200多块钱。这笔钱直到他工作后才还清。

1929年，清华毕业后，他去了陶孟和先生主持的中央研究院社会调查所工作，介绍他去的杨西孟先生是父亲的四川同乡，当时也在社会调查所任职。在社会调查所期间，父亲曾经参加《国闻周报》专栏"经济时事评论"的编辑工作。

1933年清华恢复公费资助留美制度，参加庚款考试的时候，他正发着高烧。在回忆当时的情况时他跟我描述过考试的情景，说试题是英文的，要用英文作答。卷子答到后来整个人都快要虚脱了，他只得全身趴在图书馆的大桌子上写，用了一整天。就这样，他考上了 1934 年庚款留美的那个名额。

1935 年秋天，父亲于上海乘邮轮踏上了负笈美国的求学之路，与他同船的有钱学森、张光斗、赵九章等 20 余名清华的公费留美学生，后来这些人都成为蜚声国际的科学大家。在即将结束旅程时留学生们着装整齐地站在甲板的扶梯上，在挂着"清华 TSING HUA"字样的旗子旁聚拢留影。这张照片我是前几年在看中央电视台录制的《钱学森》的纪录片时才看到的，赶紧截屏保留下来。

到达美国后，父亲先在伊利诺伊州立大学学的经济学，一年后拿到了硕士学位，论文的题目是"英美预算制度"。此后他去了哥伦比亚大学（以下简称哥大）读博士，师从 L. 罗杰斯（L.Rogers）教授。在哥伦比亚大学念到第三年时，他在导师的介绍下加入了威尔逊学会，这是哥伦比亚大学高年级博士生的学会，他做过一次题为"1911—1924 年间中国的联省运动与宪政"的报告。父亲在美读书期间，世界反法西斯战争全面爆发。1936 年底"七君子事件"中，父亲与留美同学以及旅美华人随即发起签署了《旅美华侨告海内外同胞书》，要求政府释放全国各界救国联合会的负责人，确认日本为全国之公敌。1938 年 9 月胡适担任中国驻美大使，父亲见报即给胡适写信，信中写道："际此时危势亟，先生以学者出任艰巨，实行救国抱负；牺牲的精神，至深敬佩，除竭诚欢迎外，为默祷。"毕业前在纽约，父亲曾与同学李庆远、王秉厚、胡世泽等人组成"现代问题座谈会"。1940 年冬天，颜惠庆、周鲠生、钱端升等人抵达纽约时，父亲曾依托这个"座谈会"约集纽约华侨和学生组织过欢迎会，并由他担任主席。在此前后，顾维钧莅临纽约时，也由他致欢迎辞。

父亲 1941 年 2 月在哥伦比亚大学拿到博士学位，论文题目是"中日冲突在英国议会中的反映"。不久后的一天，他在纽约的一家饭馆遇到了清华学长冀朝鼎先生。冀朝鼎先生是中共地下党员，当时在国民政府驻纽约对外贸易公司担任秘书，负责经手运输美国政府支援中国的物资。冀先生告诉父亲有一艘名为 S.S. Gunny 的挪威货船，装载有美国政府支援中国的 P40 型战斗机，由于没有合适的中国人担任押运而不得起航。冀先生对父亲说国内抗战局势急需这批新型战斗机，希望父亲能接受委托负责押运。由于挪威与纳粹德国是交战国，德日是同盟，所以为了避免遭到日本海军拦截，运输船不取道太平洋，而决定取道大西洋，经非洲南端转印度洋驶赴仰光。实际上，这条航线也充满危险，因为当时德国的潜艇和战舰在大西洋和印度洋一带十分猖獗，肆意破坏海上交通，击沉了大量商船。因此，当时父亲的朋友们都劝他不要答应押运委托，除了风险太大以外，还拿不到清华补助的 500 美元回国旅费。但出于抗战爱国的民族感情，父亲放弃了当时导师让他留下的工作推荐，毅然答应了押运军火的委托。冀先生专门请人给他买了一份海上兵燹的保险，如果途中被德军击沉遇难，妻女可以获得 3000 美元的抚恤赔偿。当然，如果他这次路上船被德军击沉，世上也就不会有我了。

二、与胡适，与师友

父亲在哥伦比亚大学留学的时候，与胡适先生多有往还。在胡适 1938 年 4 月 17 日的日记中记载："四川学生曾炳钧来谈，他是学政治的，近年专治财政。与他同吃饭。"在父亲当时给胡适先生的信中写道："华盛顿谒晤以来，瞬月余矣。尊体日进康强否？敬希悉心调摄为国珍卫为荷。"在父亲致胡适的书信中，除了汇报在学校所听教授演讲的有关中日战争和经济问题的内容之外，还详细陈述自己对当时中日战争的观察和议论。胡适先生那时是驻美大使，父亲作为一个普通留学生居然毫不犹豫地写几页长的信，大谈自己对时局的看法，可见那一代的师生关系真不一般。

父亲爱逛旧书店，在北京时他常去隆福寺和琉璃厂的旧书店。记得文化大革命（简称"文革"）后补发工资，他带我去琉璃厂的中国书店买了几大捆旧书。在纽约时他经常去旧书店买书,回国时带回的几大箱旧书一直保存至今,运书的一只大木箱现在还在家里。在网上看到项烁先生写的《人情亲疏——曾炳钧教授的木箱》,我觉得文中提到的写有曾炳钧字样的大木箱应该也是从美国回来时用来装书的木箱。我1984年去美国进修前,父亲还叮嘱我可去纽约的几家旧书店寻找自己需要的书。在给胡适先生的信中,他向先生汇报说为了嘱购的1915年版的约翰·威廉·伯格的《政府与自由的和解》一书"曾两度赴下城,迄未买得。"并说已经托一公司代觅,"一俟觅得,当即奉寄也。"

父亲曾经藏有一张与胡适先生的合影,可惜"文革"中被红卫兵抄家时抄走,再也没有见到。我听父亲说过,他在哥伦比亚大学毕业后,胡适先生曾经推荐他去联合国总部工作,但他当时已经答应冀朝鼎先生押运战机回国,便没有留下。

父亲和几个哥伦比亚大学的同学关系很好,其中有在联合国做翻译的王秉厚先生。1972年中美关系刚刚解冻,王先生回北京时偕夫人到我们家看望过。我母亲亲自做了地道的四川凉面和几样菜请他们在家里吃饭。当时我们住在城里的黄米胡同,我记得父亲还担心他们会不习惯胡同的公共厕所,结果王先生来我家后还果然去胡同里上了厕所,不过也没听他说怎么样。

院系调整时清华大学政治学系被解散,父亲从清华调到北京政法学院,搬家的时候我们几个孩子都很高兴,进了城嘛,但是他并不高兴,这我记得很清楚。城里黄米胡同宿舍的那几个大四合院是从前的王府,住着一批北大、政法的老教员。当时我家住在8号,戴克光先生家住9号。戴家儿女很多,傍晚的时候,我们这些孩子们常常一起坐在他家门口高高的台阶上讲故事。后来,从清华调到政法学院的杜汝楫先生一家也搬进了8号院,与我家仅一墙之隔。父亲与他的四川籍老朋友关系一直很好,搬进城后常常走动的有杨西孟先生(对外贸易部国际贸易研究所所长)、罗志茹先生(北京大学教授)、樊宏先生(北京大学)。我还记得读研究生时曾经向学校要了车,陪他去北大看望过一位化学系的老教授,还去看望过樊宏先生,当时樊先生身体很不好，已经卧床不起了。

"文革"前我上中学的时候，父亲和一批清华、北大的老朋友常常在北海的仿膳餐厅聚会，我也陪他去过，可是当时太年轻，没有留心保存照片，现在后悔也来不及了。当下的教授们在一起谈论的主题往往是项目，而父亲那一辈老先生只要在一起，谈的肯定是世界形势和国家大事，我印象太深了。

父亲非常喜欢下围棋，我上中学时他有时带我去劳动人民文化宫，我找个地方看书，他就去看人下围棋。每逢周日，我们称呼"二叔"的父亲的堂弟就会来到家里和父亲下围棋。二叔在中联部工作，是1927年入党的老党员，对父亲的思想有一定影响。父亲身体并不好，心脏、血压都有病，但他很注意养生，推手、八段锦、气功他都练习过。有意思的是他常常夸耀说自己身体如何灵活，他跟我们炫耀说有一次下轮船时脚下一滑差点从悬梯上掉到水里，多亏他身手敏捷，用胳膊一下子撑住了。据我母亲说，有一回她带姐姐去北海看滑冰，远远看见有人掉到冰窟窿里去了，大家正在往上拉人，走近才发现原来竟是父亲！父亲老年时和我谈起过他和马约翰教授在北医三院看病时相遇，他们在清华先是师生，后来是同事，马约翰先生与他互勉要保持健康，争取长寿，努力为国家做更多工作。

三、思想

父亲是个性格非常温和的人，这种特点也表现在他在政治思想上的独立。当时清华学生有国民党、地下党、国家主义派等派别，父亲没有加入任何一个。他在清华期间，主要是认真念书，课余打工、写稿、做翻译，挣钱养活自己。在清华念书的第二年，他在罗志茹先生的介绍下，加入了北大、清华两校学生的学术团体"青年励志会"，甚至还当过会议主席。大学三年级的时候，他加入了由清华1925级级长傅任敢发起的《认识周报》，先是做国际政治栏目的编辑，后来还当了总编辑。

　　虽然学业顺利，但是自小的经历，使他有不一般的视野。1933年，父亲出版《国际劳工组织》一书。他对劳工组织的注意我想部分源于他自己的经历，以及对自食其力者的同情与理解。但是总体而言，他抱持的基本上是改良主义思想，主张宪政民主、主张经济逐渐社会化，倾向费边社的说法，赞成英国不流血的革命。他的这种思想，大概也是为什么他上清华以后很少参加激进组织的部分原因。不知道的人可能还以为他是清高，其实除了洁身自好，更多是他自己的独立思想。

　　父亲虽然平时是个特别温和的人，但是他有我们想不到的热情。他在哥伦比亚大学做关于中日冲突的博士论文；他与留美学生签《旅美华侨告海内外同胞书》要求对日开战；在报纸上看到胡适先生出任驻美大使后专门去信祝贺；在武汉大学教书时与金克木、韩德培等人发表"我们对当前学潮的看法"，呼吁停止内战，恢复和谈，谋求统一；不顾军警特务威胁，担任武汉大学"六一惨案善后委员会"主席，等等，都表现了他个性中追求真理的激烈一面。哥伦比亚大学博士毕业，顾不得论文出版，冒死押运战斗机回国，更是他个性中的刚烈一面的集中体现。

　　1955年父亲就提出过入党申请，之后连年运动，当然就没入成。1983年，他79岁时又再次提出申请，81岁终于被批准。他之所以申请入党，很大程度上与他的爱国之心有关。他晚年提出入党，的确是出于对邓小平改革开放的强国政策和走向世界的眼光的拥护，他一辈子梦寐以求的，就是国家的富强和繁荣。尤其在连年运动、尤其是"文革"的毁灭性遭遇之后，他对新局面确实是满腔信心。他的入党志愿书上这样表述："十年浩劫，国家和个人均遭逢大难，几濒绝境。幸拨乱反正，国家转危为安，重又走上大规模建设的坦途。……我自知年事已高，岁月无多，能力有限，贡献不大，但自信报国之志不衰，奋发之心未泯，他无所求，但愿在有生之年作为党的一个成员，尽可能做好力所能及的工作，为党的光辉事业革命目标奋斗到底。"

　　从1946年到1948年，父亲在武汉大学政治学系任教期间，曾经在武大做过两次公开演讲，其中一场演讲的题目是"二十年后之中国"，对国家的未来有强烈的期待。这是他那一代知识分子共同的情怀，对他这个政治学者而言，这种情感可能更加炽热。在劫波渡尽以后，这种情怀不但丝毫没有减少，他更加感到"来者可追"。

在经过了各种运动的打击，目睹了自己的师长、同事、同学的遭遇，自己经历了被抄家、批斗，他仍然保持了自己的看法。现在回头看他当年写的《法的阶级性和继承性》，能清楚地看到他作为学者的思考，而那些 50 年前看法，仍然在理，毫不过时。

思想改造运动时，刚开始他拒绝参加，以至于组织上找到在北大念书的我姐姐，要她做父亲的思想工作。他不得已参加，对自己的历史做了坦率认真的交代后，在群众提意见环节，清华政治学系的师生们对他提出了很多意见，他感到非常委屈——当时政治学系已经非常难办了，他从武大北上回到母校，满腔热情地投入工作，被以写小纸条方式提意见，当然感到很不痛快，这我能想象得到。

四、传统与现代

父亲三岁丧父，当时他祖父还在世，曾家没有分家，于是他父亲的生意由他叔叔接手经营，他和他母亲的生活就由叔叔们负责。不久他母亲也去世了，在叔叔们的生意不景气之后，他伯父和舅父又担起了供养他的任务，一直到他清华毕业。父亲参加工作以后，也抚养了他早逝的姐姐留下的女儿念燕京大学——可惜她也已经因病去世了。我想，这些就是传统的中国大家庭的一面。

我母亲娘家也是泸州的，但是她不多的家人也是早就去世了。这样，我们就和家乡联系不多，也对传统的亲戚关系一直很陌生。

父亲深受传统文化的影响。他年老的时候，家里的晚辈都很佩服他的一个本事，对于陈列在书架上的《二十四史》，他可以脱口而出准确地讲解，看得出来，那是他早年私塾和中学阶段练出来的童子功。

从他给孩子们起的名字也能看出他传统的一面。我们四个孩子分别叫尔慧、尔宁、尔恕、尔悌，其中，"尔"字是辈分，慧、宁、恕、悌，里面分别都有个心字。我从小就问过他为什么给我取个"恕"字？他回答说"恕"就是"如心"，要我懂得"己所不欲，勿施于人"。

但是，由于后来在清华受到的西学教育、加上留学美国的经历，父亲又是个现代的知识分子。

应翁文灏先生邀请，父亲曾经短暂地在国民政府经济部工作过，但他的主要工作是给翁先生草拟报告，对机关工作，他一直不喜欢。他当初离开云南大学去经济部，主要是被吴景超[1]先生说动的，吴先生说："要教书就去个好一点的学校，在云南大学有什么意思？现在是抗战，大家应该出来帮着做一点工作；等到胜利后，再找一个好学校教书好了，我也还想教书呢。"

西式的现代教育在父亲身上留有很深的印记。他年纪很大的时候，比如住在北医三院，尤其是在清华住院的最后时期，说话时要是一下子找不到合适的中文词，他会干脆用英文表达。当时医院的一个小姑娘说，早知道老人家英文这么好，就和他练英语了。

五、我的父亲母亲

我的母亲名叫孙守廉，又名惠茹，也是泸州人，家境非常殷实。母亲性情慈爱贤淑，读过私塾，略通水墨画和中医，特别会持家，女红特别好，我

1　吴景超（1901—1968），安徽歙县人。1914 年就读于金陵中学，次年考入清华学校。1925 年毕业于明尼苏达大学，芝加哥大学，获硕士学位、博士学位（1928）。回国任金陵大学社会学系教授兼系主任。1931 年起任清华大学教授，次年任清华大学教务长。1935 年在国民政府行政院任职，抗战时先后出任行政院经济部秘书、战时物质管理局主任秘书、中国善后救济总署顾问。1947 年返回清华任教。1952 年调任中央财经大学教授，加入民盟并当选中央常委、全国政协委员。1953 年起任中国人民大学教授，1957 年被划为"右派"分子，1968 年病逝于北京。1980 年平反。著作有《社会组织》（1929 年）、《都市社会学》（1929 年）、《社会的生物基础》（1931 年）、《第四种国家的出路》（1936 年）、《劫后灾黎》（1947 年）。

们小时的衣服都是她做的，很漂亮，很有创意。

我不知道父母的婚事是谁安排的，或者是他们自己认识的？他们在父亲出国留学前成婚，生了我姐姐；我哥哥、我和妹妹则是他留学回来后才出生的，所以姐姐大我 14 岁呢。那些年母亲一个人带着姐姐在泸州老家，想来很不容易。美国在那时候，是一个多么遥远而陌生的地方啊！她一个年轻女人带着个孩子，等着不知何年何月才能回来的丈夫，得有多忐忑不安啊——在老家，还不断有人跟她说她丈夫可能不回来，不要她们母女了之类的话。母亲很善良，我上小学是在大佛寺小学，同班同学大多是劳动者的子弟，家境贫寒，有的甚至在放学后还要捡煤核补贴家用。记得一次母亲听我说有同学没有过冬的衣服，马上让我将给哥哥做的新棉衣送给那个同学。学校里组织课外家庭小组，母亲就在客厅里挂上小黑板作为孩子们每天放学后活动的地方。

父亲在美国留学 7 年，刚回国的时候，只身在外工作。我记得 1952 还是 1953 年，母亲带着我们三个孩子乘船从泸州到武汉，然后转车北京。在清华，我们先后住在胜因院、新林院，那些房子现在应该还都在。父亲晚年住在北太平庄的政法大学宿舍。

父亲是个性格特别温和的人，不重男轻女，对我哥哥并不特别偏爱，对每个儿女都一样好。父母之间的互相关爱、尊重也使我们沐浴在温暖之中。父亲的衣服总是平平整整，那是因为母亲总会亲自将他的衣服熨平；吃饭的时候，母亲总是给父亲布菜，那是家里她的"专利"，直到母亲去世那天上午，还从病榻上强撑起头来嘱咐我们给父亲买只鸡炖汤吃。从小我们家里就订有许多报刊杂志，其中《中国妇女》《北京晚报》是父亲专门给母亲订的；老年时父母分别寝室，天冷时父亲经常会在半夜里抱着被子打着手电走到母亲床前给她加盖被子。

六、父亲最后的日子

父亲去世前一年，我母亲去世。那天她状态很不好，我和妹妹赶紧打车送她去医院。本来还犹豫是去北医呢还是去清华，因为我姐姐已经联系了清华校医院并在那里等候了，所以车就往清华开去。我清楚地记得，在快到清华校医院的路上，母亲微笑了一下，倒在了我和妹妹的怀里。

母亲去世的消息，我们一直瞒着父亲，只跟他说母亲住院了。习惯了母亲陪伴的父亲有时会长叹说："家里太安静了！"终于，他问我们："为什么妈妈在医院里，你们却老在家里呢？"我们不回答，他也不再问，但从此身体每况愈下，不久也住进医院，再也没有回家。

父亲年轻时的身体不算好，他的大学同学汤象龙先生说他"考入清华时身体不好，但学习不错，肯动脑筋"。在美国念书的时候，他还因患风湿性心脏病住过院，晚年他的心脏变得非常肥大。1950年代参加土改时，由于风湿性关节炎和心脏病，他只能在室内做附带性劳动，一共只上过两次山，抬树拔草。1960年代，他曾大病一场，休息了很长时间，1964年下乡参加四清运动时，因为心脏病恶化，不得不提前回到北京。

在他生命最后的时日里，先住在北医三院，后来由于医院认为他的心脏病已经无药可医而不再收治了，不得已转到松堂临终关怀医院住了一周，后来我们联系了他的母校清华的校医院。清华校医院得知他是老清华人，并且我的姐姐、姐夫也都在清华工作，同意接收住院。我清楚地记得，住进医院的一个单间病房后，我俯身告诉他："你现在在清华校园里，窗外就是荷塘，荷花都开了。"他听后点头，脸上露出很满足的微笑。他的学者人生从清华起步，最后在那里去世，活到了近90岁。

父亲母亲的墓地在八达岭陵园，那里地势很好，远远地能望见长城，这个长眠的地方是他生前我们就商量好的。当时我跟他说，何必去八宝山论资排辈呢，他同意了。

整理者手记

2011年冬天，在《老清华的社会科学》一书的首发式上，见过曾尔恕教授。

她坐在伟伦楼会议室的第三排，远远地望着主席台背景布上老清华教授名单中的曾炳钧三个字。她眉眼都很像父亲，是那种不张扬的端正秀气，但身材非常高挑，可不像四川人，我们隔着走道点头致了意，会后便匆匆散去。

再见，是为了这篇口述。在她繁忙的日程中，我们敲定了见面时间。到了曾宅的楼层，她从长长的走廊尽头迎过来，眼神和她的父亲一样明亮。入得曾宅，是井井有条的安静，极为整洁——曾炳钧夫妇辞世久矣，但他们的气息在这个家中明显能感觉到。曾尔恕是政法大学图书馆馆长，做口述史也颇有专业特色，叙述之前，她先拿给我一叠早就准备好的资料，叙述完成后，反身又去电脑上找了补充资料给我参考。

近日看千家驹文章中回忆其师胡适，说尽管政治立场完全不同，但是，胡适"从没有想以他的政治思想强加于我或企图影响我，而处处表现出一种宽容精神，即儒家所谓'恕道'，这也许就是资产阶级的所谓'民主作风'吧！"余生也晚，没有见过曾炳钧先生，但千家驹的这段话让我想起了他——他个性温和，连女儿的名字都给取个"恕"字，可见曾先生的胡适气质有多么浓。隐约觉得，他对胡适的偏好，恐怕不仅是学问思想上的共鸣，个性气质上的合拍恐怕也是部分原因。

虽然时代与专业弄人，父母早逝、年少时为经济所困、中年以后的专业遭遇给这个一生向学的人不断的打击，但是曾先生从四川去投考清华，边念书边工作，毕业后去社会调查所工作，几年后考上公费留美，在同时代的人中，这个温和的人一路在命运与时代的夹击下，没有停止过努力，终得安享天年，而且儿女成行，妻贤子女顺——世间何时有过完美的人生？这若不是，什么又是呢？

7　造化当初果有因

姜逸波口述：我的父亲姜书阁[*]

　　姜书阁（1907—2000）[1]，字文渊，笔名长天纡翮，1907年出生于辽宁省凤城县满族农民家庭。正黄旗，满姓姜佳氏。1930年毕业于清华大学政治学系。在校期间旁听梁启超、陈寅恪、王国维、梁漱溟等人的文史专题课。1927年，以"古者男子三十而娶女子二十而嫁考辨"一文获清华"丙寅学术论文奖金"第一名，发表于《清华周刊》，并印行单行本。1930年商务印书馆出版其专著《桐城文派评述》、1934年出版其《中国近代教育制度》，另著有《世界治外法权史》。译作"美国黑人诗歌选译"发表于鲁迅主编的《语丝》，"雪莱小诗选译"发表于《清华周刊》。早年曾任哈尔滨法政大学政治学教授、《黑白半月刊》主编、《北平晨报》主笔、《政治建设》月刊主编。后历任国民政府行政院编审、财政部税务署署长、国税署署长、财政部政务次长、全国学术审议委员会委员。

　　1949年后，受聘为西南军政委员会参事，担任西南税务学校、西南财政干部学校副校长。20世纪50年代后期执教于青海师范学院，晚年移教于湘潭大学。1982年加入中共。

　　一生著述甚丰，涉猎的学科跨越政治学、文学、历史学、哲学、教育学、财

---

[*]　口　述：姜逸波（姜书阁之女，湘潭大学教授）
　　时　间：2012.5—2012.6
　　地　点：电话访谈
1　姜书阁在1938年"入蜀过三峡"一诗开头说"造化当初果有因"，他一生跨越文、史、哲、政、经、教等数门学科的成绩，除了少时的文史底子和清华四年的学习之外，他自己晚年的一段话道出了自己一生成就的要诀："余自童年读书，即好沉思，自求理解，不尽信师傅之教；及其长也，无论为学治事，皆喜独抒己见，自出心裁，不愿违心逆志，俯仰因人"。（《文史说林百一集：正续编》自序）

政学。1980 年以后出版有:《陈亮龙川词笺注》《诗学广论》《中国文学史四十讲》、《先秦辞赋原论》《中国文学史纲要》《文心雕龙绎旨》《骈文史论》《汉赋通义》、《说曲》《松涛馆诗集》《文史说林百一集（正续编）》。

我的父亲姜书阁，字文渊，籍贯辽宁凤城。满族正黄旗，祖姓姜佳氏[1]。实际上，姜佳氏族谱虽然在编正黄旗，但并不是贵族，更不是皇族。父亲1907年出生，他的名字是祖父按家谱起的，他这一辈是"书"字辈。他常说自己出身于农民家庭，因为祖父早年务农、赶大车，二十七八岁才开始读书。

一、童年

我祖父原本没念过书，但他干农活之余跟三伯祖（后来是省议员）旁听学习，后来干脆正式学习，只在农忙时下地干活。也就是在那一年，我父亲出生。

辛亥革命后，县上办了简易师范，祖父和秀才们一起考入学习。一年半后，他毕业回乡，创办了朝阳岗小学，他当校长，父亲和他的兄弟姐妹们后来都念了那个小学。

父亲晚年回忆说，我的祖父因为自己念书的机会来之不易，所以特别重视对儿子的教育，三岁时就开始教他念《孟子》。书放在炕沿上，他站在小板凳上才能够得着。祖父对他很严厉，他到九岁时就读完了《四书五经》。这样他在入学前就有一定基础了，主科的语文和数学念得非常轻松。

祖父管学校，一周只许学生们周日休息半天，另外半天用来温读一周以来学的国文，要求人人都得会背。但是父亲习惯于理解式记忆，得边背边想，所以不像别的同学那样一口气背出来，结果祖父认为他不用功，常常打他耳光或者手板，弄得他非常反感这周日背书的规矩。

初小的时候，父亲有一篇约200字的短文被选入全县小学国文成绩汇编里，姓名下注着"九岁"，这是他第一次"发表作品"，这大概对他一生的写作有很大鼓励。

高小第一年学期末，42岁的祖母去世，留下父亲和他的两个姐姐、两个妹妹。这个突然的变故，使父亲一下子成了孩子们的中心，他开始意识到自

1　姜书阁晚年在自述中说，清末民初时不敢说自己本是满族，只对外说是"汉军旗"以求自保，所以便取了"姜"这一汉姓。

己作为独子的责任，暗下决心要努力读书、立志成才。他的成绩开始上升，把第一名保持到了高小毕业。实际上，祖母过世后，祖父对儿子的管束有所放松，父亲的成绩上升一部分原因也在于此。

1918 年秋天，东北流行瘟疫，全村几乎天天都死人，学校只好关门放假。整个秋天，父亲就在家自由地画画、看杂书，也开始对周围发生兴趣。当时，他连城镇都没有去过，只在课本里见过汽车、轮船、自行车这些现代交通运输工具。他想，是车就得有左右轮，可自行车只有一前一后两个轮子，怎么回事？有一天听说校门口有人骑自行车路过，但等他跑去看时，人家已经走了，他后悔了很多天。1920 年他去沈阳准备考中学，在街上见到一辆老式汽车（当时沈阳仅有四辆），"敬为怪物，急避路旁"，看着汽车轰隆隆开过，问了堂兄才知道那就是汽车。

这年夏天，父亲考取了省立第三中学，但祖父认为他还太小，让他在家里跟自己读《四书》，打好古文底子。当时父亲觉得"我最美好的童年后期，便关在家庭的封建牢笼中痛苦地度过"，哪里想得到这底子后来让他一生受益无穷呢，当然这是后话。第二年（1921 年）夏天，父亲考上省立一中，这回祖父没再拦他。

入学后的父亲上课专心，全部课余时间都来阅读各种书刊，四年里除得过一次第二名，其他七次考试全是第一。但对他来说，最开心的是考前三名学校会退七块五毛钱的学费，他就全用来买课外书了。当时省立一中的英文教育很不错，他翻译过《桃花源记》，先生夸他译得好。那时的东北是张作霖统治，白话文是被禁止阅读的，他看过陈独秀、胡适、梁漱溟的书，那是要冒风险的。当时父亲并不偏科，但在祖父的强迫下选了文科，就没有机会好好学习自然科学，这被他后来视为"一生最大憾事"。

二、唐山大学、清华

1925 年，父亲以第一名的成绩考上唐山大学，念铁道工程，但是工科显然不是他的兴趣。于是第二年，也就是 1926 年，父亲同时考取了北大和清华。北大当年因经费问题没有按时开学，父亲就选择了清华。清华 1925 年开始由留美预备学校改办为大学，父亲进校后为第二届，当时校内尚有两个旧制班和国学研究院。那时清华初办，中国文学系不及北大国学系有名；但法学院各系要优于北大，所以他选择了清华政治学系。

我听父亲说，当时清华的政治学系是隶属于法学院的。当时的称谓是"清华大学法学院政治学系"，不是"清华大学政治学系"。因此父亲从清华毕业时获得的学位是"法学士"而非"政治学士"。当时政治系主任是吴之椿；讲中国外交史课程的，是清华历史系主任蒋廷黻。除本系的课程之外，父亲还旁听了在清华国学研究院开课的梁启超、王国维、陈寅恪等人的专题讲授。在清华期间，他的论文"古者男子三十而娶女子二十而嫁考辨"获清华大学"丙寅学术论文奖金"一等奖，发表在《清华周刊》上，还刊发了单行本。大学一年级时，父亲写了《桐城文派评述》，由商务印书馆出版，并收入《万有文库》和《国学小丛书》。这是他的第一部学术专著，这一年，他 19 岁。

1927 年，父亲选修了"国际公法"和"中国外交史"课程，写出来 20 万字的《世界治外法权史》书稿，校长罗家伦和教务长兼政治学系主任吴之椿教授特加赏鉴，曾经向商务印书馆、中华书局及太平洋书店推荐，但因为"内容太专"而未获出版。

父亲常说，1926 年秋入清华，到 1930 年暑假毕业，四年间的学习决定了他一生治事治学的道路。[1]

---

1 针对清华学生"非富即贵"的说法，苏云峰在翔实调查的基础上，指出实情是"清华学生中确实卧虎藏龙，但 1925 年开始，清寒子弟开始增多。"(《从清华学堂到清华大学（1911—1928）》)清华 1925 年开始公开招考，姜先生正是得益于此。姜先生晚年回顾在清华读书时说："我在二十岁左右精力最为旺盛的时期，确实不曾浪费一点时间，四年中如饥似渴地研读了中外古今文、史、哲、政、法、经、社……各领域的诸多重要著作，也听了不少专家学者的讲演与专课。"修订版说明，姜书阁：《中国文学史纲要》，浙江大学出版社 2006 年。

三、走出清华

　　1930 年从清华毕业后，应朋友（但是我记不得是哪位了）邀请，父亲前往哈尔滨，做东北特区教育厅的秘书，同时还兼任了法政大学政治学教授；第二年他调任察哈尔省教育厅秘书，兼编译室主任及第二科、第三科科长，还曾以主任秘书代行厅长职务四个月。厅长是高惜冰学长（清华 1920 级，也是辽宁凤城人，是父亲的亲戚），父亲从哈尔滨来到察哈尔工作，就是应高惜冰的邀请。在察哈尔期间，父亲曾受教育厅委托，前往河北定县考察平民教育，聆听晏阳初先生介绍情况，后来出版了《定县平民教育视察记》。[1] 还出版过平民教育专论《新县制下的国民教育》一书。

　　1933 年，父亲担任北平社会局秘书、科长、督学等职务。这一时期，他还主编《黑白半月刊》，发表了具有进步思想但仍属改良主义范畴的长篇论文《论作文、作学、作事、作工与作人》。1933 年至 1935 年，《东北月刊》和《行健月刊》连续发表他的《世界治外法权史》之中的六章（遗憾的是，书稿的其他几章在"七七事变"中遗失了）。1934 年商务印书馆出版了他的著作《中国近代教育制度》。1936 年，父亲担任《北平晨报》的主笔，撰写过近百篇社论，其中有斥责日本浪人在中国走私事。他离开后，主笔一职由罗隆基接任。[2]

　　七七事变后，因为在《清华周刊》和《北平晨报》上发表揭露日本人的社论，父亲自然无法留在北平，于是就携全家在天津避难。此后，南京成立

1　《定县平民教育视察记》以游记体写成，观察细致。从清华刚毕业两年的姜书阁注意到了平民教育会介绍情况的负责人的教授本色："他们大都做过大学教授，所以都很能讲。他们讲来都很清楚，很有条理，与我们在大学听先生授课一样，他们大都先讲理论，后叙各该部组织、工作及未来计划。每次的演讲，都预备许多图表，在讲时悬挂黑板上，帮助我们了解。"

2　姜先生在教育厅的任职使他对教育问题有思考，但他政治学的专业背景似乎一直很明显。1929 年《东北建设新杂志》上发表译作"科学与农民"、《北新》译作"新德意志的领袖人物"，1930 年《新生命》杂志译作"苏维埃的联邦制度"，同年他在《清华周刊》上撰文"日本人在东三省的贩毒问题"。从如此广泛的兴趣与写作看来，他担任《北平晨报》主笔社论与时评是必然。此外，《中国近代教育制度》一书直到今天也是教育史专业经常引用的著作。

抗日大本营，父亲好友、清华校友高惜冰从南京来电邀请，父亲就携家赴宁，从此离开了北方。

四、蒋廷黻、国民政府

国民政府迁往重庆后，清华校友张静愚（清华1911级，北伐时期的空军司令，1940年任财政部全国税务署长）通过高惜冰邀父亲到财政部任职，从此，父亲开始了长达十年的官场生涯。后来父亲又到行政院任专员，其间兼任行政院政务处长蒋廷黻的秘书。

蒋廷黻曾是父亲在清华的老师。父亲毕业前半年（1930年），蒋公是父亲选修的"中国外交史专题研究"课的导师。父亲的一篇三万字的《魏源及其世界知识》论文，被蒋公评为"最优秀的研究成果"。父亲任蒋公秘书近两年（1939年1月—1940年秋），蒋公把他学术性的工作大多交给父亲完成，比如草拟讲稿及工作报告、筹策方案等。1940年蒋公派父亲任行政院编审时，父亲依旧兼任蒋公的秘书。当年秋天父亲调任财政部荐任秘书，这才卸任了行政院秘书。

这一时期，父亲在国民政府财政部已任职多年，对于整个财政业务经历了由逐渐熟悉到精通的过程。抗日战争胜利后，他曾撰写长篇论文《战后整理财政刍议》，发表在《财政学报》上，得到重视。1945年底父亲接任财政部税务署署长，1948年改为国税署署长。他以治学的严谨态度治政，曾在《货物税之立法准则》一文中，指出货物税"立法之精神,实常循若干确定之准则,使国计、民生两者兼顾,俾能成为一种公平合理之税制。"

实际上，父亲一生酷爱的还是文史研究，只可惜在他中青年时期国难当头，时局动荡，找不到安放一张书桌的地方，命运阴差阳错，把他推上了仕途。但他一直保持自己的风格，硁硁自守，廉洁勤奋，永远以书生自许，任何时候都表示随时可以摘掉乌纱帽，回到书斋。这也是当时官场中人所做不到的。

即使后来在南京公务最繁忙的时候，实在无暇写文章，他也每天下班回家读一个多小时的书，在三年内把二十四史中的《晋书》《南史》《北史》……直到《明史》都读完了。[1]

1949 年 5 月，父亲被迫去广州，担任财政部政务次长。他为官时间越长，对时局就看得越清。6 月，他坚决辞去了财政部次长职务，不顾国民党中统和军统的胁迫，以及教育部长杭立武的多次登门劝说（杭许以教育部次长的要职），拒绝离开大陆。1949 年 8 月，他悄悄由广州飞回重庆，仅担任教育部全国学术审议委员会委员及教育部顾问。11 月，重庆解放。

五、新中国

由于父亲在民国财政部上下素有"廉洁、洁身自好"的公论，建国之初，时任西南军政委员会主席的刘伯承将军亲自签发聘书，请他担任西南军政委员会财政部参事。父亲先后主持创办了中央税务学校西南分校、西南财政干部学校，并担任副校长。他一面参与学校行政管理一面开出"租税概论"、"新民主主义财政"等课程，并出版《新民主主义财经政策》一书作为当时的教材。

在西南时期，父亲去贵州参加过六个多月的土改，担任大队长。1954 年，父亲调到西南一级机关干部学校学习，他说他在那里真的是认认真真地看了三年书——对他而言，未尝不是非常充实的时光。

1958 年一个偶然的机会，青海省省长袁任远到四川聘请高校教师，四川

1　在政府财政、税收部门的顺利仕途，并未影响与妨碍姜的治学之心，除了哲学、教育、政治时评之外，因为工作关系，他对财政问题也开始涉猎，也颇有所得。抗战期间，姜先生曾参与创办了"中国政治建设学会"，主编《政治建设》月刊达 5 年，在《现代读物》上发表"中国行政新论"，在《图书月刊》《新评论》《财政学报》等长期撰写论文与书评，一般均署其真实姓名，间亦用"文渊"或其他谐音字为笔名，其中《读冯友兰〈新理学〉书后》发表于 1941 年的《新评论》上，影响很大。姜先生也发表过多篇关于国民教育的论文，并辑成《新县制下的国民教育》一书刊行。早年的治学底子与责任感，大约是蒋廷黻先生对这个学生青睐有加的原因。

省统战部也号召知识分子支援边疆建设。作为重庆市政协委员的父亲出人意料地报了名。由于行程紧迫，路途遥远，临行前于仓促中父亲找到一家拍卖行，以 40 元钱卖掉了所有的家具，只拎着几口皮箱，拖家带口地去了尚不通火车的西宁，离开生活了 20 年的天府之国重庆。多年以后，很多人追问父亲是不是"右派"，是不是被"发配"去的。其实都不是，父亲真的是自愿报名去支援大西北的。那时他已经 51 岁——从他身上可以看到一股力量，一种似弱实强的坚韧劲头。

到西宁后，父亲被分在青海师范学院，从事中国古典文学的教学和研究。许多年里，尽管图书资料奇缺、学术信息闭塞、生活条件极其艰苦，更有频繁的"运动"，他仍旧潜心治学，在陋室（用他的原话说是"西宁古城台一间湫溢的陋室"）里，他完成了 80 万字的《中国文学史纲要》。由于条件所限，《中国文学史纲要》当时只能作为青海高校教材印发了 300 套（分上、下两册）。1964 年，他又完成了《陈亮龙川词笺注》，但是由于当时出版界的某些偏见，这部著作也未能即时出版。这对他虽然是个打击，但他把稿子收起，又开始了中国戏曲史的研究，直到"文革"突然降临。

1964 年，青海省统战部派父亲到北京的中央社会主义学院学习了一年，记得当时聂真是校长。在中央社会主义学院，父亲主要学习马克思主义理论。社会主义学院的生活条件和待遇很好，比起青海的艰苦生活和繁忙的工作，父亲觉得很轻松，过得很愉快。还结交了一些新朋友，我记得他说过，他最要好的朋友一个是青海藏区的大活佛夏荣嘎布，另一个是福建知名华侨郑日晖。

文化大革命中，父亲的境遇可想而知（"举世汹汹，岁月艰难"）。他被剥夺了读书、教书和著书的权利，被迫劳动六年。在牛棚彻夜不熄的刺目灯光下，在黄河岸边涛声阵阵的农场泥屋里，每当夜阑人静，高原的寒气透过身下的麦草向他袭来时，他常常难以成眠，就用打腹稿作诗来熬过漫漫长夜。他有近 40 首旧体诗词因为抄在香烟盒背面而得以保存下来，当时命名为《麦草集》。

1972年，父亲本来已获得"平反"，重上讲台，但1974年，他又因为拒绝接受在"评法批儒"中以所谓"法家著作"代替古典文学教学，就被视为"不识抬举"，被要挟退休，他就断然提笔写了退休申请。

那时候，在青海的多年艰苦生活已经损害了他的健康，后几年一到寒冬，就常常因为普通感冒而引发肺炎、高烧甚至咯血，现在才知道其实那就是高原病。[1]

六、湘潭

改革开放后，内地大学纷纷引进人才，父亲的人生得以从此改写。

本来，湘潭大学是想要调动我的先生，其间听说了父亲的经历后，立刻派专人上门要聘任他，并答应一切条件。我当时还在上大学，有些犹豫。此前广西大学也曾同意聘请他，但是湘潭大学动作很快，广西大学还没有启动程序时，湘潭大学已经把父亲和我先生的调动手续办好了，连我的转学事宜都先行在教育部备了案。盛情难却，1979年4月，父亲接受了湘潭大学的聘请，我们举家南迁，在湘潭度过了他生命中最后的21年。

1980年，父亲在湘潭大学正式复职为教授，先后担任了先秦两汉文学及汉魏六朝文学的硕士研究生导师。虽然1974年湘潭大学才宣布恢复建校，但由于这是毛泽东家乡唯一的综合性大学，全国各地高等院校都积极支援，图书资料很丰富。调入湘潭大学以后，父亲共计有400余万字著作面世，其中的大多数是在70至90岁之间完成的。他晚年著有《诗学广论》、《中国文学史四十讲》、《先秦辞赋原论》、《汉赋通义》、《骈文史论》、《说曲》和《文史说林百一集》及《文史说林百一集（正续编）》。

1982年12月，75岁时，父亲加入了中国共产党。

1　姜书阁后来回忆在青海的21年时说："自思居青二十年，虽人事错牾，而山川有情。"

七、书生本色

无论是青年时期做主笔，中年当署长，还是老年当教授；无论是在东北、华北、西南、西北还是中南；无论是在办公室、"牛棚"还是"松涛馆"，父亲一生都笔耕不辍。我想，他一辈子在骨子里都是个书生。

父亲早年高官卸任的时候一贫如洗，寄居在上海一个旅馆中。那时上海专以揭露权贵而著名的《铁报》，曾在头版刊登过一篇《廉史外传》，指名记载父亲清苦的生活，并预言他"将以穷教授终其身"，这在上海财税界引起过轰动——父亲后来果然是一介穷教授，当然这是后话了。

对于个人的物质和金钱，父亲没那么在乎过。他一生简朴，不事奢侈与张扬，生活清贫而极有规律和条理。无论是战乱年代、艰苦岁月还是身居要职、声名显赫之时，他都不曾颓废或放纵过。无论条件多么简陋，只要给他一间小屋，能摆下书架和书桌，他就能静下心来读书和撰著。

他一生热爱的是文史哲研究与写作。上世纪 60 年代初的困难时期，虽然饥肠辘辘，腿浮肿得一摁一个坑，但父亲每天下了课，就一头扎进书房撰写《中国文学史纲要》。这是他以一己之力撰写的中国文学史，在缺乏借鉴的情况下，独自完成的 80 万字，今天简直难以想象。他说自己是"靡朝靡夕地拼着老命"，确实，每天一万多字的写作量很让家里人担心，母亲常常有意请学生或同事找他聊天，以便让他休息一下，用她的原话说，就是别让他"写死了"。

回想父亲这一辈子，从东北到北平，而后到重庆、南京、广州、青海、湖南，真的是天南地北、四海为家。进入耄耋之年后，他感到遗憾的竟是自"九·一八事变"前半年离开东北后，60 年再也没有踏上东北的黑土地，更没有回过家乡。

他在"九·一八"后主编过《黑白（白山黑水）半月刊》，也参加过"东北旅察同乡抗日会"，1989 年发表《养吉斋丛录》所述八旗制度之误"，在他心里，思乡之情从未淡过。每回说到故乡，他都心生酸楚。他一辈子对故乡回忆最多的是当年东北农村的贫困生活，慈爱勤俭的母亲和少小丧母的悲哀。

1982 年，辽宁大学中文系和辽宁省民族事务委员会共同组织《满族文学史》讨论会，父亲才有机会回到阔别了 62 年的故乡，当他手捧一碗满族农村家常主食——玉米"酸汤子"，吃着玉米面贴饼子时，激动之情溢于言表；回到早已由凤城改名为"东沟县"老家时，父亲作诗直抒胸臆："两鬓飘霜尘土梦"，"故乡今已属东沟！"他感叹世事变化、沧海桑田。那一年，他七十有五，已被大家尊为"姜老"了。

重回故乡后，父亲渐渐萌生了百年后回归东北的心愿。2000 年末，94 岁的父亲乘鹤归去。2011 年那个清凉的夏季，我们将父母的骨灰归葬于故乡的大顶山下，完成了老人的遗愿。

整理者手记

姜书阁先生的名字早在清华学生名册上见到过，但只知道他曾官至民国财政部政务次长，他 1926 级政治系的同班同学中，有福建的邵循正、邵循恪兄弟。

偶然翻阅《1911—2011 清华百年诗集》，里面收了萧公权、吕春沂、邵循正、姜书阁、林同济五位政治学者的旧体诗。收入姜先生的是三首：清华园夏日、入蜀过三峡、凤凰台上忆吹箫：归凤城故里。

姜先生曾经做过民国财政部的政务次长，居然写得一手好诗？循迹查去，却再难见斯人在政坛的踪影，倒是有若干本古典文学方面的专著，而且大都出版于 1980 年以后，这时候他该有七八十岁了啊？这真是个谜。再查，1949 年后他先在西南军政委员会，后来去了青海教书，再后来到了湘潭大学。

2012 年 5 月的一个下午，拨通了湘潭大学校友会的电话，没人应答。再拨打该校人事处，对方一听要找的人是姜书阁，立刻很熟悉地说姜先生去世了——显然姜先生是该校大名人，但校方热情地给了他女儿的电话，不料拨过去已经关机。再打人事处，对方痛快地给了我中文系的电话，中文系又给了姜先生女儿的电话，一拨就通。

显然，姜先生的女儿非常惊讶。她说，从来没有父亲母校的人和她联系过。她继承父亲衣钵任教中文系，对政治学和政治学人当然非常生疏。她说，父亲履历中从来都填毕业于清华大学政治学系，父亲的照片和资料大部保存完整，连 1930 年清华的毕业证都保存得好好的。真是意外！

其实，政治学与文学从来都联系紧密。英国 19 世纪功利主义政治学大师约翰·穆勒，他以《论自由》名扬天下，但对文学也有很多深刻论述。政治学者转文学，也不少见，比如吴恩裕转红楼梦研究，林同济转莎士比亚研究，姜书阁先生转中国古典文学，都是这一脉络中的例证。但是检视姜先生一生丰富的著述，除了文学史的成就之外，他在教育学与财政学领域的文字，也让人讶异。

这么一个东北满族读书人，却在湘渝与西北度过一生；这么一个志在文史的书生，却在清华念了政治学；这么个专心敬业不问官场规则的学人，却居然在时代巨浪中获居政府高位；不料造化弄人，未几即"忍苦求生，辗转川黔陇海三十年"，"所历世变皆亘古未有，踉跄追随，步履维艰，虽几经蹉跌，而终能革面洗心，不负此生"。

稿成，面对姜先生一尺来高的十数本著作，细读他读书期间所写"清华园夏日"、"清华园初秋去留未定"等诗——1927 年日本文学家芥川龙之介自杀后，作为文学青年的他也曾赋诗一首。看他满纸年轻人的忧伤与感怀，再想他从清华毕业后所经历的一生波浪起伏——以他在国民政府的高位，居然能全身而退，著作等身，顿觉命运世事之奇异造化，远非学问所能解释。

8　落叶满空山

徐大元口述：我的父亲徐义生[*]

　　徐义生（1909—1991），江苏武进人。毕业于省立江苏第五中学（今常州中学），1927年考入清华大学政治学系，1931年毕业进入清华研究院，师从张奚若与钱端升。1933年庚款赴美留学，先后就读于哈佛大学、哥伦比亚大学、伦敦经济学院。1937年2月经苏联回国，先后担任中央研究院社会科学研究所副研究员、研究员。期间曾在西南联大政治系任讲师，讲授中国地方制度；在南京中央大学法律系任教授，主讲行政法。

　　1949年后留任中国科学院社会研究所。1961年调至安徽大学政治系，主讲经济史。1970年调至安徽大学图书馆工作。1991年去世，年82岁。出版有《广西省县行政关系》（商务印书馆，1943年）、《善后救济工作的行政制度》（行政院善后救济总署，1948年）、《中国近代外债史统计资料：1853—1927》（中华书局，1962年）。

　　*　口　述：徐大元（徐义生之子）
　　　　时　间：2013年9月24日
　　　　地　点：电话访谈

我的父亲徐义生 1909 年 12 月出生于江苏省武进县焦溪镇，家里是做粮食生意的。他小时聪慧，学习成绩优异。12 岁时考入江苏省省立第五中学（俗称省常中）。1925 年他 16 岁，中学要毕业的时候，由于上海发生"五卅惨案"，上海的大学都停止招生了。

于是，在伯伯的建议下，他到北京考取了北京大学的预科。在北大预科的两年，他接触到很多爱读书，不怎么参加政治活动的朋友，他的兴趣慢慢从理工转到了文法。临毕业时传来消息，说北大要改组为京师大学堂，由张作霖派校长。他觉得在那些封建军阀的统治下，北大的前途可想而知，就决心到清华大学去。

一、清华

当时清华大学的办学经费来自美国退还的庚子赔款，学生的学费毕业时全部返还。父亲 1927 年 18 岁考入清华大学政治学系本科，也是国立清华大学（新制）第三级学生。进清华后，驻扎在江阴的奉军发生兵变，乱兵敲诈我祖父未遂，就把家中房屋和粮仓烧毁大半，家里的经济情况急剧下降。父亲只好靠课余翻译稿件挣稿费来继续学业，也拿到了学校的奖学金。

清华读书风气很盛，学生求知态度认真。由于和美国的亲密关系，清华学生比较活泼，作风洋派，学生的课外活动，一直受到美国学校的影响，蓬勃发展，多彩多姿。清华把读书叫"开矿"，健身打球叫"斗牛"，重视体育等各种活动，培养健康快乐、有创造力与领导力的学生。在清华上学期间，父亲对太极拳、昆曲、笛子、书法、篆刻都有一定的造诣。

清华学生"大多数都是一本正经"地读书。读书环境的得来不易和对国家的责任，多数人都不妄自菲薄，不浪费光阴。当时政治学系的课程偏重西方的政治思想、政治制度、国际公法、国际关系等方面，教材多用外文书籍，中国的较少。学生得努力以赴，否则过不了关。[1]

因为课业重、要求严、淘汰率高，清华学生的程度比较整齐。经过近四年刻苦学习，毕业的最后一学期，父亲感染了阿米巴痢疾，在清华医院躺了整整十个月，1931年底才出院，但仍以优异的成绩毕业，被保送本校研究生。

当时清华研究院对研究生精挑细选，人数极少，个个优秀。1930年第一届研究生全校共招了14个，他们1931年第二届共招了八个，其中父亲和经济系戴世光先生、化学系马祖圣先生（美国纽约州立大学教授，世界化学微量分析权威）是本校毕业保研的，数学大师陈省身先生是南开大学毕业在清华当了一年助教后考入清华研究院的。

在研究院，父亲的导师主要是政治学系的张奚若先生和钱端升先生。当时清华教师年龄比较轻，大多受过西方教育，不但汇通古今，还汇通中西、汇通文理。他们大多认真教学、勤于研究、引导学生，形成了良好的学术环境。他们也关心社会，发表言论，促进社会和政治改革。这时期清华的教师阵容也比前期开放，成了一个有国际学术地位的学府。

二、留学

1933年，清华大学恢复公费留美招生。1933年8月，父亲研二时（当时研究生学制是三年）参加了选拔考试，考取了民国二十二年度（1933年）的留学名额，专研公共行政，成为清华大学（新制）的第一届留美公费生。

1934年1月，父亲乘船去美国。那时的美国正是在经济大危机之后，罗斯福上台实行新政。他先在哈佛大学研究院学习了一学期，觉得哈佛的空气太保守，当时比较进步的学者们大多在纽约，他于是就转学到在纽约的哥伦

---

1 校友对清华的评价：清华无一不是健康、合理、和平与秩序。清华师生共同信念是"清华是为使命而生存的"，所以"学术"二字便是清华的灵魂。清华与他校不同者，在研究问题的态度认真，而排除"浮夸、宣传、虚声、机会（投机）的心理"。只知埋头工作，不求闻达。这种态度，才使清华走入科学化的近代生活的境地中。详见苏云峰：《从清华学堂到清华大学 1928—1937》，三联书店，第132—141页。

比亚大学[1]。父亲转到哥伦比亚大学研究院学习了两年，学满学分，获得硕士学位。我们家中至今保存着许多父亲和哥伦比亚大学同学的合影，有李俊龙、吴半农（清华经济系 1925 级）、盛方、李泰华、陈宗鉴、杨西孟夫妇、戴世光（清华经济系 1927 级，庚款留美 1934 年）、谷宗赢、蒋保增、潘楚基、吴大猷、高学中、朱子元、曾炳钧（清华政治学系 1925 级，庚款留美 1934 年）、黄文熙（庚款留美 1933 年）、沈克敦、赵文珉、邱仲文、韩寿萱、罗毅、侯璠、宋作楠、苏健等人。

拿到硕士学位后，因为清华公费还有半年，他又转到英国伦敦政治经济学院学习了半年。他到伦敦政治经济学院，为的是想听英国治学者洛克（Locke）的课——当时认为 Locke 是比较进步的学者。我们家现在还存有父亲与赴英国时同船的同学王洸、朱深、李干的合影，在伦敦与朱子元、李艽均、汪季平、王洸、李泰华、谷宗赢、唐得源等人的合影。他到英国后没几个月，清华公费满期，他就启程回国。

当时，苏联新宪法草案刚公布，得到英国进步学者们的一致赞扬，所以父亲回国时决定参观法国[2]、比利时、瑞士、德国和苏联，从西伯利亚回国。1937 年的 2 月他回到北京，但是接到了祖母得病，要他马上回家的消息。

三、中研院

父亲回江苏老家后，接到清华导师张奚若先生来信，约他回清华任教。但当时他母亲病在床上，希望儿子能离家近些。恰好那时在南京的中央研究院社会调查所新添了研究行政组，钱端升先生就把父亲介绍给所长陶孟和先

1　"在纽约，遇到几位朋友和老同学，他们以前曾参加过革命，见面时常谈起美国资本主义制度的不合理……大家决定每周聚会一次，读写理论书籍，讨论时事问题。那时日本帝国主义更加紧侵华，在几次纽约学生会中，他们讨论了日本帝国主义的本质和抗日问题，在报上发表他们的意见。"《徐义生档案》。
2　和清华同学沈乃璋（清华研究院 1932 级）、庄圻泰（清华数学系 1927 级）、陈省身在法国巴黎的合影。

生。1937 年 4 月，父亲进所工作，担任副研究员。陶孟和先生在学术界是一位德高望重的长者，对年轻人放手扶持，深得研究人员的尊重。

1937 年 7 月抗日战争全面爆发以后，中央研究院就开始了向后方的大搬迁。父亲当时单身年轻，负责押运图书资料。8 月中到长沙，9 月搬到湖南衡阳衡山南岳圣经学院。1938 年由衡山南岳再迁至广西桂林阳朔中央研究院办事处，在这期间，他参加了学术组织"广西建设研究会"。他在广西的一年时间里进行了广西省的行政研究，到各县去募集资料。当时，地质研究所的李四光先生也住在办事处，父亲与李四光先生的得意门生朱深先生是好友。[1]

1939 年 1 月，社会调查所又迁往昆明。当时西南联大也设在昆明，张奚若先生和钱端升先生，邀请父亲在西南联大兼中国地方制度课程教学。陈省身先生从法国回国后也在西南联大任教，与父亲等一批单身教师常在一起打桥牌。1939 年 7 月的暑假，父亲和陈先生一起到上海结婚，对象是上海沪江大学教育系毕业的我母亲黄湘君。

我外公黄首民（1890—1976）是浙江湖州人，早年参加革命党，他常说革命就是杀头，革命党就是杀头的胚子。辛亥革命时他是督战员、黄兴的卫队长，由于追求有文化又漂亮的我外婆，被约法三章，不准做官——怕他娶小老婆。在跟黄兴去南京出席孙中山就任临时大总统大典的船上，他向黄兴表示不要做官，想去读书。他带黄兴的信去见孙中山，孙中山连声夸奖："年轻人不要做官，要读书，好！好！"[2] 他中学学的是英语，就安排他以革命党退伍军官的退职金去了美国南部半工半读学农。在美国也曾获得清华奖学金。当时美国经济一片繁荣，外公眼里美国什么都好。回国后他们学农的大多转了行，外公给荣家当了多年上海纺织厂的总经理，以后又开办了我国第一家机械化的泰山砖瓦股份公司任总经理。（泰山陶瓷外砖是名牌，超过当时外国

1　即 1979 年电影《李四光》中郑森的原形。朱深做过重庆大学地质系主任，1940 年代被迫害致死，引发重庆大学学潮。

2　黄兴是留日的，与美国没有关系，所以外公带信去找与美国关系多的孙中山。

品牌，上海国际饭店、锦江饭店、上海大厦用的都是泰山陶瓷外砖，1958年大炼钢铁，由于条件好，该厂被改为上海耐火材料厂。）外公说他"衣食住行"就差没有来得及搞"行"了。[1]

外公中学时父母双亡，他由教会学校培养，一生信仰基督教——他还打算90岁时出来宣讲基督教，但是没能如愿（他认为80岁不稀奇，90岁才稀奇）。我记得小时候在外公家吃饭前，都要默祷："感谢天主赐给我们食物。"当时我还很不习惯。外婆去世后，由于共同信仰，他与李政道的姑妈李灵承结婚。

外公总是夸爸爸聪明，翁婿关系很好。母亲当时受到外公影响，非美国留学生不嫁，通过她表姐夫王家楫（中央研究院、中国科学院水生生物研究所所长，中国科学院院士）的介绍，嫁给了父亲。她说爸爸脾气好、人好。婚后，她放弃了上海明德女中的教职，与父亲经香港，越南到昆明。

当时昆明经常被日军飞机轰炸，不得不常去跑警报。从城里搬到乡下后，父亲专心整理他在广西调查搜集的资料，写成《广西省县行政关系》一书。1940年冬天，所里要迁往四川李庄，那时我母亲刚生了大姐要照顾，所长让父亲在昆明负责收尾工作，1941年5月才到达四川宜宾李庄的石崖湾。

当时的李庄是全国学术研究最活跃的地点之一，中央研究院创造学社（梁思成担任社长）、中央研究院历史语言文字研究所（傅斯年担任所长）、同济大学都已经在李庄。父亲在李庄期间，多次到四川各县和成都去进行社会调查，目睹了四川农村农民抗战中的沉重负担和被拉壮丁的凄惨现实。他在李庄还参与了"中国人文科学社"和"中国经济建设研究会"等学术团体的活动，撰写了《抗战建国与地方自治》《行政委任的问题》等文章，并于1943年被提升为中央研究院研究员。在陶孟和所长不在李庄期间，他与1949年后在中山大学任教的明史专家梁方仲先生先后担任社会科学研究所代所长。

1946年10月，社会所从李庄回到南京。1947年，他在南京中央大学法

---

1 衣，纺织厂经理；食，学农；住，砖瓦公司经理；行，汽车厂或汽车修理厂。

律学系兼任教授，讲行政法，很同情同学们因为反饥饿游行而被迫害。后来所里派父亲到上海进行善后救济的行政制度研究——行政院善后救济总署1948年出版了父亲的《善后救济工作的行政制度》。

抗战胜利后的中国，不但是第二次世界大战的战胜国，也是联合国五个常任理事国之一、世界贸易组织的创始国，应该是和平建国的极好时机。父亲和大多数清华政治学系毕业生一样，所学所教多是西方现代政治学知识和理念，受自由主义思想影响，信念是"为学术的使命而生存"。当时，他们希望能建立联合政府或按美国调和方案：国民党和共产党一个执政党，一个在野党，互相监督，和平竞争。这一时期，他写了《中国新宪法》等文章。

父亲是相信改良主义的，他总是在问：为什么现在总是说革命，不说改良？现在来看北欧的改良主义是最成功的，社会代价最低，人民福利最好。但中国长期封建专制制度的国情，国民受教育程度低，不能接受西方的民主思想。国共两党终于还是发生了大规模内战。人民希望和平，厌恶腐败，怨声载道。国民经济不支持战争，战争的巨大开支导致恶性通货膨胀，经济崩溃。人民解放军军事上取得大规模胜利，国民政府终于大溃败。

1948年临解放前，中央研究院总干事、中央研究院历史语言研究所所长傅斯年坚决要去台湾，多次催促陶孟和先生把社会科学研究所搬台湾，但是陶孟和先生仅将旧报纸冒充图书资料装箱运台，坚决不走。（中央研究院社会科学研究所和中央研究院大多数研究所都没有去台湾，留下来参与新中国的建设）

四、1949 年后

1949年南京解放后，父亲仍在中央研究院社会科学研究所当研究员。1950年7月在中国科学院社会科学研究所担任专任研究员，并在南京大学法学院政治学系当兼职教授。他与其他研究人员一起，调到华北人民革命大学学习，期间还听了毛泽东、周恩来、朱德等国家领导同志的讲课。在南京时他还向紫金山天文台的研究人员李元先生等学习了一些天文知识，当时大家都住在南京成贤街（现在中国科学院古生物研究所所在地）。

1952 年在教育研究领域进行院系调整，将欧美体系全部改为苏联体系。清华大学的文理科全部并入北京大学，清华成为一所纯工科大学。中国科学院社会科学研究所也改为中国科学院经济研究所，陶孟和副院长从兼任中国科学院社会科学研究所所长改为兼任中国科学院图书馆馆长（陶先生 1960 年在北京逝世）。

在院系调整中，人事部门征求父亲意见，将他调往中央政法学院，可保留原职称和待遇——当时钱端升先生是中央政法学院院长。他带的研究生罗典荣先生去了中央政法学院，反右运动中被打为右派分子，改革开放后成为我国著名环境法专家。父亲通过到革大的学习和政治学被取缔的现状，选择了留在经济研究所，改行研究中国近代经济史，职称也从二级专任研究员调整为七级（1956 年又回调二级，定为五级副研究员）。他拒绝了人事部门提出可以领取每月 480 元的保留工资，决定定他什么级他拿什么钱，还经常说领取保留工资是"鸭屎臭"。他把从国外带回来的多箱西方政治学原版书籍赠送给了中央政法学院。

父亲转入经济史研究，参加了俄语学习班，1953 年与其他同志一起翻译了《苏联经济的工业配置》一书，与严中平等同志一起编写了《中国近代经济史统计资料选辑》（1955 年 8 月科学出版社出版），是中国科学院经济研究所中国近代经济史参考资料第一种，他承担了其中商埠、租界、租借地章节的撰写工作。由于精通英、法、德、日、俄等多门外语，又有深厚的古文字功底，父亲在经济所主要负责中国近代外债史和部分帝国主义侵华史的研究。1956 年他在《经济研究》期刊上连载了《清政府的外债》。1961 年由中华书局出版了《中国近代外债史统计资料（1840—1927）》一书。1973 年人民出版社出版中国科学院近代史研究所丁名楠先生主编的《帝国主义侵华史》也引用了该书数据。

当时，因为国民政府外债资料都被运到台湾去了，外债研究工作没法继续，父亲提出研究内债和公债，但是没有得到同意。

1961 年 8 月，父亲调到安徽大学政治系，教《中国近代经济史》。1965 年，安徽大学政治系搬到安徽劳动大学，因为年岁较大，父亲留在了安徽大学马列主义教研室当教师。

1966 年 6 月文化大革命爆发，父亲作为反动学术权威遭到批判。他曾经不堪凌辱想自杀，但是被母亲开导和制止了。在劳改队经受了繁重的劳动和斗批改后，1969 年 9 月作为人民内部矛盾人民内部处理，安排到了安徽大学图书馆工作。在图书馆工作期间，父亲为人谦和、做事认真、责任心强，多次被评为先进个人。

1979 年，父亲在第 4 期安徽大学学报（社会科学版）发表了"关于楚相孙叔敖的期思陂和芍陂"。1982 到 1983 年，父亲受中国大百科全书出版社社会科学编辑部的邀请，为《中国大百科全书》中国历史卷清史部分选写"外债"、"外国在华洋行"、"商埠"、"租界"等条目；为经济学卷撰写"近代中国的外债"、"俄法借款"、"英德借款"、"庚子赔款"、"善后大借款"、"国际银行团"等条目。他还为改革开放编写了《1840 年后与中国进行贸易的外国公司名录》（未出版）。

1983 年，美国民间部分湖广铁路债券持有者提出要求偿还债券本息，并在美国亚拉巴马州法院立案。由于这个案子，中央对旧中国的外债问题非常重视。父亲向中央转述那是第一次世界大战德国战败后以很低的价格从德国持有者手中购买的，无权要求我国偿还本息；再说旧中国外债至少 650 笔，本金总额 61 亿元（以上世纪 30 年代初通用银圆为准），加上一百多年的利息，决不能开赔偿先例，否则后患无穷。之后，父亲被财政部财经科学研究所聘请为"近代财经史研究组"顾问。在中央充分调查旧中国外债的过程中，《中国近代外债史统计资料》发挥了重要的资料文献作用。以后，在国际公法、国际私法领域专家的参与下，聘请律师，打赢了湖广铁路债券民间索赔案，制止了其他想拿旧中国债券向我国索赔的案例，为国家避免了财政损失。

五、终曲

父亲年轻时一帆风顺，也做了政治学的名教授。院系调整后是"王小二过年"，还要夹着尾巴做人。他在年轻同事和学生面前特别当心，生怕别人说他和无产阶级争夺接班人。他希望自己的孩子都从事理工科，踏踏实实多做实际工作。好在反右运动中父亲发言较少，加上国家对科学院的特殊政策，没有被打为右派，我们三个孩子都上了大学，大姐学医，二姐和我学了工科。父亲的自尊心很强，家庭观念比较重，如果不是为了孩子，"文革"中他是不可能不甘屈辱挺过来的。

1973年高校招生按录取人数四倍推荐，文化考核中张铁生交了白卷，我在安徽和县考了第一，被合肥工业大学拖拉机设计制造专业录取，父亲非常高兴。我插队知识青年当了近五年，25岁才进了大学门，还算是当时的幸运儿。可是程度不齐，教材太差，还经常出去开门办学。父亲说当时的大学就是干部培训班，哪里是做学问。

父亲常和我们说人年轻时多吃些苦没有关系，怕的是老了吃苦，人要芝麻开花节节高才快乐。有一段时间电视上放清宫戏很多，父亲很反感，说怎么还总是宣传皇帝一人之下全是奴才？他对吃吃喝喝也非常反感，总和我们说结交酒肉朋友是最没有用的。

1991年春节前，父母亲在家等二姐一家。二姐搬家不回来了，但没有打电话告知，父母亲就在沙发上等了一夜，结果煤气中毒。当时我正与解放军105医院（"文化大革命"中陶铸病逝的医院，也是当时合肥市唯一有高压氧舱的医院）神经外科合作科研项目。105医院的病房与高压氧舱离得较远，往来要经过室外，本来就是2月冷天，又来了寒流，结果父亲染上大叶性肺炎去世。

　　父亲身前表示要把骨灰撒掉，但两个姐姐坚决不同意。1998年清明我们将父母亲合葬在合肥市大蜀山烈士陵园，与许多安徽高级知识分子相伴。那个陵园面对合肥市最直的黄山路，风水很好——虽然父母亲不信风水，我们这些在新中国长大的还是有些信。后来我女儿成为合肥市中考状元，考上北京大学学金融数学，安大老同事都说是我父母人好修来的——父亲生前最喜欢、临终前最关心的是他的孙女。

六、一生之回顾

　　父亲一生受老清华传统影响，只做学问，没有参加任何党派。他希望能从事政治学的学术研究，始终也不去做官。他是一个不讲假话的人，一生非常厌恶特别会钻营的人，常说讨不尽的便宜，吃不尽的亏。他对陶孟和先生非常敬重，张口必称陶公，也深得陶公的信任。陶孟和先生和蒋介石的拜把二哥国民政府外交部长黄郛、国民政府资源委员会主任钱昌照都是连襟。解放前一些人居然想通过父亲的关系到国民政府外交部当外交官、到资源委员会去当接收大员，但父亲自己从未想过去做官——他和黄郛夫人和钱昌照都熟，还受人之托向他们推荐过其他人。文化大革命时在安徽大学的牛棚里，父亲被大家公认是最正直、最老实又很有学问的人。有些管理者因此就怕父亲讲话，以免大家尴尬，他也为此没少吃亏。

　　父亲是个很谦和的人，对人特别客气和谦让，他自己老老实实做人，踏踏实实做事，总是教育我们做一个普普通通的人。他也是一个有很多爱好的人，喜欢打太极拳、吹笛子、唱昆曲、刻篆刻，还描画了许多星相图。他一个人在合肥时，晚上常在教工球场看星象，在家刻篆刻。但是由于家里住房太小，我从没看过他练书法和搞收藏。

　　当年和父亲都是中央研究院二级研究员的赵九章、付承义、钱临照等，中国科学院一成立就升了一级研究员，他是科学院唯一被降级的研究员。对于名利他早已淡漠了，他只是希望能用他的知识多为国家做些工作。1978年后经济所同事劝他写一申诉信，就可恢复二级研究员。他认为自己多年未从事和了解政治学的新进展，工作不好做，也不想回北京，始终不写。

父亲做学问非常认真，自己收集资料，严格核对数据，一丝不苟，他要求他的著作能经受时间的考验。对经济所某些专家做学问的态度，他并不认同。父亲是一个胆子比较小的人。经济所1950年代的所长狄超白、副所长林里夫（1922年党员）被打成"反党"分子、顾准被打成"右派"分子、庐山会议后张闻天成了经济所特殊身份的研究员，一些党内专家也成了右倾机会主义分子。父亲觉得非常不适应，他说残酷斗争、无情打击他受不了。

1961年离开科学院经济所，父亲是很伤感的——他本来想一辈子在科学院工作。有同事劝他不要离开，也有同事没有离开硬留了下来，他不愿意硬留，还是毅然去了安徽大学。经济所1970年下迁河南，夫妻双方都在经济所的家庭都很不好过（北京的家没有了），一些老同事也死在了河南，我们家要是留在经济所，恐怕也好不了。

我姑父程慕依是常州女中教师，个性刚烈。抗战时他被日本鬼子关入上海提篮桥监狱，反右运动又被打为"右派"分子，独子留美一直未能晤面，1969年姑父他醉酒而亡。1972年他儿子程心一[1]回国，一下飞机就找我父亲，直到临上飞机返回时才通知他找到了，在安徽大学。他小时姑姑总是把父亲作为他的榜样，后来他考取了教育部留美官费。1979年，省高教厅通知父亲到宾馆和他见了面，1993年他到中国科学技术大学讲学，还专门到家里祭拜了我父亲。

虽然父亲专研的公共行政在1949年后未能得到重视，发挥应有作用，但

1　程心一，1939年考入上海交通大学，1946年考取教育部公费留美。1952年获普林斯顿大学博士学位，1960年任该校航天航空研究所教授，后兼泛美航天公司顾问、波音航天公司顾问，长期从事航天航空、洲际飞弹发展等方面研究。

他改行从事的外债史研究为国家避免了大额的外债赔偿，也为研究帝国主义侵华史做了许多有益的工作。但是，看到他清华理工科同学的大量的论文和成果，父亲内心还是痛苦的。1950 年代科学院的清华理工科毕业的同学都受到邀请去参加清华校庆，他说不知道他还算不算校友。1980 年代安徽省清华校友会成立，请父亲作为第一老前辈发言。（当时安徽省省长付锡寿，合肥市市长钟永三，都是清华毕业生）

安徽大学的挽联"学贯中西　经国文章存史册；行同日月　一生正气在人间"，我想这是对他一生最好的概括。

◆

整理者手记

作为著名的 1933 年庚款留美生，与同届很多人相比，徐义生似乎是一个学术史上失踪的人。"落叶满空山，无处寻行迹"。大海捞针般地检索之后，只在一本人名辞典中见到关于他的寥寥数语，语焉不详地说他在安徽大学图书馆工作，再查安徽大学图书馆，却再也找不到关于他的丝毫资料，但是在资料库里查到他曾经出版过关于中国近代外债的一本著作，相当经典。

修改订正关于梁方仲的文章时，梁先生儿子偶然提起徐义生，赶紧追问下去，原来徐先生是他父亲的老友，梁方仲临终前给儿子开的送书名单上有徐义生，1980 年代他去安徽开会，还专门去拜访了徐义生，他和徐家至今仍有联系。

徐先生儿子电话过来的时候，我正在清华老图书馆的清华文库阅览室埋头对书稿做最后的修订，接了电话走出阅览室，沿台阶往楼下走去。清华文库阅览室的楼下，是老图书馆的一个偏门，门外爬山虎早已漫墙漫窗。由于久不开启，而且地势较低，那个人迹罕至的门厅光线不亮，更显幽静。

因为年代久远，专业相异，徐先生的儿子对父亲所知不算多，他遗憾地说父亲所有早年清华的资料都毁掉了，真是造化弄人。谈了许久，猛然发现人迹罕至的门厅地面正中央，水磨石地面中间的圆形图案内，镶嵌着"清华"两个字，但是因为背光，一直不容易看见。徐义生萧索离世而去时，清华已经很多年没有文科专业了，以至于他不知道"清华还认不认他这个毕业生"，但他之与这所学校，就像门厅地名的那两个字一样，虽然少为人知，但一直在那里。

　　人生不是棋局。开场、布子、终局，个人虽然可奋力而为，但封盘之后方知，棋盘的倾覆与否，太多不可预知的外在因素，远在个人之上。

9 匆匆，太匆匆

楼秉哲口述：回忆父亲楼邦彦[*]

楼邦彦（1912—1979），笔名硕人，浙江鄞县人，早年就读沪江大学，后转学考入清华大学政治学系，受教于钱端升和张奚若等人，本科毕业后考入清华研究院，毕业前考中第四届中英庚款公费留学名额，赴伦敦经济学院留学，师从拉斯基（Harold Joseph Laski）。归国后先后在西南联大、武汉大学、中央大学、北京大学等校任教，并曾担任黄埔军校第七分校的政治总教官，长期从事政治学研究，主要研究领域为行政法和宪法，著有《各国西方政治制度：法兰西篇》《不列颠自治领》两本著作，在《清华学报》发表 Middleton the French Political System, Edie Dollars, Keith Constitutional Law of England 几篇英文论文，在中央大学《社会科学季刊》、清华大学《社会科学》等刊物上发表多篇中文论文，另在《观察》等刊物上发表数十篇时评。1949 年后出版有《中华人民共和国宪法基本知识》和《资产阶级宪法的反动本质》（与钱端升合著）两本著作。

1949 年后加入九三学社，1952 年院系调整后任教于中国政法大学的前身北京政法学院，后担任北京司法局副局长，1957 年被划为"右派"，后任教北京大学。1979 年"右派"改正，同年在北京因病去世，年 67 岁。

---

* 口　述：楼秉哲（楼邦彦长子，前北京机械学院院长）
　地　点：清华大学明斋
　时　间：2011.12—2013.3

　　我的祖父楼敬淼出身贫寒，16岁开始在家乡宁波当学徒。结婚后他来到上海，以拉黄包车为生。有了一点积蓄后开起了杂货店，接着又与朋友合办纱厂。在他事业的巅峰时期，创建了中国花纱交易所。此后，家里的生活慢慢富裕起来。祖父原本没有念过书，但勤奋好学。不仅读书看报，关心国事，还写得一手好字。"九·一八"事变后，他拒绝同日本人来往，退出了商界，家境从此开始衰败。祖父是一条硬汉，我对他一直怀有很深的敬意。

　　我的父亲楼邦彦是祖父的次子，年少时家境拮据，他的兄长楼邦达只得去念商科学校。1930年父亲初中毕业，向祖父表达了自己想进高中、读大学的愿望，但祖父明确表示家里无力承担这笔教育费用，他只好步伯父的后尘，也进了商科学校。在随后的几年里，祖父的生意渐渐发展了起来。就在父亲在商科学校就要毕业的时候，祖父答应了他读大学的要求。但这个时候，留给父亲择校的空间已经相当有限。他当时选择投考上海沪江大学商科专业，可算是一个明智之举。

一、沪江、清华、伦敦经济学院

　　父亲在沪江大学刚读完一年级，正逢清华大学在全国招收插班生。他抓住了这个机会报考，考中了清华政治学系，他后来一直保存着一张刊登录取名单的报纸剪报，我以前见过。1931年秋天，他从上海来到北平，转入清华大学政治学系就读。

　　1934年，父亲本科毕业后考入清华研究院，成为张奚若先生的研究生。研究院毕业前夕，考取了英庚款留学。英庚款为赴英留学生提供的生活费用是相当丰厚的。赴英前，他原打算利用三年的费用，学习和研究四年或者更长的时间。1936年夏天，他和许宝騄、李浩培、张宗燧和费孝通先生等人一起，乘船前往英国，他一直保存着一张在轮船上和几位同学的合影，我也见过多次，他还保存着一张刊登庚款录取名单的报纸剪报，我都见过。

在英国，他就读伦敦经济学院，师从当年的英国工党领袖和理论家拉斯基教授。刚到英国那段时间，他每周与导师见一次面。会面时，学生提交阅读报告，导师布置新的阅读书目。按照当时的惯例，在三个月后，学生应当提交一份研究报告。导师根据这份报告，在全面审定学生能力的基础上，确定该学生进一步攻读的学位方向：从事博士或硕士学位的研究。当年，拉斯基裁定父亲可以开始做博士论文研究。但是随后发生的事情，给他的人生道路带来了重大影响。

他的学位方向确定不久，拉斯基要前往美国进行为期半年的讲学。临行前，委托他的助手为父亲的学位论文确定选题。这位导师选择了英国地方铁路法院的一宗案件，作为他学位论文的研究方向。英国的地方铁路问题是一个非常专门的研究领域，父亲说，英国图书馆的资料实在是太丰富了，很多书常常从来没有人借阅。他为博士论文借阅资料时，常常是很多书的第一个读者，得拿刀子把书边裁开来阅读。但是，他越读越沮丧，不禁自问留学的目的是什么？为了撰写学位论文，把宝贵的时间和精力放在这样冷僻的研究领域里，做这么钻牛角尖的研究，对自己的国家究竟有没有意义？就这么不情愿地做了半年。

拉斯基教授回到英国后，父亲向他报告了论文工作的进展，并直率地提出了他对选题的疑虑。出乎意料的是，拉斯基教授十分体谅他的想法，还说中国学生在留学期间应该努力开阔眼界，而不该单纯地追求学位。不仅如此，他还主动提出要给南京政府写信，说明楼邦彦已开展的工作表明他具有博士的实力；建议不再继续博士论文的工作；希望回国后能享有博士相应的待遇。拉斯基的态度当然令人欣慰，但是父亲对拉斯基要写信一事，没敢太当真，但是据说南京政府后来确实回信表示同意。看起来，父亲是幸运的，拉斯基对门下学生的要求和培养方式有独到的见解，我想，这应该是他会赞同父亲想法的一个重要原因。南京政府没有冷落拉斯基的信函，大概跟他当时的社会地位和影响有很大关系。

父亲的下一个目标是法国巴黎大学和德国柏林大学。拉斯基为他写了推荐信，介绍他到法国巴黎大学学习，并建议他住在他妹妹的家里。拉斯基的妹夫也是一位学者，当时是巴黎大学教授。就这样，父亲在英国学习一年后动身前往巴黎大学。在巴黎，他就住在拉基斯教授妹妹的家里。在清华念书期间，他的第二外语是法语，所以在法国的学习和生活不存在语言障碍。

一年后，父亲离开法国前往德国。在德国柏林，先在语言学校学习德语，半年后具备了进学校听课的语言条件，办好了到柏林大学听课的各种手续。恰在这个当口，有一天去上课之前，他收到了钱端升先生的信，说西南联大政治学系要开比较行政法课，希望他回国就职。这封聘书彻底改变了他的留学计划。接到钱先生的信，他就立刻收拾行李，匆匆踏上了回国工作的征程。

到那时候，为期三年的留英庚款，父亲只使了两年半，这同他原来设想的计划相去甚远——我小时候在家里偷偷看过他年轻时的日记，在留学前夕，他在日记里详细写了自己的很多留学打算。长大后，我曾经对他改变计划、提早回国的做法感到不解，问他，他回答说你不要看我是清华毕业生，有机会受聘任教清华大学，那是非常难得和光荣的事情。

二、西南联大、胡宗南

在意大利，父亲和同学龚祥瑞一起乘船回国。后来才知道，这是第二次世界大战（简称二战）前从意大利开往亚洲的最后一班邮船。错过了这班船，二战期间他多半要滞留欧洲了，就跟季羡林、钱三强一样了。他乘轮船先到上海，再辗转到了越南，最后经滇越铁路前往云南昆明。在抵达昆明前不久，火车脱轨翻车，大火把他的行李几乎全部烧光。所幸的是，人总算安然无恙。

我的母亲当时已经先期赶到了昆明。1939年10月，父亲与母亲成婚，开始了他在昆明西南联大政治学系副教授的从教生涯。我父母的相识，说来也有意思。我母亲胡宝玉毕业于宁波的华美护士学校，这是一家教会学校，毕业后可以到上海和北平的几家知名的教会医院里当护士。她堂兄胡正祥当时是北平协和医院病理系的教授，母亲一家人考虑到他可以照顾母亲，所以没有选择到离家乡无锡近的上海，而是决定到北平的协和医院来工作。到北平后，她经过一位通信多年的上海笔友介绍，认识了在清华读研究生的父亲，开始交往。在那段时间里，每到周末，多半是父亲乘车进城，在协和医院哲公楼下的会客室同母亲会面，两人经常一起漫步王府井，然后在东安市场的饭馆里吃顿饭，傍晚父亲再坐车返回西郊清华。

在西南联大，父亲讲授“比较行政法”等课程。除开日常教学工作之外，他一直在寻找机会，想研究当时国内的政治状况。这种愿望对他来说，是对离开了三年、还处于抗日战火的祖国的一种责任感。这时，他收到了原来清华政治学系的老同学俞国华[1]（也是宁波人，我记得父亲多次提到过，他的名字我一点也不陌生）的一封信。那个时候，俞国华已经在蒋介石的侍从室担任秘书。俞国华在信中说自己同陈布雷（侍从室主任）、李惟果[2]等人已商议过，打算邀请他到侍从室做研究工作。父亲以为，这正是他期盼的研究国内政治形势的绝好机会。于是，1940年6月，不顾张奚若先生的反对，他毅然决然地离开了昆明，前往重庆。

等见到陈布雷、李惟果和俞国华他们三人后，他才知道俞国华信里说的那项研究工作任务，侧重于研究国内外拥护和反对蒋介石的各种言论，为制

1　俞国华（1914—2000），浙江奉化人。俞父俞作屏与蒋中正为中学同学，曾任蒋氏的秘书，后殉职。1934年毕业于清华大学政治学系。1935年起任职侍从室秘书，西安事变被禁足两周释放回南京。抗日期间随同蒋宋外访印度甘地、见习开罗会议。1944年入哈佛大学主修国际财政金融；1946年转赴英国伦敦政经学院；后出任国际复兴开发银行副执行董事、国际货币基金会副执行董事、台湾“中央信托局局长、中国银行董事长兼任中国产物保险公司董事长、财政部长、中央银行总裁、行政院长”、国民党副主席。1993年伦敦政经学院杰出校友。

2　李惟果（1903—1992）1923年考入清华，参加“唯真学会”。1927年留美，获柏克莱大学硕士学位和哥伦比亚大学国际关系学博士学位，论文为“现代政治下的西藏”。回国担任国立武汉大学教授。1936年后任蒋介石侍从室秘书兼蒋外文秘书、外交部总务司司长、三青团中央团部训练处处长并筹备三青团中央干部学校，因提议蒋经国任三青团中央干校教育长而受蒋氏父子器重；1945年任陆军总政治部主任兼国民党“党政接收计划委员会”秘书长，在湖南芷江参加日本洽降仪式；后任国民党中央宣传部部长、国民政府行政院秘书长，1949年去台。

定对策做准备，这跟他原来想象的大不相同。对此，父亲感到进退两难。那年夏天，他和我母亲滞留在重庆。一方面我母亲正值临产，另外要等候蒋介石的正式召见。三个月过去了，仍然没有得到蒋介石召见的消息。父亲觉得很栽面子，也悟出来虽然自己也是宁波人，但毕竟不是奉化人，蒋介石是不会重用的。这时候，在乐山的国立武汉大学正准备聘请他到该校政治系任教。父亲借机通过李惟果向陈布雷表示了重回学校教书的打算，对方支付了一笔车马费，父亲就结束了他的重庆之行。

在武汉大学政治学系，他教了两年书。1942 年 7 月，他决定返回昆明西南联大，张奚若先生还为他升教授一事专门给陈岱孙院长写了信。但是就在他从乐山前往昆明、途经重庆的时候，中央大学的朋友戏剧性地将他强行挽留在中央大学教书。当时全力促成此事的主要人物，好像就是当年清华的老同学张汇文[1]。为此，重庆中央大学出面正式向西南联大提出，要求借聘楼邦彦。

父亲在中央大学任教大约一年。有一天，他回家突然说要去西安，母亲大吃一惊。他回国两年多换三个地方，母亲确实有些吃不消。但是，父亲决心已定。当时，各个大学校园内派系斗争激烈，在中央大学，清华派的影响力不具优势，一些教授想方设法拉近与中央政府和地方势力的关系，寻求支持。在一些同事的策划和鼓动下，他一时冲动，接受了派他去投奔胡宗南的安排，目的是争取胡宗南对清华派的支持。出发前，前往西安需要的各种信函、材料都有人已经准备妥当——原来，他投奔胡宗南的介绍人，竟然是蒋介石侍从室的清华校友李惟果，父亲就这样成了派系斗争的"炮灰"。现在我已经无从查考，这个"炮灰"，是不是在被强留在中央大学时就已经铸就了呢？

1944 年初，父亲带着一家人到达西安。他担任黄埔军校第七分校的政治

---

1 张汇文（1905—1986）1922 年考入清华大学。1928 年留美，获斯坦福大学本、硕、博学位。1933 年担任剑桥大学教授，曾代表中国出席在伦敦举行的联合国教科文组织关于社会科学的筹备会议。1937 年回国任国立政治大学教授并创办《上海英文自由论坛报》。出版有《公法概念与行政管理效率》、《儒家的有效管理理论》、《中华帝国对外关系史》、《概述外交特权与豁免》、《知识产权的法律意义与国际保护》，担任《辞海》国际法学分科主编、第七届人大常委会委员兼政法委员会副主任、中国国际法学会副会长。

总教官和边语班¹主任，上校军衔，但是我好像从来没见过他穿军装，连他穿军装的照片也没见过。"七分校"的总部设在西安的王曲镇，胡宗南兼任校长，父亲说那里的许多教官都是留学生，水准很高。在抗战期间，"七分校"的毕业生大多派往抗日前线。边语班是军校培养外语（英、俄、德、日）和少数民族（蒙、藏、回等）语言人才的场所。胡宗南的总部设在西安，在"七分校"所在地王曲设有一个办公室，于是父亲还兼任了王曲办公室的秘书。

那个时候，胡宗南的贴身秘书是共产党的特工熊向晖²（清华中文系1936级）。虽然他们之间有过一定的接触，但是父亲根本不知道他的政治背景。北平解放以后，熊向晖曾到我们家来过一次，表示他正在李克农的领导下研究有关英国问题，李克农希望找一些了解英国情况的专家来谈谈，但是那件事后来没了下文。此后他们两个人也再没有见过面。"文革"期间，熊向晖很早就站出来工作了，在清理阶级队伍阶段，北大的造反派和红卫兵曾向他调查过父亲在西安的情况，从当时办案人员流露出的口风看，熊向晖在回应造反派的外调时，对父亲有不少正面评价，这个外调结果使他少受了不少精神折磨和皮肉之苦。父亲后来曾经多次提到这一点，他对熊向晖也一直怀有很深的敬意。父亲去世后的追悼会上，我意外地看见熊向晖先生来了，他当时已是部级干部了，但是他怎么知道我父亲去世的消息？我直到现在也不知道！

1　"边（外）语班于一九四一年开办，隶属军校第七分校。开办目的是为培训具备一定程度的几种主要外语和边语人才。语种有外语、边语。英、日、德、俄四种外语，每种一至二班，学员二十至四十人不等。水平从高中开始达到大学专业，学期为一年半至二年。边语有蒙、藏、回三种。学员来源为军校毕业的青年军官，由所在部队或单位报送，经考试合格者录取。"黄埔军校七分校教官张德广："黄埔军校第七分校边（外）语班拾零"，中国黄埔军校网，http://www.hoplite.cn/templates/hp7fx0013.html.
2　熊向晖（1919—2005），清华大学中文系毕业。1936年加入中国共产党。1939年在中央军校第七分校第十四期毕业后，任胡宗南的侍从副官、机要秘书，一直从事地下工作，为保卫中共中央作出了特殊贡献。1962年任中国驻英国代办处常任代办。1970年任中国人民解放军总参谋部二部副部长，1971年和1972年，作为周恩来助理参加了中美重大外交活动。中国恢复在联合国的合法席位后，任首次出席联合国大会的中国代表团代表。1972年任中国驻墨西哥首任大使。1978年后任中共中央统战部副部长，中国人民外交学会副会长、中共中央对台工作领导小组办公室副主任。1982年后任中国国际信托投资公司党组书记、副董事长。

在西安两年多的时间里，父亲无所事事，感到前途迷茫，再加上有一段时间他孤身一人生活在王曲，备感冷清，就渐渐萌生了离开西安、重新回学校的念头。

三、北大

日本投降之后，内迁的各个大学纷纷回迁。1946 年初，父亲出差重庆时，在机场偶然遇到北京大学的法学院院长周炳琳先生。周先生得知他有意离开西安时，当即表示要请他到北大任教。父亲回到西安不久，就收到了北大的正式聘书。而他重回学校教书的愿望，也得到了胡宗南的充分理解。

1946 年冬，我们全家转道上海来到北平，在北大红楼的一间教室里暂住下来。父亲的授课活动也随即开始。第二年春天，我们搬进了刚刚修缮好的府学胡同北大教授宿舍。这里原来是一座清朝的王府，改造成大约有 30 户居所的院落，当时是北大员工的一个宿舍区。我查了资料，在这里先后住过的教授（按门牌号次序）包括张龙翔、胡世华、游国恩、缪郎山、马祖生、马杏垣、许德珩、楼邦彦、钱学熙、卞之琳、黄觉非、袁翰青、韩寿萱、杨人楩、龚祥瑞、周祖谟、王铁崖、管玉珊、陈阅增、汪暄等先生。

赶走日本侵略者后，国内两党的斗争不断激化，北平的学生运动在反内战、反独裁、要求自由民主的呼声中日益高涨。当时，北大民主广场是学生民主运动的一个重要活动场所，经常有集会和群众性活动，许多有识之士常常发表政见演说，父亲就是比较活跃的"进步教授"之一。那段时间，地下党在校园里非常活跃，我们家里也不断有学生来访，虽然父亲同地下党没有组织联系，这些学生也没有正式亮明过身份。不过父亲很清楚，他们中不乏地下党员，地下党也正是通过这些"进步学生"来影响和引导这些教授的。解放前夕，父亲和住在府学胡同的许德珩、袁翰青先生三人被列入当局"黑名单"的消息，应该就是来源于地下党的情报了。

这期间，父亲在《观察》《新路》等刊物上发表了一批政论性的文章，记录了他对时局的观察和对国家前途的思考。1948年3月，父亲和一批自由主义知识分子成立了"中国社会经济研究会"，打算"寻求一条中国现代化的新路"（这大概就是被毛泽东批判的"第三条路线"的一种表现吧）这个研究会，钱昌照任会长，周炳琳、吴景超、孙岳琦、萧乾、潘光旦、刘大中、钱端升、陶孟和、王崇值和楼邦彦任理事。研究会成立的同时，决定创办《新路》周刊，由吴景超任主编，刘大中负责经济事务的编辑，吴景超负责社会事务编辑，萧乾负责文艺和外交事务的编辑，由于钱先生当时在国外讲学，政治编辑由我父亲楼邦彦代理。

研究会组织了数十名知名学者研究讨论，提出了研究会对未来社会、经济、政治等问题的主张，这些观点，也成为《新路》的办刊思想。比如说"基本的政治主张是，政治制度化，制度民主化，民主社会化"；"法治必须代替人治"；"民主制度下应有并立的政党，相互批评与监督"；"民意的最后表现形式为选举，政权的转移应视选举的结果而定"，等等。

在《新路》的创刊号上，父亲发表了"当前中国的行宪问题"，针对的是国民党声称要实施"宪政"的表态，指出行宪的关键不在于政府的决心，而在于是否存在行宪的客观环境。他认为，"宪政有两个基本的假定，一是'民主'的假定，假定人民为国家政体的主体，一是'法制'的假定，假定政府的权利为一种有限制的权利。"同时还指出，一个国家有了宪法，并不是实行宪政的标志；当时日本就是一个有宪法却不实行宪政的国家，这是因为日本天皇有着"超制度的地位"，又有"军人干政"的缘故。

为了避免陷入政治旋涡，《新路》从发行之初就把主要议题放在了经济、社会和教育问题上，但是仍然两边不落好，没有躲过短命的命运。对《新路》最早的批判来自郭沫若，他把中国经济研究会的代表人物说成是"接受美蒋俸禄的政治扒手"。后来周恩来曾经对钱昌照说"那时《新路》这个刊物的论调冲淡了共产党的宣传，所以要组织力量去批判"。另一方面，因为所谓的"言论反动，诋毁政府，同情匪军"，《新路》受到了国民党政府当局的严重警告，后来干脆以"为匪宣传，诋毁政府，散布谣言"等罪名给停掉了。

四、1949 年后

1949 年后，父亲被派送到华北人民革命大学学习，交代历史问题、学习革命理论，接着，他又在北京中央政法干部学校学习，参加学员中的三反运动，为期大约一年。土改期间，有关部门组织北京的大学教授分赴六大行政区参观土改运动。他报名参加了华东土改参观团，并担任团长，参观活动历时大概一个月。参观回来后，参观团的成员在很多报刊上和教育系统的各种集会上，介绍参观土改运动的感受。参观和宣讲活动对这批教授来说，教育作用深入人心。我曾参加过一次他在红楼教室里面向大学生的报告会，虽然我当时年龄很小，但会场座无虚席的场景，给我留下了很深的印象。不过，我记得父亲也讲过，参观团每到一处，迎送活动多而长，曾使他感到过有些不适应。

1951 年初，他在钱端升和季羡林之后，被选为北京大学第三届工会主席。在那个阶段，有两件事印象深刻。一是在他当工会主席的时候，几乎天天早出晚归，到红楼的工会上班。另一件事是在任期届满卸任后，收到过几本彩色纪念册，里面的彩页上记录了工会同事深情的留言。当年我曾多次翻阅过这些纪念册，每次读后都有别样的感动。从这些留言中，我感觉到父亲是一个负责、易于相处的人。十几年后，同他谈起我偷看纪念册的事情时，他却说在第三届期满后，他还连任了第四届主席。

1952 年全国高校开始了院系调整。当时他正在中央政法干校学习，没有参加。实际上，他可能的去向，只有北京大学法律系或者北京政法学院两处。学习结束后，1953 年初，他正式调往北京政法学院，分配到国家与法理论教研室。在新校址落成之前，政法学院的校园设在沙滩校区，就是民主广场北面、包括"灰楼"在内的一片建筑群里。院系调整之后，府学胡同宿舍改成了燕京宗教神学院的校址，于是我们就搬到了红楼西侧的中老胡同宿舍。那里原来也是北大的一个宿舍区，院系调整后，集中居住了调往几所新建学院的教工，例如去中央财经学院的陈岱孙，地质学院的杨遵义和孙云铸，政法学院的徐敦璋、吴之椿、芮沐、费青、汪暄、张锡彤、于振鹏和朱奇武等教授。

在当时的环境下，对政法学科旧知识分子的任用是相当保守的。据说，1955 年前后，北京政法学院可以上台讲课的旧知识分子（又称"旧法人员"）只有雷洁琼、严景耀、芮沐和楼邦彦四个人，大多数"旧法人员"只能参加教学辅导。记得父亲谈起这个问题时，总会流露出不满情绪。

1952 年，中央成立了宪法起草委员会，针对中央提出的宪法"草案"初稿，进行讨论和修改，为提交第一届全国人民代表大会审议做准备，父亲参加了这个过程的一些具体工作。在修改工作的后期，起草委员会还组织过专家，从文字和法律两个层面进行斟酌推敲，文字组由吕叔湘先生负责，法律组的负责人是周鲠生和钱端升两位先生，父亲参加了法律组的工作。记得他曾讲过，在这个小组会上，他认识了毛泽东的秘书田家英（据说他是宪法"草案"初稿的执笔人之一），而且惊奇地发现，田家英比他本人还要年轻许多。据小组的工作人员后来回忆，这两个小组开会的环境并不好，可小组成员的工作态度非常认真，常常为文稿的修改激烈争论。

中国人民外交学会成立时，父亲被选为理事，1953 年成立中国政治法律学会，他是常务理事。1954 年宪法正式公布，1955 年他出版了《中华人民共和国宪法基本知识》，那是一本群众学习宪法的参考材料，不久，他和钱端升先生合作出版了《资产阶级宪法的反动本质》。

1954 年下半年，全国范围内掀起了对俞平伯"红楼梦研究"的批判。批判活动开始后，有关部门委派他同俞先生经常保持接触，做好思想工作。这样的安排令人费解——据说理由是他们同是九三社员，但父亲没有涉足过红学研究，同俞先生也并不是过从甚密。我记得他常常骑着自行车去俞平伯家，但是我也想不明白，他一个政治学家，怎么去做红学家的思想工作？无论如何，经过那段时间的交往，他们之间的往来也开始多了起来。那一年，作为教育界的代表，他当了第二届全国政协委员，还是全国政协教育组的副组长。

1955年推行吸收民主人士参与政府行政管理工作的政策，他被提名，担任了北京市司法局副局长，和翁独健等先生相比，他算是年轻一辈。在当时北京市法院和司法系统的负责干部中，他是唯一的党外人士，得到了其他党员老干部的支持和鼓励，工作还是愉快的。在任职期间，他最高兴的是主持筹建了全国第一个律师协会，即北京律师协会。这可能是他参与的司法建设活动中，影响最为深远的一项。父亲敢于直言的性格，在工作中常常表现得淋漓尽致。有一回他向市政法委书记冯基平汇报工作，在表达意见时，他的言语和语调逐渐激动起来，冯基平感到很诧异，对他说"你的意见提得很好，可是为什么要那么激动呢？"

当然，作为党外人士，接触不到一些核心机密而引起误会，也是难免的。反右运动初期，在一次由最高人民法院副院长吴德峰主持的批判会上，有人揭发他"污蔑"镇压反革命运动的言论，说有些反革命分子被镇压时，尚不具备必要的证据。吴德峰听到这样的言论，非常气愤。他在会上有一段严厉的插话，大意是针对镇反运动初期出现过的那些问题，正在组织力量"补救"，楼邦彦作为司法行政部门的负责人，明知这一背景，还要渲染这个问题，实属"恶毒"。在会议中间休息时，市法院和司法局党组的一位负责人特地向吴德峰作了解释，说明市法院和司法局党组没有向楼邦彦交代过"补救"工作的内情。吴德峰当即表示，要是这样的话，性质就不同了。当天批判会结束后，吴德峰特地把父亲留下，要他"认真检查，将来还要好好为党工作"。这件事情的发生，是在中央尚未正式明确对"右派分子"的政策之前。那时候，即使像吴德峰这样的负责干部，似乎也不知道将会如何定性、怎么处理"右派分子"，所以他才会说那样一番勉励的话。

1957年初，毛泽东在最高国务会议上的讲话，对他的震撼很大。我的堂兄楼庄鸿回忆说，父亲在听了报告的传达后兴奋地说，用报告中讲述的方法处理面临的各种问题，会强有力地推动国家的发展。随后，在铺天盖地的"帮助党整风"的宣传鼓动下，帮助共产党整风的积极性也被调动了起来。5月份，市司法局党组召开了整风动员大会。会上，他竟然走上讲台发言，要求全体干部响应号召，积极投身整风运动。这样，他终于成为被引出洞穴的一条"蛇"。他的主要"右派言论"包括司法工作存在有法不依、无法可依、执法不严的现象，例如，"法院有时不顾法律规定，而单凭市委的指示办案是违法的，破坏了法院进行审判的独立地位"，对知识分子，特别是旧法人员的任用，存在"宗派主义"问题，等等。随着"反右"运动的深入，北京市法院和司法局系统除一位负责人外，全部都划成了"右派"。他们的主要罪状是"反对党委过问具体案件的审理"，"要求法院独立进行审判，依法办案"，等等。

父亲被划成"右派"后就离开了司法局，派往门头沟的模式口农场参加劳动锻炼。1959年国庆十周年前后，摘掉了他的"右派分子"帽子，结束了在模式口农场的劳动锻炼，开始在九三学社参加学习。

1960年代初，由于国内的经济和国际上中苏争端带来的困难形势，中央的施政方针也出现了一些调整，父亲的工作也跟着有了变化。一方面，国内开始有计划地翻译出版一批西方学术著作，商务印书馆负责部分文史哲译著，他被分配到商务印书馆，参与校对、翻译书稿，先后参与了洛克的《政府论》、卢梭的《社会契约论》和庞德的《通过法律的社会控制》等西方名著译稿的校对任务。这是他第一次全职从事译文校对，尽管对整部书稿的校对业务，他并不熟悉，要从头学起，但他工作非常认真，与出版社的合作也是愉快的，这样的工作，一直持续了大概两年。

另一方面，文教领域里也开始批判地介绍和研究西方的学术思想。一些高校的文科专业准备增添相关的教学内容、开展批判研究。1962年，统战部征询父亲对今后工作安排的意见，他提出想回北京大学。尽管他清楚地知道，他不会再有资格重登讲台，但他仍然想在介绍西方学术思想方面做些有益的工作。但是，以什么名义在北京大学任职，是个棘手的问题，父亲错过了

1950 年代初第一次职称评定的机会，所以他已经没有了职称，后来，他随北大法律系教授参加过两次涉外活动，报纸上分别称他是法律系"教员"和"研究人员"，虽然这不是职称，但也还算贴切。

回到法律系后不久，他参加了介绍和研究资产阶级法学流派的工作。一方面要翻译外文资料，供教学参考，同时还有研究任务。他接受的第一项研究，是社会学法学流派的赫尔姆斯实用主义法学思想。这项工作的后期，在系内还讨论过几次，最终写成了文章。据父亲讲，《北京大学学报》的哲学社会科学版曾准备刊登，最后却没了下文。1965 年，父亲前往湖北孝感，参加了为期约一年的"四清"运动。

"文化大革命"开始后，他受到了隔离审查，那段时间里，只能领取他个人的生活费。1968 年，"文化大革命"进入清理阶级队伍阶段，他在被隔离审查的状态下，跟其他教工一起，到江西的鲤鱼洲五七干校，继续交代问题。那一段相当艰难，除开田间劳动外，更主要的是要接受审查、交代问题。他晚上常常要在蚊帐里、烛光下写交代材料，身心的压力可想而知。在这期间，他不仅要克服眼疾带来的障碍，还要忍受迟迟治不好的腹痛，干校的医务室诊断他得了盲肠炎，就地给他开了刀，但是疼痛并没有缓解——几年后回到北京检查，才发现症结原来是肾结石。值得庆幸的是，在结束鲤鱼洲干校的改造锻炼之前，对历史问题的审查总算宣告结束。

1970 年代初，父亲回到了北京。这以后，很长的一段时间里，根据中央有关部门的要求，他和法律系的几位老教师把相当一部分精力放在了翻译内部参阅书籍的工作上，比如《六次危机》《戴高乐传》《联合国手册》等。其中，尼克松的《六次危机》影响比较大，当时中美关系快要解冻，毛泽东点名要在尼克松访华前看。为了加快翻译，专门组织了北京大学和中央民族大学两个翻译组，两校都有一批知名教授参加，共同承担这项紧迫任务。北京大学的翻译组，除开法律系的老教师外，还有朱光潜、贺麟等先生。为了缩短编辑时间，商务印书馆提出，译文在交稿前要由父亲统校一遍。这样，出版社便可以减少一道编辑工序，节约时间，提高效率。我想，这是一种信任，也很可能是之前的 1960 年代初，他初次为商务印书馆校对书稿时建立起来的默契。

五、师长与朋友

父亲从几位名师那里，都受益匪浅。

在清华念研究生时，他的导师是张奚若先生。张奚若先生讲授的课程中，有一门他是唯一的听课学生。上课时，他就坐在先生书桌的对面聆听和记笔记。当年父亲离开西南联大去重庆一事，张奚若先生并不赞成。他明确表示过，父亲应该做学问，不适合做官。事实证明，张先生的判断是有道理的。我问过他抗战胜利后为什么不回清华，他说实在不好意思向张先生开口了。

伦敦政治经济学院的拉斯基教授对父亲人生轨迹影响很大，如果没有他的支持和理解，父亲很可能就会为了学位而深陷冷僻的研究领域，那么，1939 年受聘西南联大开比较行政法的，可能是另一位年轻人了。

另一位父亲敬重的师长是钱端升先生。钱先生对学生很好，父亲跟我说，他和王铁崖先生等人在英国留学时，钱先生出差路过去看他们，他们那些学生没大没小地和他开玩笑。抗战胜利后，钱端升先生担任北大政治系主任，1947 年，钱先生去哈佛大学讲学一年，父亲代理了系主任的工作。1948 年《新路》创刊发行时，钱先生尚未回国，没有办法做《新路》周刊"政治编辑"任务。据说，是钱先生向杂志社建议，暂由父亲代任编辑。钱先生从美国回来后，送给父亲一支派克钢笔。在我的印象里，从此之后，父亲用钢笔取代毛笔，书写各种文稿和书信的机会越来越多了，那之前他一直用毛笔，讲稿多是用毛笔写。我记得上世纪 40 年代后期才开始流行"自来水"笔，那可是时髦而宝贵的礼物。很多年后，那只笔从桌子上掉下来，塑料壳摔断了。在父亲脑瘤手术后接受放射治疗期间，钱先生曾经去看望他。在病房里见到钱先生，父亲抑制不住激动的心情，失声痛哭、泪流满面。那一幕，我一直忘不掉。

父亲很敬重钱先生。他到北大执教后，几乎每年春节，都会同王铁崖先生等人一起去看望钱先生。父亲被划成"右派"后，很少和人交往了，但他每年仍然会去钱先生家拜年。1950年代初期，中央任命了一批民主人士和资深学者出任中央部委的负责人。有一次，在谈到这个问题时，父亲脱口而出说，如果征询钱端升先生的意见的话，他是不会去当部长的。父亲之所以这样讲，是他深知办好政法教育在钱先生心目中的重要位置。

父亲和储安平同在伦敦经济学院留学，同是拉斯基的学生，他们的政治观点有浓厚的自由主义色彩。他常常称赞储安平的文笔和才华，也常常在储主编的《观察》杂志上发表文章。北平解放前夕，《观察》在上海被查封之前，为躲避迫害，储安平来到北平，处境艰难。父亲不顾自己的安危，在府学胡同北大教授的宿舍里为他找了一个僻静房间藏身，就在我家吃饭，直到北平解放。解放后，《观察》社从上海迁到北京复刊，杂志社就设在北京东四区北吉祥胡同，距离府学胡同也就咫尺之遥。父亲仍然是经常性的撰稿人。

反右运动开始以后，储安平由于"党天下"的发言，被作为"右派"言论受到批判。对此，一些知识分子感到难以接受。在6月8日人民日报社论"这是为什么？"发表的当天，《文汇报》的记者浦熙修愤愤不平地找到费孝通，请他向报界发表谈话进行评论。费孝通提出要从法律的角度来讨论，建议找楼邦彦。于是他们两人一起到北京市司法局，找我父亲交换意见。当时父亲的办公室，跟局办公室一墙之隔。他们三人的会面，当然受到了隔壁办公室干部的格外关注。父亲当时就察觉到门口有人头晃动。那天好像是周六。接下来的那个周一，父亲一上班，就看到办公室的门口贴满了揭发"右派"分子串联的大字报，对楼邦彦的揭发和批判活动就此开始。当然，这只反映了几个事件的时间顺序——对他的揭发和批判准备工作可能早已在进行中。我当天放学回家时，很奇怪他竟然先于我这个中学生下班回来了——原来他是在提笔写辞职信。

父亲的朋友中，我一直称王铁崖先生王伯伯。王伯伯与父亲一样，也是从上海转学到清华政治学系的，后来也考上庚款留英，也是在伦敦经济学院。王伯伯和我父亲后来一起在北大任教，做了几十年同事。我们两家来往很多，我的名字还是王伯伯的姐姐取的。王伯伯晚年曾经要我提供父亲的著作目录，打算做一篇怀念文章。王伯伯的这一想法令我非常感动。不过后来我弟弟从美国寄回来的书单，正是当年父亲提交给造反派，供批判和审查他"追随"第三条路线的文章目录。在当时的政治环境下，我觉得实在拿不出手。随着时间的推移，王伯伯年事已很高了，我更不忍心去麻烦他。准备好的那篇著作目录，就一直留在我手里。

我父亲有一位宁波同乡，先后是沪江大学、清华大学和伦敦经济学院的同窗，他们一起在西南联大教书，抗战胜利后，又同在北大教书，相识甚久。他能言善道，我祖父也曾乐于帮助这个出身贫寒的年轻同乡，在自己并不太富裕时，曾经资助过他，后来他从欧洲回国的船票，也是他要求父亲为他买的。1957年以后发生了几桩令人极不愉快的事情，两人的关系也渐渐疏远。"反右"斗争开始后，他杜撰了"钱端升小集团"和"大法学院"方案，早已成为政法界的奇谈。在批判父亲的"右派"言行时，他把祖父20年前对他的帮助说成"拉拢贫下中农子弟"的企图。"文革"中，又编造出40年代父亲进入蒋介石侍从室任职的"故事"。红卫兵一听这些那还得了？故事"情节"之离奇，激起了红卫兵的愤慨，使父亲遭到一顿暴打！

六、遗憾

父亲是一个思想活跃、勤奋工作的人。从中学开始就在报刊上发表文章，评论时政。上世纪40年代初回国任教后，陆续有著作出版。同时，他一直在寻求深入研究中国政治形势的机会。即使在离开学校的那段时间，他的评论和论文仍年年不断。在 1947—1948 年国内政局动荡的时期，他每年发表文章的数量达到高峰。这些文章反映了他的自由思想以及对和平、民主和公平社会的追求。遗憾的是，当年他失去了一次系统表述对那个时期中国政治形态观察的机会：1949 年，他答应美国太平洋学会写一本《国民党统治下的中国》的学术著作，在美国出版，也提交了全书的提纲，但是随后的政治形势，决定了写书的约定他根本无法履行，和其他旧知识分子一样，他忙于交代历史问题、进行思想改造、参加政治运动，更切断了同西方学术界的一切交往。

1949 年后，他的学术研究活动被各种政治运动取代。从 50 年代初，到 1957 年反右期间，他经常应约在《人民日报》、《光明日报》等报刊上发表署名文章，或撰写社论，对一些国际政治问题表达观点。为便于他了解国内外时局，破例批准他订阅《参考消息》、购买内部书籍。接二连三的政治运动带来的冲击和创伤，使父亲逐渐失去了自我，但是，尽管他只能在不断否定自己的路上挣扎前行，来努力寻找自己位置，他对于面临的各项工作却从来不懈怠。遗憾的是，他那时的政论文章大都是按给定命题写的，服务于冷战时代政治斗争的需要，不仅立题有明显的意识形态印记，观点也有鲜明的冷战思维特征，对后世来说，价值是有限的。

父亲在挣扎中，似乎也失去了原来对政治事务的洞察力和思维方式。但是，他对国际事务的关切似乎不减当年。1960 年代中后期，欧洲共同体的建设一步步向前推进。这个动向引起了他的关注，他意识到，欧洲共同体不仅是欧洲的大事件，对整个世界的政治格局和经济发展，都会有深远的影响。上世纪 70 年代初他开始着手进行分析研究，但是缺少资料，他能搜集的，主要也就是中文报刊上刊登的新闻类报道，为能获得更多的资料，他常常委托亲友提供帮助。欧共体问题是他晚年时时牵挂的事情，1977 年我的堂兄庄鸿从外地调回北京工作时，病卧在床的父亲又一次请他协助搜集材料，我出差回北京时，他也多次跟我谈起过他的手稿，甚至让我把他放在某处的手稿拿给他看，我非常为难——他不知道，历经辗转动乱之后，很多手稿早就不知去向了。

每当我看到他保存相关手稿的文件夹、整齐剪贴的报纸时，都会被他的激情和执着感动。遗憾的是，作为欧共体研究的一个孤独的先行者，他只能止步于艰难的资料搜集和对事态发展的追踪。

七、病痛

从上世纪 60 年代中期开始，父亲出现了视力下降问题，看书距离越来越近，眼科医生的诊断是晶状体混浊和眼底黄斑部病变。他从鲤鱼洲返回北京后，工作任务十分繁忙，一直没有时间关注和接受治疗，一直到《六次危机》的翻译任务结束后，才开始住院治疗。当时的公费医疗医院采用了激素治疗的方法，但长时间服用激素的疗效并不好，副作用却开始出现，他不但明显发胖，还开始头痛。在这个关头，1975 年 10 月，母亲把弟弟庄伟和我从外地叫回北京，我们陪父亲到协和医院的眼科，协和的医生在眼底常规检查中发现，他的眼底有明显的乳头水肿现象，这是典型的颅内压力增高或病变症状。也就是说，在相当长的一段时间里，原来的医院漏检了。

父亲马上去宣武医院的神经科做了全面检查，很快被确诊是右颞叶脑肿瘤。就在等住院床位的时候，病情突然恶化，紧急送往宣武医院进行了脑外科手术。为了不影响术后的正常活动，肿瘤病灶没有全部切除，接着又在北京肿瘤医院接受了放射治疗。手术和放疗都很成功，随着放疗的进程，他的身体情况也明显好起来。他的意志十分坚强，出院后不久就开始行走锻炼，接着恢复了每天打太极拳的习惯。1976 年夏天，还徒步游览了颐和园后山。显然，他对恢复健康和重新工作充满渴望，但这与他身体的实际状况并不相称。不过，他热爱生活和向往工作的追求，始终是我们兄妹的榜样。

在母亲和妹妹的精心照料下，父亲与病魔搏斗了将近五年时间，他 1979

年 9 月去世，终年 67 岁。就在去世前不久，他的右派问题得到了"改正"。北京大学在建校 80 周年前夕，重新"确定"了他的"教授"职称。

八、追忆

我从小就有一个深刻的印象，父亲用过的废旧稿纸很多，上面书写的字体漂亮极了，而且他下笔成文的内容极少改动。我念小学的时候，时常把这些用过的稿纸反过来订成册，作为草稿本来写字、算数，而且还特别喜欢模仿他那工整、大方的颜体字。他的这种书写特点一直是我追求的目标。

我上大学之后，很少住在家里，同家里通过书信交流的机会不算少。父亲给我的书信，有不少是针对我成长过程中出现的各种问题写的，在谈不同的问题时，往往都晓之以理，动之以情地启发或者警示我，并且常常还有生动的警句，令人久久难忘，对我的人格和处世态度，有重要的影响。可惜那些年频繁搬迁、居无定所，这些书信都没能保留下来，失去了值得珍藏的"家书"和值得传承的理念。真可惜！

1957 年以后各个阶段的生活中，父亲不仅经历了只身在外接受改造、再教育或接受审查的艰难日子，也尝到了只有周末才同家人团聚的孤独生活。但是，他始终是一个有事就要一吐为快的性情中人。家里慢慢形成了一个习惯，周末团聚的时候，每人都介绍过去几天里各自经历的事情，这往往是大家极为开心的时刻。"文化大革命"初期的周六晚上，又成了父亲介绍北大"文革"动态和他身边发生事情的机会。这样的谈话常常会持续到深夜，直到母亲走出来，制止我们说："太晚了！"那个阶段，我周末大都会回家的举动，招致了个别同事的非议，他们提醒我，要从"与家庭划清界限"的高度来认识这个问题。但是我一直认为，周末回家是无可指责的。一方面，父亲他需要与家人深入沟通的机会，另一方面，在交流中，我也更全面地体会了他的思想方法，更深入地了解了他的品格和为人。现在想起来，我在努力尽责的同时，更是获益良多。

父亲一生，对工作和事业认真、执着，对人热情、诚恳。他因为眼疾住院的时候，还常常帮助服务人员打扫病房卫生，为病友送开水、做思想工作、鼓励他们积极地面对生活。令我惊奇的是，若干年后，竟然还有一位农民病友风尘仆仆地从远郊区赶来参加他的追悼会。

在最后的那段孤独的日子，父亲还常讲起，1957年那场运动使他成了一场"阴谋"的牺牲品。这种观点在上世纪70年代末期还算是比较流行的。章诒和在《往事并不如烟》里，写到楼邦彦的几处还是准确的[1]。然而，同该书作者的父辈对毛泽东行为的理解和推理深度相比，父亲的思想受到环境的羁绊要明显得多。他年轻时追求的自由主义思想方式，早已荡然无存了。

父亲早早地去世，也使得他过早地被淡忘了。我曾经听到他的朋友用几乎相同的词语缅怀他：用"太可惜了"描述他过早的离世，用"人才难得"描述他的才干，用"平易近人"描述他的为人，用"仪表堂堂"描述他的风度。每当听到这些评价的时候，我百感交集，不知道是慰藉、还是酸楚的成分更多一些。

整理者手记

楼邦彦先生是清华政治学系的早期毕业生之一，与王铁崖先生同为人数甚少的庚款留学政治学学者。他回国后曾在西南联大政治学系任教，从大学时代起就开始发表论文，他出版的论文和作品之多，在同时代的学者中也很醒目。但是关于他的资料却非常少，连照片也难寻一张。几年间，多方寻找，多方联系，仍然难觅踪迹，他和他的家人，仿佛已消失在茫茫人海。

---

1 "他每周到九三机关办公两次，并事先打电话告诉既是好友、也是九三成员的袁翰青、楼邦彦，希望自己去上班的时候，他们也能去。""储安平说：'全国政协在北京西南郊的一个叫模式口的地方，搞了个劳动基地。第一批下放锻炼的，大多是右派和历史上不大干净的人。九三中央第一个点了我，还有楼邦彦'。"章诒和：《往事并不如烟》，人民文学出版社2004年。

有一天，偶然遇到经管学院的钱颖一教授，不知怎的说起找不到楼氏资料一事，孰知他答道："他是我舅舅，我上清华后，还去过他家。"

按他提供的楼先生长子楼秉哲的联系方式，电话过去，那头的楼秉哲先生非常激动，他第三天就要出国，于是就约了第二天一大早访谈。世间事，居然就这么巧。

楼邦彦先生 1979 年谢世。前几年，长子觉得自己年长，总归要先走，于是把父亲的照片和简报等资料一分为二，让在澳洲的妹妹保管一部分，在美国的弟弟保管另一部分，以备将来之用。考虑周到的他没有想到，叙述父亲一生的时刻，来得比预想的早得多。对父亲的一生，他显然已在头脑中无数次思考过，一生在高校任教、做过陕西机械学院院长、北京机械学院院长的他，归纳与总结的能力非常强，他的叙述基本上一气呵成，极为完整。

在"文革"结束，获得平反，他同时代的学者们纷纷重出江湖之际，楼邦彦的生命戛然而止。他所有的才华、抱负、激情，都随着他的离去而永远消失，他既没有像王铁崖先生那样，等到了 1997 年出任海牙国际法院大法官的时刻，也没有像龚祥瑞先生那样，把自传留给学生在身后 16 年出版。当日他在病床上和恩师钱端升抱头痛哭的一幕，是他对自己学者命运的最后表达。这个张奚若看重并给过高分的学生，这个钱端升一心想培养成和王世杰一样的宪法大师的学问胚子，在时代的风浪中，却将生命与才华这样匆匆熄灭，零落成尘。黄仁宇在《中国大历史》中提及"事实之衍化对我们个人不能如意"，阅读时并未深思，俟此文完稿，再看黄先生此话，方知道这句平淡的话所含分量。

在讲述父亲"文革"中的遭遇时，70 多岁的楼秉哲先生禁不住热泪盈眶。在初冬寂寂的会议室里，面对痛哭失声的长者，我默然停下手中的笔，想，当年清华园年轻的优等生楼邦彦，怎么会想得到世事的桑田沧海？人无法选择自己所处的时代，可奈者何。

楼秉哲先生寄来的最终修订稿，既出人意料，也令人敬佩——既有明确的科学家态度，也有对父亲晚年思想局限性的反思。

10　春蚕到死丝方尽

王依、王莉、王亭口述：我们的父亲王铁崖[*]

王铁崖（1913—2003），福建福州人，原名庆纯，号石蒂。少时在福州接受私塾教育和西式教育。1929年考入复旦大学，初修外语，后改上政治系。1931年转学入清华大学政治系。1933年本科毕业后被保送进清华研究院，师从王化成和周鲠生。1936年获法学硕士学位，同年通过庚款留学考试，次年赴英国伦敦经济学院，师从劳特派特研读国际法。1939年回国短期出任《世界政治》杂志编辑。1940年到1942年经周鲠生邀请，受聘于武汉大学。1942年转往重庆中央大学，同年与王彩女士结为伉俪。1946年，受周炳林和钱端升邀请任教北京大学政治系，1947年继钱端升之后任政治系主任。

1952年院系调整后，北京大学法律系和政治系被取消，应翦伯赞邀请受聘历史系，讲授国际关系史，并担任国际关系史教研室主任。1956年北京大学法律系恢复，转到法律系，任国际法教研室主任。期间完成三大卷《中外旧约章汇编》。1957年被划为"右派"，直到1964年，在此期间编辑《海洋法资料汇编》，翻译凯尔森《国际法原理》，与陈体强等翻译《海上国际法》。1971年到1977年之间与陈体强合译第八版《奥本海国际法》。1979年与魏敏在《人民日报》撰文呼吁重视国际法，同年在北大首创国际法本科专业、参加中国代表团出席联合国第三次海洋法会议。此后在数十所国外著名大学讲学、出席数十次国际学术研讨会，组织主持海牙国际法学院在北京的海外讲习班；发起举办"太平洋地区与国际法"系列国际学术会议；在海牙国际法学院夏季讲习班讲授《中国与国际法》；

* 口　述：王依、王莉、王亭（王铁崖长女、次女、三女）
　地　点：清华大学明斋
　时　间：2013年6月3日

主持召开"国际法教学和研究国际研讨会";倡议开展中加人权合作研究项目;出席纽约纪念联合国五十周年世界大会;发起组织中国第一次国际人道主义法国际研讨会。1980 年协助宦乡创立中国国际法学会,后任会长。1981 年主编了新中国第一部国际法教科书。同年加入中国共产党。1982 年与陈体强创办第一个中国国际法学术刊物《中国国际法年刊》,担任主编。次年在北大创立国际法研究所,并于 1983 年当选为全国政协委员。1985 年到 1990 年,被人大常委会任命为香港基本法起草委员会委员,1987 年当选国际法研究院院士(第一个中国籍院士),同年还当选世界艺术与科学院院士。1988 年被"建立国际刑事法院基金会"授予"著名国际法学者"名誉奖状。1993 年当选为国际常设仲裁法院仲裁员。1997 年在联合国大会上当选为海牙前南国际刑事法庭大法官。此外还担任美国《海洋发展与国际法》杂志编委,亚洲学会理事会国际理事,主编全国教科书《国际法》,与陈体强组织编写《中国大百科全书·法学卷》中的国际法词条,出版《英法汉国际法词汇》《王铁崖文选》,主编《中华法学大辞典·国际法卷》,主译第九版《奥本海国际法》,绝笔之作为《国际法引论》。

我们的父亲王铁崖 1913 年 7 月出生在福州一个书香之家，十个兄弟姐妹中他最小。他的原名是庆纯，取"十弟"谐音，号石蒂，进入中学前他改名"铁崖"，据说因为他的命里缺金，缺土，他姐姐替他改的名。父亲的两个姐姐都精通琴棋书画，是当时福州的才女。

一、热爱国际法之根源

我们的祖父王寿昌[1]，是福建马尾船政学堂的第三届留法学生，在法国巴黎大学（法学部）律例大书院，攻读了 6 年万国公法和法语专业。他对中国古文也有很深造诣，留有《晓斋遗稿》一书。由于他的文学造诣和法文基础，他曾和林纾（琴南）合译出版了小仲马的《巴黎茶花女遗事》，这部书的出版可以说是中国近代翻译界的一件大事，后来他又翻译了《计学浅训》一书。

辛亥革命后（1912 年），祖父任福建省外交特派交涉员，后担任福建交涉司司长，在日本帝国主义对福建省扩张时，上书中央，痛斥"廿一条"对中国主权的侵犯。父亲的堂兄也派驻比利时当公使，参与处理 1925 年国际常设法院有关中比不平等条约的案件。幼小的父亲也看到祖父和日本领事的激烈争论，并从他那里接触到大量西方进步刊物，这些都给父亲留下深刻印象，也是父亲走上法律之路的根源。

1　王寿昌，字子仁，号晓斋，闽县（今福州市）人。十五岁时（1878 年）考入马尾船政前学堂制船科，成为该学堂制造班第三届毕业生。1885 年被选拔留学法国巴黎大学，专攻法律学并专修法文六年。1897 年毕业回国在马尾船政学堂任法文教习。不久，清廷修建京汉铁路，向法国借款，他任总翻译。京汉铁路建成后被调往汉阳兵工厂任厂长，为湖广总督张之洞所器重。民国元年（1912 年）任福州交涉司司长，负责对外交涉。王寿昌在法留学期间阅读了大量西方文学名著。归国时，带回多部法国小说。光绪二十三年（1897 年），王寿昌与林纾谈起小仲马的名著《茶花女》，并建议与林合译。林纾不通法语，由王寿昌口述原著情节，林纾笔录。书名为《巴黎茶花女遗事》，以王、林二人的笔名晓斋主人冷红生于光绪二十五年（1899）首版发行。

二、不平坦的求学之路

祖父虽然去西方留过学,但给儿子小时候的教育却很传统。在 12 岁之前,父亲一直在家中接受私塾教育。父亲自小是一个聪明的孩子,背书很快。我们的九姑说"十弟最聪明,从未因为背不了书而挨打"。父亲说私塾教授课给他最大的益处就是扎实的中文基础和超强的背书功底,这些对他后来的学业有帮助,他在 50 年代俄语突击学习中名列前茅,在文化大革命中也没有因为背不出语录而挨打,都跟小时候的"童子功"有关系。

可是好景不长,1925 年因时局的变更,祖父的官职被罢免,家境逐渐衰落。因为经济条件,祖父只好辞退了私塾教师,送父亲进入英华书院上学,英华书院是教会学校。1926 年祖父去世了,1929 年父亲又从教会学校转到公立学校(福州第一中学)继续求学。不过由于他的父亲、伯父和堂兄都是留法的学生,所以他最早接触的外语是法语,后来才开始学习英语。父亲一直认为,要学好国际法,一定要有扎实的外语基础,所以他幼年和少年时学习外语的经历,为他以后学习国际法奠定了良好基础。

父亲高中毕业后,考入上海复旦大学西语系,后又转到政治系,这不单是因为学术的爱好,也是从小深受我们祖父的影响以及有强烈的抗日情结。后来他认为北平(现在的北京)的学术环境更好,故而在 1931 年经过考试转到北平的清华大学政治系。1933 年父亲本科毕业时只有 20 岁,因成绩优异被保送攻读研究生,师从王化成先生学习国际法,后又得到周鲠生先生指导。1936 年他在通过论文答辩后,获得了法学硕士学位,实现了多年想要继承父业的心愿。

为了进一步深造,同年父亲考上"庚子赔款"留学生。他接受了周鲠生先生的推荐,去了英国伦敦政治经济学院,师从国际法学家劳特派特教授,继续研读国际法。但一年后劳特派特教授升任剑桥大学讲座教授,因此父亲只好偶尔到剑桥去请教。后来给他指定的导师史密斯教授的政治态度与父亲截然不同，但是他是战争法的权威，又同意指导父亲进行研究工作，所以父亲接受了他的安排，可是1939年二次世界大战爆发，父亲的奖学金停发一年，他只好终止学业回国。

父亲的求学之路并不平坦，不过在清华的六年时间里他受益匪浅，尤其是清华的师资队伍很强，有像陈岱孙先生、张奚若先生、钱端升先生、王化成先生等学术大家。父亲说清华的精神就是"认真"两个字，虽然父亲说他并没有完全学到，但清华"认真"的精神使他终身受益。父亲曾经提到他写论文时需要一本法国和一本德国的参考书，告诉图书馆管理员后，管理员说图书馆没有，但是可以帮助他买，不久之后果真就买回来了。这种情况，就是现在恐怕也很难办到。

三、坎坷的教学生涯

父亲一辈子有三个"上心"：对专业上心、对教书上心、对学生上心。他对教书这一行业可以说是情有独钟。建国初期，他以专家身份参加了我国派驻联合国代表团的筹备工作，得到当时的代表团长张闻天的特别赏识，后来由于美国的阻挠，代表团未能成行，那时他有机会调到外交部工作。多年后我（王依）问他为什么不去外交部工作，他说他喜欢教书。但父亲从乐山武汉大学开始他的教学生涯后，可以说一路坎坎坷坷，几经风雨。

在乐山武汉大学工作期间，父亲忍受不了激烈的派系斗争，转到重庆中央大学，事实上那儿的状况并不比武汉大学好，除了学术派系斗争，还掺杂了政治影响，虽然父亲对那里的状况仍然不满，但也没有更好的选择。

1946年父亲接受了当时北京大学法学院院长兼政治学系主任周炳琳教授以及政治学系钱端升教授的邀请，来到北京大学政治系，教授国际法、外交史以及条约法等课程。新中国成立后，当时担任北京大学政治系主任的父亲认为："新中国给国际法的学习和研究以广阔的天地，特别是因为国际法研究者有了参加实际工作的机会，使理论与实践能够较好地结合起来。"他有幸参与了新中国第一部宪法——"共同纲领"的起草。

1952年全国院系调整后，北京大学取消了政、法两系，父亲只好接受翦伯赞先生之邀转到历史系教授国际关系史，虽然父亲离开了他喜爱的国际法教学，但毕竟国际关系史和国际法还有千丝万缕的联系。早年求学时他就说过："除了要重点学习和研究国际法，同时也要注意学习和研究国际关系史，特别是帝国主义国家侵略中国的历史。我始终认为，学习国际关系史（当时叫做外交史）是研究国际法的必要条件，没有国际关系史作为基础，国际法的研究很容易陷于抽象而脱离实际。"在历史系工作期间，父亲开始编著《中外旧约章汇编》，收集了中国自1689年尼布楚条约到1949年与外国所签订的1182个条约。全书共分三卷，共340万字，父亲为此付出了十几年的心血。

1956年北京大学恢复了法律系，父亲调回到法律系并担任国际法教研室主任，这样他又恢复了以国际法为重点的教学研究工作。正当他满腔热忱准备在学术领域大有作为之时，1957年反右运动开始了，他被划为"右派"。此后将近十年，他被剥夺了他所热爱的国际法教学和科研的权利，到图书馆整理资料。作为一位深深热爱教学的教师却不能教书，父亲痛苦的心情可想而知。

右派摘帽后，1964年恢复了父亲的教学和研究工作，但还未等他走上讲台，文化大革命开始了。10年浩劫，父亲历经种种磨难。他被关过"牛棚"，挨过批斗，被强迫承认是特务，并下放到南昌鄱阳湖农场，接受精神和肉体的折磨，直到1971年农场解散。但回京后，他仍然只能继续参加劳动。

1977年，文化大革命结束后，父亲真正获得平反重返讲台，那时已经是65岁高龄了。

四、为国际法事业孜孜不倦

父亲热爱国际法事业，即使在逆境中也从未放下过。1957—1964年，他编辑了一本《海洋法资料汇编》,自己翻译了著名国际法学者凯尔森的著作《国际法原理》,并和陈体强、王绍坊等教授合作翻译了《海上国际法》。1971—1977 年间,他与陈体强教授合译了一部世界著名的国际法著作——第八版《奥本海国际法》。这些学术成果得之不易,日后都获得了它们应有的学术地位。

党的十一届三中全会以后,国际法学开始出现了生机,父亲不顾年老体弱,积极参与到中国国际法事业的重建中。

1978 年他开始主持国际法教研室的工作,并招收了第一批国际法研究生。1979 年他在北大法律学系创立了全国第一个国际法本科专业,并在全国招收第一批国际法本科生。1980 年他协助宦乡教授成立了中国历史上第一个国际法学会,始任副会长,1991 年任会长,2000 年后任名誉会长。1980 年他还参加编纂《中国大百科全书·法学卷》的杭州会议,此后数年间跟陈体强教授一起组织编写国际法词条。1981 他组织全国的力量编写了中华人民共和国成立以来的第一本国际法教材,同年还编写了《英法汉国际法词汇》。1982 年他和陈体强教授创办了中国历史上的第一个国际法学术刊物——《中国国际法年刊》,并共同担任主编。1983 年他在北京大学创办了全国第一个国际法研究所,并作为我国第一批博士生导师,在中国开始招收国际法的博士生。1995 年他主编了全国教科书《国际法》第二版,获得全国文科教材一等奖,同年还组织翻译和出版了第九版《奥本海国际法》。1996 年他主编出版了《中华法学大辞典·国际法卷》。1996 年他出版了专著《国际法引论》,获得了吴玉章特等奖。

父亲非常重视教学工作,认为不讲课的教师就不是真正的教师。他坚持亲自为学生授课,八十二岁时还为法律系的本科生讲授国际法课,并经常在课外给学生开小灶。母亲说父亲讲课是不用讲稿的,但记录下来几乎不用修改就是一篇好文章。1997 父亲当选为前南斯拉夫国际刑事法庭法官,那时他还带有十个国内外的博士生。

改革开放后,父亲不顾年事已高,多次出国参加各种国际会议,访问多国的多所大学，讲学，演讲，建立学术关系，以加强和各国的国际法学者广泛接触交流。为了提高我国国际法专业水平，父亲积极邀请外国专家学者来我国访问和讲学，积极派遣学生出国学习深造，目的就是为了更多更快地培养出具有世界水平的国际法人才。

父亲说改革开放后，中国在世界上的地位不断提高，在国际舞台上发挥越来越大的作用，国际法的重要性也突现出来。父亲希望在有生之年为国家培养出更多国际法人才。

五、为祖国赢得荣誉

1979 年父亲参加联合国海洋法会议，因为同声传译坏了，只好用英文直接发言，那时中国刚对外开放不久，外国人都不了解中国，但无论他的英文水平还是他的论点都使现场的所有人折服。

由于父亲对国际法的执着和热爱，在国际上获得很多荣誉。1987 年父亲当选国际法研究院院士，在这一年他还当选为世界艺术与科学院院士。1988年美国洛杉矶的"建立国际刑事法庭基金会"授予他"著名国际法学者"名誉奖状。1989 年，父亲被海牙国际法学院聘为客座教授。

为庆贺父亲 80 寿辰，加拿大多伦多大学麦克唐纳教授发起并编辑了一本由 59 位来自二十几个国家的著名国际法学家撰写的《王铁崖纪念论文集》。父亲说这是他一生中所获得的最高的殊荣。

对于这些荣誉，父亲认为："这些荣誉不仅是属于我，也代表着世界对于中国国际法研究的认可，也是北大和中国的荣誉"，他为祖国赢得了荣誉。

在父亲即将 90 岁生日到来之际，2003 年 1 月 13 日的《法制日报》法制时空版报道了：2002 年 11 月，在海牙、伦敦和纽约同时出版的世界国际法学界的重要杂志《国际法的历史》出版了父亲的专辑。父亲当年留学的英国伦敦经济学院的老师、前联合国国际法院院长罗伯特·詹宁斯爵士为此写了前言，他说："王是世界国际法领域里一位杰出的、有影响力的国际法学家。更重要的是，王是他的国家在该领域最杰出的代表，王对当代国际法的独特贡献，让我、也让这个世界有理由相信，一个正在飞速发展、在国际上的影响力与日俱增的伟大国家，在共同创建国际法的未来中必将占有重要的和不可替代的一席。"此时，父亲也即将走完他的一生。我们觉得，此前言可以说是给父亲呕心沥血的国际法事业的一生画上了完美的句号，也是对我国国际法事业在世界中的地位的肯定。

六、正义、爱国的情操

父亲年少时就受祖父的爱国的影响。上高中时，他目睹了自己的老师因为是"共党"而被杀害的过程，对国民党产生了憎恨。进入复旦大学后，他在课下组织出版抗日进步刊物《闽潮》，但出版了两期之后便被校方查禁了。他刚转到清华大学，就爆发了"九一八"事变，父亲积极参加了学生救国运动。当时父亲孤身一人到北京在清华大学就读，受到哥哥朋友的照顾，那时哥哥的朋友已经开始阅读马克思主义著作，父亲从那时就开始认识乔冠华等一些清华进步学生，在他们的影响下，他开始接触了马克思主义。

留学期间，他的导师不理解他为什么对条约问题那么有兴趣，父亲说："事实上，道理很清楚，旧中国受帝国主义的压迫和欺侮，国际法在中国并没有什么实际效力，而在中国的对外关系中，重要的国际法问题是废除不平等条约及其所引起的种种问题。"从这里也可以看出，父亲希望从法律的角度维护国家的尊严。

父亲在留学回国后亲历了旧社会的战乱，看到老百姓流离失所，食不果腹，他作为一个大学教授都不能养家，经常要举债度日，这些使他对国民党统治下的旧社会失望至极，更增加了对新中国的向往。父亲到北京工作后，当时国民党已经接近末日，他积极参与了起草传单，罢教等各种活动，为此也上了国民党的黑名单，但在进步学生保护下，未遭毒手。解放军进城之时，他徒步从东城府学胡同走到西直门欢迎。袁翰青的女儿袁其采在《父亲与北京》的文章中写道："北平历史上还有这样的记载：1949 年 1 月 14 日，傅作义在中南海的勤政殿宴请多位教授，就和平解放北平坦诚交换意见，九三学社出席的有父亲和黄国璋，知名人士徐悲鸿、王铁崖教授等人也到会。大家一致主张和平解放北平。可以说，为了北平的和平解放，父亲与在场的教授们也曾贡献出了一份力量。"可惜现在我们已经没有办法亲耳听父亲谈论此事的情况了。

解放后父亲多次参与国家外事等活动，有幸和周总理握手，并参加了总理的宴请，他拿回一个插座位名片的金色五角星夹子，一直珍藏，但文化大革命抄家时不知去向了。很长时间后他想起这件事都觉得很遗憾，因为他认为那是荣耀的象征。

父亲早在 1950 年代中就曾积极要求入党，但由于当时没有找到可以证明他历史的人，所以无法通过入党申请。

1957 年整风运动开始，父亲发表了"肃清官风，发扬学风"的讲话，这只是一个学者的心声，他的初衷是希望能给学者更好的学术环境，并呼吁重视人才的使用。所以反右斗争开始，父亲从不认为自己会有什么问题。他积极参加运动，可是没有想到自己最后竟也成为"右派"。一个积极要求进步的教授成为了反党反社会主义的阶级敌人，从此他的生活和工作都跌到谷底，但就是在这种情况下，我们也从没有听到他对共产党和社会主义有一句怨言。

1981 年父亲加入了中国共产党，终于实现了他多年追随共产党的夙愿。

父亲虽然不是一个政治家，但他正义、爱国和爱党的情操贯穿了他的一生，也贯穿在他的教学和学术研究中。

七、朋友与同道

父亲有很多朋友，但是 1957 年反右之后，父亲成了右派，为了不牵连别人，就不和他们来往，"文革"结束后，才和朋友又有了来往。

1960 年代，父亲每次进城开会，会后都会和梅汝璈先生两人去东安市场的起士林饭馆小聚，梅汝璈先生 70 年代就去世了，他的女儿梅小侃后来成为父亲的学生，很能干，事业有成。父亲和梅汝璈都葬在北京的万佛陵园。

杨人楩先生是父亲先后在武大和北大的同事。在北大府学胡同宿舍的时候，我们就住在他家对面，他家非常整洁，杨人楩先生也很幽默，他家没孩子，但他很喜欢孩子，常常和我们开玩笑。

李浩培先生是父亲的朋友和同行。他从海牙离任要回国的时候，父亲去海牙接任，当时他因为感冒生病在海牙住院，父亲还去医院看过他，不料没过几天他就去世了，后来我们看了报道才知道居然是一位荷兰护士杀害了他，太不可思议，也太意外了。

父亲的朋友中，楼邦彦伯伯和陈体强叔叔给我们留下了深刻的印象。楼伯伯是父亲清华的同学，和父亲有着几十年的友情，好像我母亲结婚时的婚纱还是借楼伯母的。年少的我们也把和父母去楼伯伯家串门当成乐事。因为楼伯伯和蔼可亲，使我们没有拘束感。父亲很赞许楼伯伯的学识，他生病住院期间曾口述"楼邦彦是很优秀的学生，很得到老师的赏识。张奚若老师曾在课堂上给他难得的优良成绩。钱端升老师就很注意培养他研究宪法，有意把他培养成为当时中国三大宪法学家之一：王世杰，钱端升，楼邦彦。"父亲也很敬佩楼伯伯的夫人胡宝玉伯母，他说："他们结婚五十多年相爱甚笃，楼邦彦卧病期间胡宝玉尽力照顾，特别是最后一年多楼邦彦卧床不起，再加上两男一女需要培养，十分辛苦。我认为她是一个真正的贤妻良母。她于 1999 年冬天世逝，当时我在国外工作未能参加她的葬礼，追述楼邦彦之时，也对她表示哀悼。"虽然父亲没能参加楼伯母的葬礼，但是我们姐妹三人都去送楼伯母了。

陈体强叔叔也是父亲在清华读书时认识的朋友，在国际法学界有很高的威望，在中国国际法理论史的研究中的造诣很深，父亲也经常在我们面前夸奖他,尤其佩服他的文笔。在逆境中他们一起翻译了第八版《奥本海国际法》。

他们惺惺相惜，一起讨论国际法中的问题，说到动情处，我们就会听到陈叔叔爽朗、响亮的笑声。我们还记得夏天陈体强叔叔经常穿浅蓝色的短袖、短裤和老式的黑色皮凉鞋，个子很高。他去世的消息传来时，父母觉得非常突然和震惊，特别伤心，那时他才六十多岁。父亲为陈叔叔去世后不久出版的《陈体强国际法论文集》做了一篇非常深情的跋文。

楼邦彦伯伯和陈体强叔叔都过早的离世了，多年后，每当提及此事，父亲仍惋惜不已，是父亲的一个心结。

八、师生情谊

父亲的老师陈岱孙先生、张奚若先生、钱端升先生和周鲠生先生都是学术大家，父亲一生都很敬佩他们，敬佩他们的学问，敬佩他们的为师之道，也以他们为榜样。陈岱孙先生住在北大，父亲与他来往较多。钱端升先生住在城里，父亲每年看望他的次数不太多，但会打电话问候。周鲠生先生可以说是中国国际法的鼻祖，父亲曾经说过，目前国内还没有人的著作能够超越他。当年父亲考上"庚子赔款"的留学生后，该奖项要求获得者出国前在国内由导师指导进修一年。周鲠生先生是当时中国最著名的国际法学者之一，父亲读研究生期间已经阅读过周先生的全部著作，并非常敬仰周先生，所以就选择了周先生作为指导老师。张奚若先生原是外交学会会长，听父亲说反右前跟他接触较多，反右后父亲与学会脱离了关系，就跟他没有什么来往了。在张奚若先生 100 周年时，父亲曾写了文章纪念。

身为教师，父亲一生教人无数，他的早期学生端木正先生、薛谋洪先生、赵宝煦先生、夏吉生先生等经常来我家。父亲一生以学生为友，经常请学生吃饭，如果写信，开头都称某某兄，结尾以铁崖签名。父亲有一个忘年交邓正来先生。父亲写信称呼他"正来兄"，我们就一直以为他是个老先生，却没想到他是父亲的学生辈！《王铁崖文选》是父亲让他编的，编得很好。《王铁崖学术文化随笔》也是他编的。他并不是父亲的学生，是李浩培先生在外交学院带的研究生，没想到才五十多岁就去世了，真可惜。

　　只要是积极上进学习的学生，父亲都诲人不倦，尽其所能，尤其晚年，他把全部精力投入到培养学生中，他鼓励学生出国留学，扩充眼见。他没有门户之见，只要认为学生优秀都会替他们写推荐信，甚至出谋划策，帮助他们申请奖学金。

　　父亲平时虽然和蔼可亲，但在教书育人上绝对严格要求。他告诫后辈学者要耐得住寂寞，得坐得住冷板凳。他的一个学生，花了一个学期的时间翻阅古籍资料，写心得笔记。对外语基础好的学生，他鼓励他们读原版外文书籍，并给以辅导。他认为要学好国际法，外语基础很重要。在要求"红专"的年代，母亲劝他不要这样说，父亲就很坚决地说："我就是这样看的，不会改变。"对学生的困难，无论是学习上的还是生活上的，他都尽力帮助。父亲早期的学生薛谋洪先生和高尔森先生就曾回忆过父亲对他们的帮助，为了能让学生留在北大执教，他也不辞辛苦，多次找领导协调。

　　他的学生评价他对学生的关爱和重视甚至超过家人。他在住进中日友好医院前的两个小时处于睡眠状态，而且越睡越深，最后家里的人谁都叫不醒他。在情急之中我（王亭）突然想到他最喜欢接听学生的电话，所以就让他的学生给他打电话。他听说是学生打电话找他，竟然吃力地睁开眼睛跟学生说话！很快他就被送进医院进行抢救。后来我们从医生那里知道父亲不是在睡觉而是已经处于半昏迷状态，但是即使在他生命垂危的时候学生对他的影响都是非凡的，可见学生在父亲心中的分量是非常重的。

九、生活点滴

母　亲

　　祖母是祖父的最后一任夫人，前两任夫人都因病去世了。父亲是家中最小的孩子，深受祖母的宠爱，每次家里请人吃饭，客人走了，剩下一些好吃的食物，祖母就会把已经睡着了的父亲叫醒，给他吃，父亲说他迷迷糊糊地都不知道吃了什么。平时祖母也经常给他光饼吃，光饼是戚继光为战士们做的一种干粮，父亲总说光饼好吃，我们也很期望能吃到好吃的光饼。终于有一回他从老家带回来一些光饼，可是吃后，我们都觉得一点也不好吃，看来父亲认为光饼好吃是因为光饼代表了他对母亲甜蜜的回忆。

祖父去世后，家庭重担全落在祖母的肩上。虽然当时家境很不好，而且他也只有16岁，祖母仍竭尽全力供他去上海复旦大学读书，所以多年以后提及此事，父亲非常感谢他的母亲，称她是伟大的母亲。

解放前，父亲回过故乡福州，他最后一次回福州是从江西鲤鱼洲干校回北京前。当时祖母已经有些糊涂了，她一定要把她身下的凉席给父亲，有人说要把常用的东西遣发出去可能要不久于人世了。果然她不久就去世了，但是父亲并没有能够回去。

房子和书

父亲一生生活俭朴，对生活没有任何要求。院系调整后，因为工作关系，父亲是最后从北大府学胡同宿舍搬出的，这时候北大中关园宿舍已经没有100平米的大房子了，就给了他两套50平米没有暖气的平房。那平房每套都有6间，两套100平米一共12间，都是非常非常小的房间。他晚年的时候北大分配他到院士楼居住，对新分到的房子他只来得及看了一眼毛坯房就住进医院了，之后再也没有出来，那房子他也没有住上。

我们住的中关园一公寓的房子是临马路的，后来凭借父亲的地位，想搬到较好的住所应该是没有问题的，但父亲从未想到要搬家。听母亲说过，如果有人对分到临马路的房子不满意，领导都会用我父亲的状况进行说服。

父亲的书房大约18平米。书很多，书房的书，是按科别分的，有政治、历史（国际关系史）、外交、法律等。他平常工作的时候，桌上会放很多资料，虽然东西很多，但并不凌乱，他自己心里有数。他的书桌谁都不能动，他说一动他就找不到东西了。父亲的大部分书在他从海牙回来后就捐给清华法学院了，捐了之后他还去清华参观过。看见学生们在看书，他很高兴。

金　钱

父亲对金钱没有欲望，从不过问家中钱的去向。

父亲总是尽自己所能帮助他人，早在清华读研究生时，他收入微薄，尽管如此，他除了供养母亲还接济自己的姐姐，也曾帮助过自己的侄子。

1950 年代中，外祖父母和小姨都和我们住在一起，如此加重了家中的经济负担，但父亲也从无怨言，反而照顾有加，困难时期还从微少的特供中分给外祖父。家中从未为经济问题发生过冲突。

父亲不在乎吃穿，他虽是福建人，但是南方菜北方菜都能吃。有时菜做咸了，他也不在意。

父亲也不计较待遇。有一次父亲作为代表团团长去韩国开会，那时中国还没有和韩国建交，由于他有其他安排，需要提前回国，在办理回国机票时，韩国人觉得他是团长，不应坐经济舱，就给换成了头等舱。回国后，我（王依）问过父亲，出国前你为什么没有提出要求，父亲说他从来没有考虑过这种事情。

夫妻情

父亲是一个好丈夫，有着现在很多男人不具备的勇气。在见到母亲前有人给他介绍对象他都没有同意，后来经过胡乾善认识母亲。胡乾善是父亲清华时期的同学，他是清华物理系的，后在乐山武汉大学时又是父亲的同事。胡家和我母亲家是世交。抗战时，我母亲离开父母单独随胡爷爷（胡乾善的父亲）一家去四川。父亲说他对母亲是一见钟情。他见了母亲第一面，非常满意，跟她说照片上的她很年轻，本人更是端庄大气。他曾经说他第一次见到母亲的时候就对母亲有似曾相识的感觉。第二次见面他就向母亲求婚，母亲说再看看吧。他很会追求母亲，一天给她写一封信，在母亲过生日的时候，他托人给她送花，信上还有个红红的吻印，很浪漫。

为了跟母亲交往，父亲拿出来了他仅有的一点积蓄而不让当时比他收入高的母亲为他支付任何费用，结婚后还是把他的全部收入一起都交给母亲。我（王亭）问过父亲万一他认错了人，全部赔光了怎么办？父亲告诉我一个男人如果爱一个女人就要在所不惜，就要对她深信不疑，他至少要有这样的自信。他还说不肯真心地投入，在患得患失中永远得不到真爱。正因为如此父亲赢得了母亲一生对他全部的爱和奉献。

母亲可以说是大家闺秀，她的祖父王敬芳（王抟沙）[1]留学日本，曾和秋瑾等一起筹办中国公学，后创办了中原煤矿公司，又任中国公学校长，曾当选中华民国第一届国会众议院议员。她的父亲王众佛也曾留学美国。虽然当时父亲身体瘦弱，衣衫破旧，但母亲仍对我父亲情有独钟，后来她说他虽然穷，但是人正派，职业挺好，是教授。当时很多人不赞成她找父亲，还给她介绍有钱人，但她说她看中了我父亲这个穷教授的才学和人品。父亲有一次带母亲去见朋友，大家说她漂亮有风度，他很高兴。母亲的确是典型漂亮、贤惠的女子，而父亲不仅才华横溢，其风度也是一流的。他喜欢音乐，舞场上跟

1　王敬芳（1876—1933），字抟沙，河南巩县人。清朝光绪二十九年（1903年）举人。次年官费留学日本。1905年日本文部省颁布《取缔中国留学生规则》后，被遣回国，在上海参与创设留日学生总会事务所，任执行部干事兼会计；又与姚洪业、谭心休，张俊生等同时回国的留日学生一道，在熊秉三、夏剑丞等的大力襄助之下，创办中国公学于上海，任会计，负责学校的筹建事宜，在吴淞口建立新校舍，拨地筹款，备极辛劳。次年春，赴宁面见端方，为中国公学争取到每年1万2千两的办学经费。其后一度任河南省议会议员兼省视学。后年赴南洋群岛为公学募捐，其时正值武昌起义爆发，捐款全数用于支持革命费用。民国临时政府成立后，先后被选为临时省议员及众议院议员。1914年再度募集资金兴办中国公学并任校长职。次年，与胡汝麟等创办中原煤矿公司（河南中福公司），以其股份所得酬金2万元，全部捐作公学经费，聘梁启超为董事长。1916年该校停办后，致力于发展实业。1919年参与中国公学的复办，在经费极为困难的情况下，多方设法，苦力撑持，使该校维持不辍。敦聘王家襄出任校长，张东荪为教务长，支持舒新城在校内试验道尔顿制，进行教学改革。在办理中原煤矿公司的同时，承担筹集经费之责，恢复清末开办的焦作路矿学堂定名为福中矿务学校。后参与将该校升格为福中矿务专门学校、福中矿务大学，附设矿中、矿小，培养出了一批矿务专门人才。毕生为兴办教育事业，请于政府，求于友人，输于自身总计近百万元，而死后家无余赀，子孙的教养费尚赖友人资助。1933年病逝。（《中国教育大系 历代教育名人志》. 湖北教育出版社1994年）

母亲翩翩起舞。这对才子佳人的恩爱夫妻让很多人羡慕。

外孙女回忆他们在海牙的情况时说，当姥姥姥爷回忆往事时，他们恋爱时吃过什么小饭馆、什么菜，甚至菜的味道都记忆犹新。他们深情相望，已80高龄的姥姥脸上还出现了红晕。

作为晚辈，我们没有看过他们红脸吵架，他们最大的争执就是父亲出门的时候母亲总让他多穿点衣服，怕他着凉，可是父亲觉得穿太多，太热。

几十年中，无论在顺境还是逆境中他们都相互扶持。反右时，曾三番五次动员我母亲揭发我父亲，但我母亲就是一句话，"王铁崖无罪，不会反党"。父亲说当时如果不是母亲的坚定也可能就是家破人亡了。母亲也因不肯揭发父亲工作中备受歧视，但她很能吃苦，在下放到江西鲤鱼洲时，那时母亲虽然已经 50 多岁，她插秧居然得了第一名。

父亲是家中最小的孩子，深受祖母的宠爱，但我们的姑姑说"他的脾气出奇的好"。母亲说过她最满意的就是父亲在家从来不跟她摆脸子。父亲在外面不管压力再大，回家从不表现出来，都是笑嘻嘻的，母亲说这就是作为一个男人应有的担当。

母亲始终默默的支持着父亲，照顾他的生活起居，对于父亲的坎坷经历毫无怨言。父亲重病住在中日医院重症监护室 20 个月，虽然每天 24 小时都有特护和护工的陪护，母亲也已经 80 多岁高龄，但仍坚持每周 7 个白天，3个夜晚陪伴在侧。那时父亲因二氧化碳储留，脑子不太清醒，有时不配合治疗，母亲很辛苦，就生气地说，"我和你一起死了算了"，这时父亲竟然很高兴地点头——潜意识中，无论生死，父亲都是不愿意和母亲分开的。

他们一生夫妻恩爱，伉俪情深。父亲 80 多岁了还会给母亲写信、写诗，表达爱慕之情。难怪"反右"时，父亲的朋友无奈之下"揭发"父亲说："王铁崖资产阶级思想严重，因为他非常爱他的太太。"

慈 父

在我们眼中，父亲是诙谐风趣的慈父，即使我们犯了错误，也从来没有说过一句重话。小时候，当我们犯了错误，母亲要责罚我们时，父亲就是我们的"救命稻草"，他总会站在我们一边，打圆场，帮我们渡过难关。

父亲无论在外面遇到什么事，回到家中见到我们总是高高兴兴的，他经常跟我们开玩笑，说一些诙谐逗趣的话逗得我们大笑，这大概也是他解压的一种方式吧。

他对人很和蔼，喜欢跟人开玩笑，于是我们做女儿的也就可以没有顾忌地跟他开玩笑。不仅如此，连小时工给他打扫书房的时候，都会开玩笑地跟他说："爷爷，我要给你'扫地出门'了。"

我（王亭）永远忘不了我和父亲今生最后的接触，那个在重症监护室的晚上。我探望父亲之后准备回家，但是他怎么也不舍得我走。已经说不出话的父亲躺在病床上努力地向我伸出双手，我俯下身去，于是他不停地在我的两边脸上亲吻，一直亲吻了十几分钟。母亲和我担心父亲会累着，请他休息。我也告诉父亲说我还会来看他的，于是没有经过他的同意就从他的身边挣脱出来，向他说再见。在我要离开他的床边时我记得他的目光紧紧地盯着我，我跟他招招手笑着走了。与往常不同，这一次父亲目送我到他能看见我的最后的地方，当时我没有多想，却没有想到这竟是今生我和父亲最后的交流，我再次来到医院他就昏迷了，然后就离开了我们。如果我知道那次是我们今生最后的交流，那么我情愿让父亲吻个够，情愿让他在亲吻我的时候离开这个世界。

父亲非常有学识和见识。对我（王亭）来说就像一本百科全书，我可以跟他谈论古今中外，谈论历史文化，谈论时事，谈论饮食男女，谈论人生，谈论我愿意谈论的一切，请教他我想知道的一切，请他指教我在生活和工作中所遇到的各种事情。他就像一只坚强的臂膀，让我在任何时候都可以放心地依靠。

在对待子女的问题上父亲很开明，从不干涉我们对自己生活的选择。我（王亭）上中学的时候面临分文理班，经过政治风浪的父母不希望我再去学文，他们建议我就继续呆在理科重点班，但是等他们出国回来后，我告诉他们我已经是一名文科班的战士了。父亲听后没有责备我，只是笑着说："我知道你是一个不听话的调皮鬼，如果你想学文就好好地学文吧。"母亲听父亲这么说也就对我改学文科没有意见。父亲一向如此。当我（王亭）面临抉择时，他会把他的想法告诉我，如果我不听他的话，他顶多再给我分析一下，说明他的观点之后让我自己考虑和选择。如果我没有接受他的劝告而因自己的错误决定遭受挫折时，他又默默地帮助我从困境中走出，却从来不指责我为什么当初不听他的话，而是通过事实让我自己去认识。

父亲给我们的印象是豁达大度，幽默风趣，对任何事情从没有斤斤计较，但在原则问题上却非常坚持。父亲很爱我们，但他不会为子女走关系。

对于在"文革"时期曾经给我们（王莉、王亭）帮助的我（王亭）儿时的保姆，一位善良的农村妇女，父亲是非常感激的。他告诉我们她是我们家的上等宾客，并对她承诺只要他在一天就有她的生活保障。在父亲的感召下，我（王亭）认她做干妈，并多次看望她。如今父母已故，99 岁的干妈仍然健在。

在那通讯不发达和经济困难的年代，我（王亭）去北美留学时一年只能跟父母通一个几分钟的电话，其余的时间都是在通信。我在北美生活了十年，八年后才第一次回家探亲。这么长的时间内父亲（还有母亲）几乎每周都给我写信。这些信中充满了他们对我的爱和支持，而我也是几乎每周都给父母写信，有空的时候我的信可以长达二十页，因为我知道他们对我有深刻的理解并且是开明的父母，我们有心灵的默契，所以在他们面前我没有保留。我的同学和朋友都羡慕我有这么好的父母。是的，有这么疼爱我、理解我和支持我的父母，我非常幸运。

十、结束语

回忆父亲的一生，经风见雨，崎岖坎坷，父亲有很多遗憾，例如浪费了二十年的大好时光，没有实现他为国家写一部国际法教科书的愿望。但比起那些早逝的学者，他还是幸运的，他毕竟等到了改革开放，在 65 岁高龄之后还能为祖国的国际法事业工作 20 多年。总之从 1976 年后，由于祖国的改革开放，祖国的日渐强盛，祖国在国际上的地位日益提高，才能使父亲在他的晚年为发展中国的国际法事业大展宏图成为可能。

父亲的一生是教学的一生，是为国际法事业奋斗的一生，正如他的学生对他的评价："爱祖国，爱国际法，爱北大，爱学生"。这是毋庸置疑的。

2011 年武汉大学的中国国际法论刊出版了献给父亲的纪念刊。

2013 年是父亲去世 10 周年和 100 岁诞辰。在北大校庆之日，北京大学国际法研究所举行了建所 30 周年和父亲 100 岁诞辰的纪念会。

2013 年 7 月 6 日，在父亲 100 岁诞辰当日，清华大学网站首页的"清华映像"栏目发布了《纪念王铁崖先生诞辰 100 周年》的图文宣传，清华法学院还宴请了我们及父亲的生前好友和学生。

我们想，中国的国际法人没有忘记父亲，中国国际法事业蒸蒸日上，国际法人才辈出，父亲的在天之灵一定会感到欣慰。

有人说人在出生的那年可以反映一个人的性格特征。父亲出生在 1913 年，那年是牛年。牛的个性即温顺又倔强，吃的是草，耕的是田，父亲为人温和慈善，但在事业上却坚定不移，乃至在生命的最后时期还想着为国家做贡献。在中日医院重症监护室里，已经不能说话的父亲用颤抖的手在纸上给我们写道："给我买本子，我要上楼（普通病房，那里不吵）写书"，这是他给我们留下的最后心愿，之后他就昏迷直至去世。"春蚕到死丝方尽，蜡炬成灰泪始干"。正是他一生的写照。*

整理者手记

关于王铁崖先生的口述史，原本不着急，因为早就有主意——如果联系

---

* 本文有关序言和脚注由整理者所加。

不上他的家人，就去找复旦高研院院长的邓正来，他们是忘年交。得知邓正来患病的消息，隐约觉得不妙，琢磨着要不要去找他一趟，托了师长去问，他回短信语气轻松地说"哥们儿还没死呢"。看来情况不错，那就等等再说。没想到不出一个月，即传来他去世的消息。

1996年深秋《中国社会科学季刊》在北京办年会，那时的邓正来只是个学术"北漂"个体户，但他是王铁崖先生的忘年交，他的会，王铁崖先生肯定会捧场的。那回王铁崖果然来了。向来霸气的邓正来，对陈岱孙和王铁崖等老学者执礼甚恭。

和王铁崖先生的女儿们见面时，没想到她们听说邓正来是五零后，大吃了一惊，因为王铁崖先生来往信件里总是客气地称呼他正来兄，她们就以为那也是个老先生。王铁崖先生对晚辈后学的关照与往来，也尽显他个性中的书生气。

王铁崖在国际法领域的成就，几乎不可复制，一则他对国际法的热爱有家族文化传承的因素，更有传统士大夫家族对家国的担当道义；二则他的天分和中外文训练功底深厚。能够兼备这两点，在今世几乎已不可能。有天分者也未必愿意做这个不怎么赚钱的专业，愿意做的则太难兼具他的天分与传承。看他一生的起起伏伏和朋友与同道的命运沉浮，不由惊讶上天的安排——这个少年丧父的人后来有完满的人生：和他学问相当的，没有他长寿；和他寿数相当的，没有他的学问。

王铁崖个性中的随遇而安和美满的婚姻，是他一生能迈过各种坎坷与暗流的重要因素。在他女儿们的回忆中，他是一个治国际法的、浪漫的丈夫与幸福的父亲。做一个名满天下的学者固然众人所盼，但王铁崖先生对妻女的柔情和所收获的家庭幸福，在他心中未尝就比不上国际法带来的成就。

11　法律是可能公正的

陈达隆：我的父亲陈体强[*]

陈体强（1917—1983），福建闽侯人。1939年毕业于清华大学政治学系，任教于西南联大，期间曾在国民政府外交部条约法规司工作。1945—1948年在英国牛津大学攻读国际法，获哲学博士学位。1948年回国，在清华大学政治学系任教。1950年后，历任中国人民外交学会编译委员会副主任兼研究部副主任、中国政法学会常务理事兼副秘书长。出版有《中国外交行政》《英国行政法论》（1944年，商务印书馆）。他的博士论文《关于承认的国际法》一书，1951年以英文于伦敦出版，在国际法学界受到高度重视，被列为当代国际法必读书之一。

1949年后，从理论上分析和评论中国外交实践中的现实国际法问题，在关于中华人民共和国在联合国的席位、台湾的主权属于中国、中印边界问题、北部湾海域划分问题、金边傀儡政权、中国飞机被劫持到韩国、湖广铁路债券案等方面均撰写过文章。1956年以后，先后在国际关系研究所、国际法研究所和国际问题研究所担任和主持国际法研究工作。1957年被划为右派，1979年平反。1981年起，担任外交学院教授并兼任北京大学教授。1981年任外交部法律顾问，《大百科全书·法学卷》主编。1983年当选为世界性的国际法学会的联系会员。1983年因心脏病去世，年66岁。1986年9月联合国筹建国际刑法法庭基金会，追赠他荣誉奖状以表彰他对国际法所作出的杰出贡献。

＊　口　述：陈达隆（陈体强长子）
　　地　点：清华大学明斋
　　时　间：2013.4.9

一

　　我父亲陈体强是福建闽侯人，和陈岱孙先生是同宗。我祖父是陈明，祖母是吴淑帧。祖母有文化，读书明理，还会作诗。当时有一位姑婆陈荷（陈岱孙堂妹）住在北京，那时她家老太太还在，住在东总布胡同的一个小院子里，父亲会带我去看老人家。记得在陈荷家见过陈岱孙，陈岱孙叫陈总，字岱孙，我父亲管陈岱孙叫叔叔，我叫叔公。当时他已经老了，挂着拐杖，那天我在饭桌上还第一次尝到福建特色的红糟螃蟹。我父亲和他在一起时说福建话，我听不懂。我还没有回过福建老家，也没有来得及学福建话。

　　我祖父年轻的时候在民国外交部做文职工作，家里无房无田，靠工资生活，并不富裕。后来他们一直住在上海，我父亲一个人来到北京上学、工作。我出生不久父亲就划成"右派"了，工作和运动的压力既大，也为了不连累亲属，他就很少去上海，很少来往走动，所以我从来没有见过祖父祖母，有一个堂叔"文革"串联时来我家，但是后来再也没见过。

　　我没有机会听父亲讲他当年为什么选择上清华，为什么选择国际法的专业。他早年在外交部小学、香港圣提士反书院（St. Stephson's College）和上海的格致中学念书，英文打下了很好的基础。我印象很深的是，他的英文和传统文化根基都非常好。他在外交学院的时候，工作之余会在家里吟诵唐诗。我们今天的人已经不知道什么叫作"吟诵"了，因为我们没有见到过。吟诵，不是照本宣科地"读"或者"念"，也不是像话剧那般"朗诵"。它有一定的节奏、一定的音律。会吟诗的人，就会眯起眼睛，抑扬顿挫、婉转低回，咿咿呀呀地自我陶醉起来。父亲就是受过传统熏陶、照着旧时的读法，以闽语方音吟出来。他的遗物里也有他用钢笔手抄的唐诗。

　　父亲的身高大概有 1.8 米，原来有广泛的业余兴趣，但在那个时代都消磨尽净了。我很小的时候他陪我去打过乒乓球，但那也是非常偶然的事。他会打桥牌，但是因为只有偶尔跟亲戚聚会才能凑齐牌搭子，所以也很少打。他喜欢美食和烹饪，偶尔会全家人坐很久的公交车到城里老馆子（记得有森隆饭庄、翠华楼、同春园、东来顺、烤肉宛、莫斯科餐厅、新侨饭店等），排上半天队等座位。那个时候餐馆没有现在这么多，排队的秩序也不大好，到了饭点都要站在别人背后等着占位子。好不容易坐下来，背后又轮到别人站在那里。到现在我还记得那个景观。他也会和我骑上自行车一早从魏公村进城到西单菜市去买一只鸡回来烧。他喜欢照相，曾经有一架 120 相机，但是后来相机也卖了，因为家里的经济负担很重——他是家里的长子，要赡养父母和弟弟（很多年都找不到工作），还供一个外甥女（我的表姐）读书，被划成"右派"后，他从研究四级教授一下子降成了七级助理研究员，就差失业了，只发生活费，经济很紧张。我记得他每个月百十块钱的工资，大半要寄到上海去。一直到 80 年代，家里面都是没有任何自己购置的家具，几张旧板床、桌椅都是跟单位租的（这是早年间事业单位的惯例）。可谓家徒四壁。记得家里唯一的奢侈品是一辆英国凤头牌变速自行车，父亲每天骑着上班。而我最珍贵的东西，是一套《岳飞传》的连环画小人书。

多年来父亲只有一件呢子中山装，算是最好的衣服了。后来这件旧衣服给了我，成了我最"高级"的一件衣服，平时还舍不得穿，穿时外面要罩上一件超级肥大的蓝布大褂。那年代下放去干校，两个箱子就装了全部的家当。父亲一直到了平反以后重新参加外事活动才做了新西装，那一次我记得是作为代表团的法律顾问陪同邓小平出席联合国大会。记忆中那应该是 1979 年的第 34 届联合国大会。

虽然我母亲是无锡人，但我父亲比她会烧菜。我记得他最喜欢粥，我也很早就学会在煤炉上面用小火煮粥，一直要煮到米粒都融化掉，黏黏稠稠的泛着清香。父亲常常在家里一碗普通的白粥吃得有滋有味。母亲在一旁就会抱怨说，吃得太快了，对糖尿病不好。我跟父亲学会了自己在煤炉上用小火摊春卷皮、做鱼丸子。父亲还会烤面包，用煤球炉做。晚上在炉子封好后，把装了发面的饭盒放在炉腔烟道里，第二天早上就好了，虽然外面有点硬，但是里面不错。那时候大家粮食都不够吃，我还记得去菜场捡那些被剥下来扔掉的老白菜帮子，或者地里收过白薯以后的薯叶，回家再和棒子面掺起来做菜窝头。要是偶尔有一点应季的新鲜水果，像是葡萄呀苹果呀什么的，都是很难得的东西，母亲就会把它分成四份。像葡萄都是用剪子小心地一颗颗剪下来，用灰锰氧（高锰酸钾）水洗过，再数着一个人几颗，放在小碗里面，每人一份。

二

1957 年反右的时候，父亲正是年富力强意气风发，想为祖国做点事情，却为才气名声所累，被看中了成为"引蛇出洞"的对象。我后来在资料中看到，的确是有人代表党组织和他谈话，要求他甚至引诱他出来发表意见。[1]

父亲这篇发言，完全是善意的提出改进工作的意见（现在还可以查到），他却因此被划为"极右派"。被剥夺了政法学会副秘书长、外交学会常务理事的工作和所有待遇，工资从研究四级降到助理七级，甚至收回了宿舍。一下子变成了被批判和监督改造的对象，人生从此走入低谷。

父亲划成"右派"后，内心的冤屈无处诉说，心情极度压抑，加上那个时代的经济条件下营养不足，落下了心脏病和糖尿病的病根，以后逐渐加重。我因此相信，糖尿病跟吃糖一点关系也没有，倒是跟心理压力和身体机理失调有关。父亲本来是很喜欢和人聊天，从那之后就很少说话。现在的人很难体会，昨天还和你亲密无间无话不说的朋友，今天就可以去告发你反动的言

1　"一天，政法学会秘书长某同志（按口述者要求隐去其名，下同）专程到我家来征求意见，我就把要提的意见向他谈了。此外我还听到别人谈到一些政法方面的意见。我觉得，作为政法工作者我有责任把这些意见反映给政法界领导人某同志。某同志听完我的意见后，认为很好，叫我在政法座谈会上谈，并要我敦促其他人来谈。因与某同志已个别谈过，我本来不想在会上发言，但某同志一再催促，我认为这是党领导的指示，不便违抗，就在最后一次政法座谈会上作了发言"。（陈体强《1979 年 1 月的申诉书》）

行，那样一种恐怖的心行。流行语"打翻在地再踏上一只脚，教你永世不得翻身"。现在听起来也许有点滑稽，但那时身临其境的人们是何感受。反右运动以后，我们家就搬到外语学院（今北京外国语大学）我母亲单位的宿舍。那时候因为上班远父亲周末才能回家，每每看到他都可以感觉到非常非常累，想来他白天在外面压力很大，对他来说，只有家是一个可以安稳休息的地方。我母亲在北外教英语，虽然已经低调再低调、处处很小心，还是会有北外的造反派上门找事。很多家里的照片日记，甚至漂亮一点的衣服等都在那时悄悄毁弃了。在夜深人静的时候，用剪子剪碎了扔到垃圾站或冲到马桶里面去。母亲有一个结婚带来的衣橱稍微漂亮一点，为了不招人耳目也用油漆胡乱地覆盖起来。多年以后，母亲还会因为听到隔壁人家的声音而紧张。

"文革"开始后，虽然"右派"的历史问题时时被扯出来，但由于父亲长期不在负责岗位，作为"死老虎"，相对而言没有受到太大的冲击。当时我们住在外语学院宿舍，隔壁住的是薄冰，楼上住的是外国专家玛格丽特。像许国璋、王佐良等，也都住在同一栋楼。在外语学院，也有红卫兵来抄过家，父母亲因为有反右的教训在先，所以就把很多东西毁掉了，所以他早年的照片资料等，留下的很少。他和我母亲范瑛的结婚照，我还是后来在他们一个朋友那里找到的。

1969年父亲被下放到湖南攸县的干校，13岁的我也跟着下干校。父亲当时50岁了，当时身体不好，但是也没有得到什么照顾。湖南冬春季多雨的"黄梅天"，屋子里没有取暖的条件，上面只盖了一层瓦还没有顶棚，抬起头来都能看到瓦片之间的窟窿。屋里比外面更阴冷潮湿，是那种冷到人骨头里头去的感觉。这种天气，还是要出去"抓革命促生产"。特别是在泥泞滑溜（常常把鞋粘在泥里）的土路上挑几十斤的担子，又没有经验，掌握不了那个一颤一颤的节奏，真是很吃力。我看着真担心父亲会伤到腰。当时和我们一起去干校的，我记得还有外交部条法司（或是国际问题研究所）的刘慧珊、田如萱和刘度。当时在干校的一个外交部的陈姓副部长，去锅炉房打热水，暖瓶水还没灌满，突然倒地身亡。我目睹了那一幕。

那时我没有转去当地中学，而是跟干校一起劳动生活。往往是大人们在一间房里开揭发批判会（记得是揭发"五·一六"分子），特别是"文革"早期呼风唤雨的那些活跃人物，人人都要揭发才能过关，屋里气氛紧绷弥漫烟味，而我却坐在屋角里埋头在报纸上临写颜真卿《勤礼碑》字帖。等到晚上，我拿给父亲看。父亲看得兴起，也来写上两个，我才知道原来他的毛笔字也写得很好。到了周末，我会和父亲一起，沿着一条碎石和沙子铺成的"战备公路"骑一小时自行车，到县城逛逛唯一的一条街、吃一碗肉丝面。我后来到了离父亲十几里路的茶陵干校茶场独立生活，种过地、烧过砖、做过木工、种过茶。

父亲一直到了1973年才从干校回到北京，很少和我们谈到工作方面的事情，可能和他心情不好有关。1970年我从干校回来后，在房山的燕山石化总厂机械厂上班，两个礼拜才回一次家，和他相处的时间就非常少了。我现在回想起来，他很少有开心的时候，早年时候偶尔周末教我骑自行车、打一次乒乓球、督促我在小学的功课、听我讲一讲刚读过的连环画故事，后来听我吹吹大学里面读书的心得，那都是家里很难得的时光……

三

1948年，父亲匆匆结束在英国牛津大学的博士论文马上就回国，我想，当时国共双方一定都去做他的工作，英国也留他，但他根本没有过留在国外的念头，一心要回到大陆来。后来他跟钱能欣聊天时说，当年他根本没有留在外面的想法。他们那一代人，那真是一腔热忱，想的都是报效祖国。那样一种情怀、那样的爱国情结，一时造就了许多传诵百年的佳话，也决定了日后有许多愁肠百转、欲哭无泪的日日夜夜。父亲在1979年1月的关于右派问题申诉书中说：

"1942年到重庆以后，由于耳闻目睹国民党政府的黑暗腐败倒行逆施，对它产生极大反感。1945年我考取了公费，就决定弃官出国学习。虽然当时国民党驻荷兰大使邀我去荷兰当一秘，但我还是坚决辞职。从此与国民党断绝了一切关系。

1948年我在牛津大学学习将要结束时，伪外交部人事处长于能模奉上级指示，以司长级职位为诱饵，写信劝我回伪外交部。同年9月我回到上海，吴国桢劝我留在上海工作。我都拒绝了。

那时北方风云正紧，我仍决然来清华任教。北平围城时，我在城内。国民党派飞机接教授南逃。伪教育部派人拉我，为我所拒绝。当时数学系教授杨武之（杨振宁之父）和历史系教授刘崇鋐劝我同他们一起南下，我劝他们留下。谈了一晚，最后他们说'人各有志'走了。我则骑自行车出朝阳门，在枪弹横飞中突围，投奔已获解放的清华园。"（陈体强《1979年1月的申诉书》）

父亲先是在清华大学政治学系教书，很快就提升做了教授。后来院系调整，父亲调到外交学会做副秘书长的时候，黄华是会长，他们合作得很好。那一段时间的工作，是父亲比较顺心的时期。他1950年代还给周恩来在外事场合做过口译。我小时候见过那张合影照片。我出生时，家里住在外交学会的宿舍，就在天安门旁边南池子大街劳动文化宫东门外的一栋洋楼里。1957年他划成"右派"后，生活和待遇一下子从天上掉到了地上，连宿舍都被收掉了。直到1973年从干校回来，父亲才分到一间宿舍。后来住在外交学院的宿舍，是两间一个小单元，虽然没有机会赶上条件根本改善，但已经很知足了。我母亲今年春节去世时，也还是住在那里。

当年，父亲只有在夜深人静的时候吟诵抄写唐宋诗词，才能抒发过分压抑的心情。我在保存下来的遗物中发现一个小学生作业本，里面有他的手稿61首，其中很多以"书愤"、"感愤"、"书叹"、"自嘲"、"醉题"等为题。他对陆游的诗歌有特别的偏爱，我想这与他对陆游后半生的报国无门境遇有共鸣有关。

他抄录陆游《书愤》诗：

> 镜里流年两鬓残，寸心自许尚如丹。
> 衰迟罢试戎衣窄，悲愤犹争宝剑寒。
> 远戍十年临的博，壮图万里战皋兰。
> 关河自古无穷事，谁料如今袖手看。

《即事》：

> 醉来身外穷通小，老大人间毁誉轻。
> 扪虱锥豪空自许，屠龙工巧竟何成。

又如：

> 一生未售屠龙技，万里犹思汗马功。

再如：

> 向来误有功名念，欲挽天河洗此心。

四

　　王铁崖是父亲最要好的朋友，还共同翻译过《奥本海国际法》。因为王铁崖年长，总是他去北大找王铁崖，所以我并没有机会目睹他们俩的交往。父亲非常敬重钱端升和张奚若先生等老一辈师长，他每年无论多忙也会去他们家拜年。

　　父亲晚年住在外交学院宿舍的时候，和钱能欣因为邻居的关系来往最多，他们有时候会串串门，我看见过他们聊天。鲍彤来我家跟他上过几次课，是经人介绍，以私人身份来听他讲国际问题的，我见过，但他们并不让我参加。可能还有其他人请他讲课，但都是在单位里讲。

我记得和父亲书信往来的有李浩培、倪征燠、端木正、邹谠等人。他编《大百科全书·法学卷》时候审稿偶尔会提到其他的人名。

父亲这一辈子，前半生风光，中间有20多年夹着尾巴做人做事。但我觉得父亲的性格还是比较达观的。甚至可以说，他身上具有古君子之风。五六十年代，他会主动检讨自己，希望自我改造为祖国出力。"文革"前后，他眼看那些风云变幻人事沉浮，从前整自己不手软的，转眼成了一个个运动被打倒的对象，再一变又再成了自己的领导。父亲自己虽然倒霉了，但他并不恨那些当事人，跟许多走上绝路的人相比，他的心胸是开阔的，也因为他一直保持了为祖国做事的热忱。关于"右派"问题，他后来也据实申诉过。晚年重新得到重视，学问与热情还在，但是已经力不从心了。

五

父亲的心脏病是老毛病了，心绞痛多次发作，平时靠服用硝酸甘油控制着，后来发展变成心肌梗死。母亲看他越来越忙碌，为了照顾起居，55岁就辞去工作。

母亲的名字是范瑛，祖籍江苏无锡。外公范绍洛（补成）早年和孙中山一起留学日本，是苏州名医，为避日本侵华之祸举家出走，晚年定居北京。母亲是七个兄弟姊妹中最小的女孩，毕业于燕京大学英文系，与黄宗英、孙道临等人都是同学。母亲才貌出众，但结婚很晚，碰到父亲时已经30岁了。她是北京外语学院（现为北京外国语大学）50年代初最早聘请的英语教员之一，那时外院属外交部领导，像后来的外交部长钱其琛，名教授吴青、胡文仲、吴珍福等都曾经是母亲的学生。

1980 年以后，父亲几次住院，都是住进去三两天病情缓解就出来忙工作了，1983 年他最后一次住院，是被送进阜外心脑血管专科医院，我母亲和我们兄弟都轮流陪着他。头一天医院还说父亲的病情好转，有所缓解，我们也预期他很快能出院了。结果他当天一直给《大百科全书·法学卷》审改稿子，导致病情到了晚上急转直下，终于不治辞世。父亲当时已经被提名为海牙国际法庭首任由中国人担任的大法官，还问我要不要去美国做个心脏搭桥手术，他完全没有料到那次住院会去世，我们也没有料到。

他去世的前一天，情况很好，本来打算第二天就要出院，所以他还在赶稿子，不料半夜时他的情况突然不好，母亲和我们兄弟就都赶到了医院。他去世后，阜外的医生说他的心脏 2/3 以上都梗死了。

我觉得，父亲在 1979 年平反之后太兴奋了。对他来说，经过了 22 年的压抑，能重新挺胸抬头地参与国际事件和国际法学术活动是很高兴的事。他急于要释放积压了太久的学术热情，顾不得自己身体条件的限制。他去世时才 66 岁，从现在的平均寿命来看，他走得太早了。对我们来说，也太过于突然了。他追悼会的时候来了很多人，外交部的一个副部长（是韩念龙吧）和条法司的司长都来了。

六

父亲是一个自我期许很高的人，他自小成绩出众，是家中弟弟妹妹的榜样。他做学问是非常严谨的，每每写文章都会做很多资料卡片。在那个时代，由于历史的原因家里没有专业书籍、特别是涉外的书籍。他有时会在家里写稿子，但资料和卡片等，他都是在办公室和外交学院图书馆做。

大概 1974 年吧，祖父去世了，父亲去奔丧专门为我带回来几本线装书。其中有《史记》《战国策》《诗韵》等，这就是我自学古文的珍贵资料了。古人说："文读百遍，其意自现。"碰到不认识的字，没有字典去查，就通过阅读去反复体会玩味那个语义。那时我在工厂，尤其喜欢读文史哲方面的、古典文学方面的书，也读《资本论》。当然那时条件极差，都是在路灯下读、趴在大通铺上写笔记。1978年恢复高考，我和弟弟都考上了大学。虽然父亲那时候已经被赋予很大的工作任务，因此很忙碌了，没有时间过问我们的学业，但我们都明白他是十分欣慰的。我开始写一些关于经济改革的论文，研究西方的经济管理理论。父亲还难得地抽出时间来过问，还一反过去的小心谨慎辗转为我联系到社科院的专家。回想起来，真的难为他了。

我想父亲是喜欢教书的，他留学回来后在清华教过书，他1980年代恢复了和西方学界的联系，去欧美的大学讲学，介绍中国的发展情况，他回来跟我说那里的学生反响不错，对于中国有强烈的求知欲。

父亲特别想有一个人传承他的学问，但是一直没有找到合适的人。也曾经有年轻人，来找他讨教，但是后来干别的去了。我后来大学念的是经济管理。我想，假如没有那一场场运动，我继承他的衣钵念法律，也是完全可能的。父亲去世后，母亲把家里存的父亲一本硬皮精装的英文博士论文《关于承认的国际法》交给我，让我保存。

我刚上大学不久和父亲有过一场争论。我认为法律不可能是公正的，他不同意，说法律是可以公正的，但他具体是怎么说的我记不清楚了。如果还有机会再问他，我想，这还是我最想问他的问题。

父亲是一个普通的人、一个纯真的人、一个高尚的人。他的一生，他的喜怒哀乐祸福毁誉，见证了大变革时代知识分子如何安身立命的际遇。君子有言："知我者谓我心忧，不知我者谓我何求。"其来也有自，其后也可鉴。

斯人去矣，精神永存。

记录者手记

陈体强是清华政治学系国际法学养最出众的学生，他的博士论文《关于承认的国际法》1951 年在伦敦一出版即为世界名著，被他西南联大的同学何炳棣认为是"20 世纪中国炎黄子孙在社科方面的一个奇迹"。陈的成绩凝结着两代政法学人的努力。他在清华师承钱端升、张奚若、王化成，奠定坚实的理论基础。王化成抗战时加入外交部，主管国际条约司，陈体强西南联大毕业后进入条约司，有搜集国际法案例的极好条件。因此尽管他的牛津博士论文是基于英美两国的实证分析，但基本穷尽了当时的国际案例——这也是尽管题材相似，但他的论文和国际法泰斗劳特派特的作品几乎同时出版，毫不逊色的原因之一。

陈体强是公认的国际法天才，也许这个世界总是不知道怎么对待天才，所以上天会把这样的人早早召回。他的学长和挚友王铁崖先生，为他文集所写的跋文痛彻心扉。他在离世前 14 天为自己即将出版的论文集写的自序中说"1957 年后，恪于形势，搁笔伏枥，坐视光阴流逝，报国无门。"南海问题、钓鱼岛争执再起时，令人再次想起他在国际公法领域的成就——1957 年他和王铁崖被批评的一大罪状就是他们说国际法研究后继乏人。

在虚掷光阴 22 年之后，复出没几年的陈体强以 66 岁之龄去世，第二年，出任联合国大法官的是长他 11 岁的倪征燠，倪先生为母校东吴法学院争得无上荣耀。假如陈没有匆匆去世，假如他如约去联合国做大法官，如今的清华园里，除了陈岱孙在经管学院的雕塑，也许会有陈体强在法学院的雕塑，那将会是何等的佳话。

陈体强先生的长子如约而来时，小小地吃了一惊——原以为福建人会个头不高，不料他却是一米八的个头，他说陈体强先生身高和他相仿，这可真令人意外。记得在某本陈岱孙的传记中，见过若干陈氏"体"字辈的名字，隐约觉陈体强可能也是这个"体"字辈。问其长子，果然如此。仔细一想，这可能是家族基因的缘故，陈岱孙先生的身高也是非同一般么。

陈达隆相貌气质与父亲非常相似（这也得到了张奚若先生长子、钱端升先生儿子，和陈体强先生在外交学院有短暂过从的秦亚青教授的确认），早期的多年工厂生涯洗不掉固有的温文尔雅。阳光里，他平静地坐在桌前，谈起父亲，眼泪悄无声息地滴落下来。

陈体强先生已离世 30 年，但往事从来不曾被风吹散。这一刻，所有的安慰都薄如蝉翼，所有的语言都杳如浮云。父亲的骤然离开，把他大半生的坎坷重重地压进儿子心头，无从消解。拜伦的诗歌中说过："假使我又遇见了你，隔了悠长的岁月，我如何致意？以沉默，以眼泪。"

四月的清华，树木新绿，玉兰已开，突然的阵风，摇动了明斋窗外的树。旧时楼台旧时树，不见旧时人，只有风依旧。

12 朝闻道，夕死可矣

刘苏里、徐征：忆师杜汝楫*

杜汝楫（1919—2003），籍贯广东。1946年毕业于西南联大政治学系，留校任张奚若助教，后为清华大学政治学系讲师。

1952年院系调整后担任北京政法学院（今中国政法大学）教授。译有卡尔·波普《开放社会及其敌人》与《历史决定论的贫困》、塞西尔《保守主义》、丘吉尔《第二次世界大战回忆录》等，著有《法律专业形式逻辑》。晚年移民美国。

* 口　述：刘苏里、徐征（文中简称刘、徐）
　时　间：2013年7月18日、12月2日
　地　点：成府路万圣书园

入门

刘：我进北大，非常意外。当年在黑龙江参加高考，并没报北大。不料高考分数出来很高，省招办特地来电报问我是否考虑转报北大——那时的招办真是负责任！小时候在东北念书，中学老师中有很多下放"右派"，政治课老师是莫斯科大学毕业的，数学老师和英语老师是美国留学生，地理老师毕业于东京大学，物理老师在国防部某研究院做研究生——大概比现在很多大学的师资还要好。北大本科毕业时我考研究生，因政治课考得不好，没考上本校，被"捡洋漏"转到了政法大学，这样就到了杜汝楫先生门下。杜先生面试，问我考什么专业，计划跟谁学等，几乎没问什么专业问题，就给我过了——我的专业成绩很好啊，政治学考了90几分。

徐：我原来是79级人大一分校的，毕业考研本来报的是社科院，各门功课考得都不错——宪法93分、制度97分，可是英语考了59分，社科院上不了。当年政法大学正好扩招10个名额，杜汝楫先生是导师组组长。我家住在他家隔壁的冶金建研院，加上社科院有人介绍，我就直接去他家找他。我去时，杜先生在家。我跟他说我是人大一分校的，他问我："分校学什么？学马列么？"然后给了我一本字典，一篇2000字的英文东西让我当场翻好。过了一个礼拜，他没理我。我又直接去他家。他说："还不错。试试读吧。"这样，我进了政法念研究生。

受教

刘：杜先生英文极好，但他高估了我们这一代学生的外文水平，常常给我们许多英文原版的材料看。他上课是激情型的，非常投入，要是我们没好好读材料，他就会非常生气——他对我们抱了很大期望，发脾气有点恨铁不成钢的意思。那时候又年轻气盛，有时课堂上竟会跟他争起来，说他给我们的外文材料太多了！

我感觉杜先生本质上是位英式哲学家，虽然没有留过学，但对西方哲学家的作品非常熟，经常用英文大段大段地背诵。可能在杜先生眼里，我算是"可造之才"吧，虽然敢跟他争论，也还会同意我找各种理由到他家去，跟他聊天、听音乐。每去他家，杜夫人总是静静地倒好茶水，然后留下我们师生在那里听交响乐，我的那点音乐底子，就是在杜先生家听来的。杜先生喜爱古典音乐，在他家能听到外面很少买到的各种唱片。我对德彪西、肖斯塔科维奇、圣桑、西贝柳斯等作曲家的那点了解，都跟杜先生有关。有时我们在杜先生家听音乐，他却在一旁修改译稿。有回听《自新大陆》，他突然来了兴致，给我讲了那首曲子的许多背景故事。从此我记住了德沃夏克，只要一想起德沃夏克，头脑里就会响起那首曲子。

徐：杜先生上课不用助教，他自己直接给我们上课。我记得他上来第一节课就说："中文书没得看。"他英文极好，上课很简单，把外文书复印了，每周给我们10—20万字阅读量，然后开讨论会，开一大堆书目——不过开了也白开，那些图书馆没有。对制度史等辅助类课程，他会直接跟我们说："听听可以，不要在那上面浪费时间。"

我研一以后跟他比较好，因为他觉得我读了一些哲学书。我经常到他家里去，他和我一样，都是广东人，我有时候会带一些广东咸菜去，他会说："别走别走，留下来一起吃饭。"他和我聊天，从来不聊自己的事，他那一代学者，非常重视学问。

杜先生个儿不高，黑黑的，挺慈祥，天天穿着中式棉袄，完全符合我的想象。胡平北大研究生毕业后没分配，杜先生想要也不给。他说胡平是这批人中最有才的，不做学问可惜了，听说他就直接给邓小平写信，后来卓琳说是谁这么狂妄？这事我们当时都听说过。杜先生的风格是"我可以什么都不说，但绝不说假话"，他绝对不会去讨好谁，"耿介"是他的最大特色。

其实杜先生是个特别孤独的老头，他平时不太说话，但内心又非常敏感，有时候笑起来像孩子一样。他每天晚饭后，会关了灯听音乐，听贝多芬，听完有时候能看见他眼里流过泪。他是个内心感情很丰富的人。

他们那一批学者，是远离现实政治的。但这个学科，又注定了是入世的。他们有两个基本归属：政治理想和政治抱负。我觉得他们是最厉害的一批学者，承接了五四新文化运动的精神，关心如何建国，如何探索道路，主旨是自由主义的思想根基，和党内的"一·二九"左派知识分子是有共通的东西的。

他说钱端升人品很好，学问么，他笑笑，说"我们都差不多。"他看不起解放后培养的知识分子，老骂一个姓龚的。他对西南联大的同学邹谠评价很高，他们俩的思想脉络比较相似，个性也相似，但是邹谠先生更开放些。邹谠来北京两个月，讲"全能政治"，我做了他两个月的联络人。有一次我认真地问他："理学与康德哲学有没有内在的一致性？"他突然就绷起脸发火了，说："你不要听那些胡说八道！"我后来才知道他和别人就此有过论战，可是我确实是自己想出来的问题。

研二的时候，有个美国政治学代表团来政法大学座谈半天，我们一人准备了一个问题进行讨论。看到自己的学生用英文进行专业讨论，那天杜先生特别高兴——那是我所见到的他最高兴的时刻。

刘：我印象里，杜先生来往的学者不多，他能看上的也不多，尤其看不上趋炎附势的所谓"大师"。但是当时政法大学的云姓校领导对他很不错，请他进了研究生的导师组。我们的主要任课老师，都是他从各地各校请来的名家，比如厦大的夏书章，北大的沈先生，社科院的李道葵和李陵，还有国际关系研究所的周所长。他西南联大的同学邹谠先生来校讲学，大约也跟这有关——那时候能申请到钱从国外请教授来讲课，可不容易。邹谠先生来北京讲学的时候，有一阵子我天天陪他散步、聊天。我记得问过他关于中美两国比较的问题。他的回答我一直印象深刻：美国 95% 的人比我们中国人笨，但剩下的那 5% 超级聪明，很难追得上。这些年我一直没有忘掉思考他的这个答案。

波普

徐：杜先生更多是个哲学人，而不是个政治学人。他开的课，是"法律逻辑学"——他在政法大学能讲什么呢？感觉上他的思想根基在英美的经验哲学，也可能是由于对整个这么多年中国现状的观察，他对大陆理念主义一直抱着深度的警惕。他很少谈康德、黑格尔，更多推荐的是经验主义的英美哲学，那是他长期养成的哲学态度。

马克思主义盛行的大陆思想体系不需要英美哲学，所以他自然就不吃香。杜先生的后半生在学术上走了一个很窄的路子，但是抓住了命根子。他晚年，1970—80 年代，专注波普的问题。他总结他们那一代人的选择，从波普那里找到了强有力的工具批判专制主义，从哲学上进行批判。

他把波普的书都译了，《开放社会及其敌人》第一卷，那本好像是山西的一家出版社 1980 年代出版的，纸张并不好。但是波普的下卷没法出版，也不能讲，他自己又不写任何研究文章，加上波普在西方的影响也很短暂——波普以外行介入柏拉图研究，遭到主流的质疑和反击那是必然的事。凡此种种，都使得杜先生不怎么为人所知。但他是那种"朝闻道夕死可矣"的人，并不在意，所以也谈不上什么遗憾。

我印象很深的是杜先生推荐过哈耶克的一些章节给学生，但并没有深讲。

最后一面

刘：不记得何时见杜先生最后一面。后来再也没联系上他。我的同学徐征后来在美国跟他见过面，听说他赴美后患病，动了大手术。1998年第一届正则奖，"学术促进奖"颁给了杜先生，既有我和徐先生对先生的私谊，更多则出于公心——他那个年龄的老辈人中，内心明辨是非的并不是个别人，但敢于用行动表达的人，并不多。他想到，也做到了。去国后再没回来过。作为弟子的我们，对他充满敬仰。

徐：1988年杜先生大概已经办完了移民美国的手续。他太太先走的，他说他先不走，要看看，第二年夏天才走。没几年我也离开留校任教的政法大学了，离开的时候去看江平校长，他失望地跟我挥挥手，说："走吧走吧，都走吧。"他们费心地培养了一批年轻人，政法大学出现了一些新气象，我们那批年轻人却都要走，所以很失望。

1998年我们在北京发起了一个"读书奖"，有"最佳翻译奖"，等等，其中的"特别终身成就奖"（按：应为"学术促进奖"）颁给了杜先生，颁奖词是苏里写的，写得非常好。好像是颁奖后的第二年吧，我去美国看他，把奖金带给他。

杜先生当时太太已经去世，他住在老人院里，儿子们离得不远，经常去看他。那个小地方很不好找，朋友开车带我去，找了半天。他知道我们要来，早早就穿戴整齐地等着。见了面，他笑着说："我怎么可能是最有成就的呢？"我们带他出去吃饭聊天，前后一共两个多小时。当时我们彼此都知道大概那就是最后一面了。后来我们再也没有见过。

杜先生2003年过世。他是1919年生人。

附记

刘苏里为杜汝楫先生撰写的颁奖辞：

正则基金理事会怀着崇敬的心情，将首届"正则学术促进奖"颁予一位客居海外的学者。他一生为学，却述而不作；一生足不出户，却以70高龄于

80年代末突然离故土而去，远走他乡；他一生钟情思考，热爱智慧，却茫然于雅典城邦对苏格拉底的审判；一生追问古希腊民主制度，却于晚年驻足卡尔·波普的著作前，不知归途。杜汝楫先生于默默无闻中奉行着一位教师的天职，坚守教坛数十春秋，以身作则，教授学子为人为学的基本准则，要"为学不作媚时语"，要坚持"独立之精神，自由之思考"。

杜汝楫先生，1919年生于广东；1946年毕业于西南联大，此后数年担任张奚若先生的助理；50年代初任清华大学教授，50年代中期直至80年代末，任北京政法学院、中国政法大学教授。杜先生长期从事古希腊哲学和英美经验哲学以及逻辑学的研究，造诣精湛，然杜先生忠诚于自己的思考和信念，决不从俗，数十年间仅有《苏格拉底之死》一文存世，表露了他崇尚学术研究与人生追问不可偏废的心迹。杜汝楫先生多年从事西方政治哲学论著的翻译工作，他译介的《保守主义》《历史决定论的贫困》和《开放社会及其敌人》等著作均产生过重要影响。

正则基金决定将首届正则学术促进奖颁予杜汝楫先生，以表彰杜先生在传授知识与智慧方面所做出的杰出贡献，以及作为学者的令人敬重的伟大人格。

整理者手记

杜汝楫是张奚若在西南联大时的得意门生之一，毕业后留校做了张先生的助教，1952年院系调整后从清华调去政法学院。以学术史论，杜汝楫深藏于波普的大名之后——他以翻译，尤其是波普的作品，影响几代后学。杜师承张奚若，张师承卢梭与拉斯基；他是波普的东方知音，但思想和作风也明显有乃师张奚若的印迹，他存世甚少的文字中，就有"怀念尊敬的张奚若老师"一篇。但他自己在尘世的踪迹，则比他在学术史上的踪迹更难追寻，搜遍谷歌和百度也找不出一篇他的履历、一张他的相片。

1980年代末期，杜汝楫去国离乡，他在现代学术史上的身影自此更如一瞥惊鸿。总算约到了杜先生的学生，万圣书园的主人刘苏里；但因为种种不凑巧，另一位学生徐征半年之后才终于见到。刘有几分乃师的激情，徐则出人意料地散淡。但他们对先师所做的事，完全师承了杜汝楫对张奚若的敬重。

《神雕侠侣》里头讲过"雾重烟清，不见来时伴"，离开万圣书园，站在车来车往的成府路旁，这两句话突然浮出脑海。

13　命中注定学法律

端木美口述：我的父亲端木正[*]

端木正（1920—2006），安徽安庆人。回族。1942 年毕业于武汉大学政治系，1947 年获清华大学法学硕士学位，毕业后留校任教，后考中公费留学，1950 年获法国巴黎大学法学博士学位。

历任岭南大学副教授、历史政治系代理主任，中山大学副教授、教授、法律系主任。1985 年，以专家身份被全国人大任命为香港特别行政区基本法起草委员会委员，参与了香港特别行政区基本法的制定。1990 年至 2000 年，担任最高人民法院副院长（副部长级）、审判委员会委员；1993 年被中国指派为常设海牙仲裁法院仲裁员。曾任广东省第六届人大代表、人大常委会委员，第七届人大代表、人大常委会副主任；第七、八届全国人大代表；第二届至第四届全国政协委员；中国民主同盟广东省八大常委、九大主任委员；中国民主同盟六届中央全会二次会议、三次会议中央常委，并在多种学术机构兼任职务，在法学、历史学、政治学等方面造诣深厚，先后出版译、著书 20 种（个人或集体），在国内外发表文章和译文 60 多篇，先后到法、荷、美、瑞士、西、德、意、蒙、泰、土、菲、尼日利亚和中国香港地区访问、讲学或参加国际学术会议，是享有盛誉的国际法专家。

---

* 口　述：端木美（端木正长女，欧美同学会副会长）
地　点：欧美同学会第一会议室
时　间：2013.4.17

我父亲的名字与他学法律？这个问题真好——30年前，父亲在巴黎大学的导师苏珊·巴斯蒂夫人对我说过，你父亲的名字取得很好，他命中注定要学法律。

一、端木

父亲是祖父的次子，他的名字是祖父取的，表达了对他的期望。我的祖父端木杰有四个儿子，分别取名中、正、和、均。祖父的四个儿子中，长子端木中念农业，先在金陵大学师从赛珍珠的丈夫卜凯教授（John.L.Buck），后来考上公费，1941年留学美国。次子即我的父亲端木正毕业于武汉大学和清华研究院，留学法国。三子端木和毕业于复旦大学经济系，后来留学日本。四子端木均抗战时学习飞行，成为飞行员，曾经在美国学习飞行，是两航起义人员。两航起义时，祖父是国民政府的交通部长，他在香港协助打赢官司，使相关的飞行器材顺利回归大陆，当然也上了国民党的暗杀名单，是周恩来安排人把他撤回大陆——他在抗战武汉政府时就已经认识了周恩来，来往不少。祖父付出的代价是与长子的永别——他在美国的长子被国民党吊销护照无法回国，多年后的父亡母丧都没能回来。

祖父辛亥革命时在家乡参加青年军，在南京临时总统府做过警卫，被选入孙中山创办的军需学校成为第一期学生。从北洋政府到国民政府时期，他先后做过抗战时的重庆军委会后勤部副部长，抗战胜利后还做过粮食部次长、交通部部长，但他的四个儿子没有一个做官。我父亲回忆说，当他打算去昆明备考西南联大的清华研究生时，祖母勉励他说"不要去做官。做得好，人家说你们仗爸爸的势力，做得不好，败坏了爸爸的名声。如果你们将来念书好，那才是你们自己的成绩"。虽然家境不错，但父亲他们兄弟都是考公费留学的，并以此为骄傲。祖父母非常重视儿子的教育，对儿子的老师非常敬重，亲自上门为儿子请家庭教师。我父亲念大学和读研究生院的时候，祖父祖母在重庆和南京的家里接待过武大的王星拱校长，还有王铁崖、钱端升、陈序经等教授，和官场的应酬接待不同，每回都是我祖母亲自下厨。

端木是安徽安庆有名望的回族名门，但祖父非常开明，从不干涉儿子的职业和婚姻选择。我祖母也出身回族名门，她父亲是将军，是段祺瑞的门生，民国初年做过陆军部航空局局长，是中国的第一位民航局局长。我祖父之前的端木家族很重视回族通婚，我祖母是回族，父亲的外祖父也是回族。但我祖父母非常开明，对儿女通婚并也不要求民族，甚至有回族的名门上门提亲希望联姻，祖母也婉拒了。她熟读《孔雀东南飞》，知道封建家庭的悲剧，决心不干预孩子们的婚事。我父亲这一辈的兄弟姐妹们，都没有和回族通婚，嫁娶的都是汉族。我母亲和三婶曾经到清真寺洗礼，取了回族名字，认为是归化回族，嫁到回族家庭，但她们都相当自由。当然，我们的户籍都填回族，家里的饮食都是回族式的。我和我父亲一样，都遵守回族的饮食，但是外出开会讲学，从不会跟主办方提出特别的饮食要求，只是自己注意。

我父亲曾经专门去山东，在为孔子守灵的子贡墓前留影——子贡是端木姓的先人，在子贡家谱中有我曾祖父和祖父的名字。端木是传统而古老的姓氏，作为这种姓氏的后人，当然有压力。我觉得我父亲是对得起他的姓氏的，但他一直谦虚地说大伯比他聪明。做我父亲的孩子并不容易，做得好了，会被评价说这是应该的；做得不好就会被人说。

二、清华、武大

我父亲一生以自己的两个身份为荣：一是作为清华的毕业生为荣，二是以作为欧美同学会的会员为荣。他跟我们说过他年轻的时候非常向往清华，但是遗憾的是我们没有问他为什么。清华对他来说很神圣，他在巴黎拿到博士学位后，在该校高级国际法研究所再读的文凭论文封面上，他郑重地打上了法文"法学博士端木正，北京国立清华大学原助教"。他对学生说过清华没有门户之见，明知他要去法国留学，仍然让他毕业留校，做张奚若先生的助教。他在外孙考上清华后，马上带他去清华，说"我们去看看，清华什么时候都是了不起的"。他认为清华"学风好、氛围好、校园好"。

他在北平出生，在府学胡同小学上学，所以喜欢北平，后来随父母迁往南京读中学。1937年他在上海参加清华的入学考试，交了考试费，领了一顿午餐，都坐在考场准备考试了，却传来日本进攻卢沟桥、"七七事变"爆发、清华的考试题不能运来的消息。他之前就考上了燕京大学的新闻系，可是华北已经被日寇占领，无奈之下他也成了流亡学生，选择借读了武汉大学政治学系。

武汉大学对他影响很大。武大校长王星拱认为"大学不能停办、念书也是抗战"，请了很多名人来武大演讲，父亲在文章中写过，在武大，他听过陈独秀、汪精卫、王世杰、董必武的演讲。在武大他认识了王铁崖先生、杨人楩先生。他对杨先生崇拜了一辈子。他有一篇文章讲他听杨先生讲《法国大革命史》翻译稿，杨对照法文和英文稿，居然找出来原著的几个错误点。父亲年轻时是一个热情洋溢的人，但完全继承了老师做学问的认真。

父亲在武大师从王铁崖先生，他平生第一次做翻译，就是在王先生指导下翻译30万字的国际法课本，没翻完他毕业了，离校后接着翻，然后寄给王先生，先生认真校对后再寄给他。1993年他与王先生、李浩培先生等一起被任命为国际常设仲裁法院的仲裁员，这真是师生同台的佳话。他与王铁崖先生1999年在海牙最后一次见面，当时是驻前南斯拉夫使馆被炸之后，他们在海牙的和平宫开会，那是他时隔50年之后去再度参加世界和平大会。我从巴黎过去看他，在他们住的宾馆附近找了个小旅馆住，我是身兼使命的——法国人希望请他开完会后顺道访问巴黎。结果他说公务在身，又想和我母亲一起去巴黎，没料到就此错过，直到去世，再也没有去过巴黎。当时我在宾馆为他和王铁崖先生拍了最后一张合影。

很奇怪，他在武大的好朋友都是其他专业的，比方说漫画家方成，是化学系的，胡传聿是学工程的，在物理系，后来是长春一汽的总工，后来还去苏联学习过（他的孩子玲玲、罗罗是我们小时候的朋友），父亲跟他关系也很好，他们高中是同班同学。

父亲为什么和方成那么要好？可能和他自己的个性有关。他是个很幽默的人，而且是结合了东西方的幽默。他从法国留学回国时，带回来了全套精装的莫里哀喜剧（可惜"文革"期间给烧掉了），他不但看这套莫里哀，也买了国内出版的李健吾先生翻译的莫里哀著作，所以我们姐弟从小就知道莫里哀。他和画家吴冠中也是留法时交往的好朋友，这也和他对艺术的欣赏有关。他从法国回来时，除了莫里哀喜剧全集，还带回来了卢浮宫画册。那套卢浮宫画册他非常喜欢，所以尽管历经动荡——数次抄家、数次搬家，他居然一直保存着。我记得那套画册他给包得像砖头一样，藏在床底下。父亲是个夜猫子，喜欢晚上写东西。我小时候半夜起来去卫生间，经常发现他在书房里看东西、写东西，也许他也是那个时候整理东西的——他所有的东西一直都是自己整理。

我记得一位美国的清华老学长在欧美同学会对我说，能够考上清华很高兴，考上研究生那简直是凤毛麟角。从这能理解父亲武大毕业后考上清华研究院的骄傲。父亲在清华研究院的导师邵循恪，在我们印象里是个神秘的人物，他终生未婚，由他母亲照料生活。我们家并没有邵先生的照片，我母亲回忆说，邵家的一个兄弟曾经来过广州。邵先生那时身体不好，我父亲常常去医院看他，照顾他，"执子侄之礼"，邵先生就在病床上跟我父亲传授知识。父亲一生说标准的北京话，邵先生那一口难懂的福建话，他居然全都能听懂。当时学生少，师生关系很密切，想必他还做过笔记——他还有些东西留在广州家里的柜子顶上，我不知道是否还有笔记在其中。

有一回我跟他抱怨社科项目经费少，他说，西南联大那时多困难，教授生病、教授夫人卖家底，哪里有什么课题费，但他们学问那么好。你们有课题费也做不出来。

三、巴黎大学

我父亲的中文功底很好，可能是念过私塾的祖母的功劳。我看他在文章中说，他 3 岁时祖母每天教他认识四个字，定时上课，先温习已经认识的字，再新认四个字。他英文不错，可能是中小学打下的底子，他的法文是在西南联大学的。他一直关注西欧，崇拜法国。他说留学法国时，他这种念国际法的，不像念数学的吴文俊和画画的吴冠中——他们的法文够使，但像他和学历史的左景权（左宗棠之孙），法文就需要强化，所以他们到法国后，就在里昂的中法大学先学了两个月的法文，10 月份才到巴黎大学。我在里昂市立图书馆的中文图书部，找到了当年他们到达的文件，上面有他的名字，还在法国外交部的档案中找到了关于他们这批留学生到达法国的时间，乘坐的船只的电报。他们坐的那艘船，当年邓小平、蔡和森、向警予赴法国勤工俭学时也坐过。

父亲个性慷慨，经常帮助同学和学生。有一个自费留法的同学，是带着太太去的，在那里生了个孩子有残疾，他就常常帮他。他的慷慨与他母亲有关。有一次他的朋友跟他借 50 块钱，祖母说你给他 60 块吧，交往那么久的朋友，你知道他不是轻易开口借钱的人，想必他又不愿意多借，能少借就少借，算紧了才借，你应当了解他，所以要稍多借些。这件事给他留下了深刻的印象。祖母还常常帮助穷亲戚，这对他平时的博爱思想也是有影响的，他对工友和学生的平等相待，他们后来也很保护他。他说在巴黎留学的时候，住在巴黎大学附近的小旅馆，离剧院不远，他们留学生有政府奖学金，手头稍微宽裕，常常去看戏，也请那些没钱的法国同学去。

在同一批留法的同学中，吴冠中比他大一岁，赵无极（法兰西学院艺术院院士）比他小一岁。朱德群（也是法兰西学院艺术院院士）则比他们都要晚。虽然我没听他说起过赵无极，但他们应该是认识的。他和吴冠中、熊秉明（数学家熊庆来之子，艺术家、哲学家）关系很好。欧美同学会是他和留法老朋友们聚会叙旧，甚至是回忆青年时代的地方。在这里，大家平等相待，他和画家吴冠中都是欧美同学会留法国分会的普通会员，卸去所有的社会身份，与老同学欢聚，是他最喜爱的活动。

在法国时，他非常讨厌别人说中国人"东亚病夫"。他个子很高，有1.8米，很强壮，法国同学叫他"东方王子"。当时教会会发救济粥，他非常反感中国同学去领，认为给中国人丢脸。这些他很少提，但当我出国留学时，他特意告诉我这些。

我在瑞士留学时，去巴黎见父亲留学时的好朋友左景权叔叔。他说："我给你500法郎，外国人请你喝咖啡，你一定要回请，不能给中国人丢脸。"我说喝咖啡用不了这么多钱，他说："没关系，留在你手上，我以前花过你爸爸的钱。"

1982年我到社科院工作，和两个留过苏的学者去意大利，历史学家索布尔（我父亲翻译过他的著作）请我去巴黎一周，左景权叔叔当时在巴黎，我去见他，他一生没回国（因为左家在湖南的土改经历他没法回来）、没结婚，很潦倒，在巴黎的图书馆做敦煌学研究很出色，他一生非常讨厌日本人，有一天跟我说："今天真倒霉，一出门遇到两个日本人。"

1984年我再去瑞士留学，父亲用例子告诉我不要给中国人丢脸。假期时我从瑞士去巴黎，住在他的导师巴斯蒂夫人家，她对我说你父亲的名字注定他是要做法官的。老夫人介绍我和巴黎的妇女界、尤其是大学妇女协会认识。我跟巴斯蒂夫人说我很痛苦，因为孩子留在国内，我很想他。她安慰我说"你不要不放心，孩子留在他身边比留在你身边要好"。当时有很多人动员我留下来，我说孩子在国内，他们说可以办过来啊，我说我父亲让我回国，他们说："端木正疯了啊，他自己回去吃了那么多苦，还让女儿回去？"

父亲喜欢清华，他一辈子对法国也有特殊的情感。他最惊喜万分的是外孙在清华大二的时候选择学法语。外孙在去法国留学的前一天，父亲他特意带他回了次清华。第二天还坚持送他去机场。外孙到法国后打电话回来报平安，他接了，然后说道："跟我说法语。"

四、岭南一梦

1957 年之前，他有过一段快乐时光。那时因为清华文科就要停办，所以他 1951 年留学回国后，应陈序经先生邀请，他到岭南大学工作，和他原来就认识的清华国学院教授陈寅恪（他在西南联大听过陈先生的课）、清华政治学系的前后同学钟一均、罗应荣、经济学系的梁方仲等人在一起，我记得应陈序经校长之邀到岭南工作的还有著名数学家姜立夫，以及一群从北京协和来的著名医生，其中也有儿科名医钟世藩（钟南山的父亲）——他是个儿科医生，对我们非常好，什么时候去找他看病都很热情。

那时候他们一批青年学者组织了"京剧小组"，那时他们和广州京剧团关系很好，周末常常带我们去看戏。我记得那时在校园里有一批票友演戏，演莺莺小姐的是珠影厂的一个女演员，演红娘的是一个男扮女装的男生，我父亲和一个生物学家、一个数学家，他们几个大胖子穿着窄窄的跑龙套戏装，非常好笑。

父亲和他那一代的知识分子，都有"士为知己者死"的报国理想。在巴黎，他和吴冠中等人彻夜辩论要回国，他们哪里料到回国后全军覆灭的命运。他听从劝告提意见被划成"右派"后，连降三级，20 多年里只能在资料室做翻译。他后来很感叹，为他的老朋友西南联大同学，他说他们都没有活到这一天，他活到了。当年刚到岭南时，他们曾是那么一样的意气风发。所以他的活，一定意义上也是为他们那一批人而活。

我一直觉得岭南大学有点像西南联大在南方的最后集结——陈序经本来就是西南联大的法商学院院长。父亲和陈先生、罗应荣、梁方仲他们以为岭南会是他们报效国家的一个新起点，岂料这是"岭南遗梦"的最后一束光芒。

五、定力

父亲是个单纯而天真的人。他一辈子从来不着急，心里很有定力。我母亲是急脾气，在家里我们叫她"老急"，父亲则是"老慢"。我叔叔说年轻的时候，有一回赶火车，叔叔他们都急得不行，火车快开时才看见我父亲慢悠悠地走了过来。

父亲是个慢悠悠的人，但是非常有定力。他被关牛棚时，有些人想不开要走绝路，他却不顾危险，劝说道："你不要死，你死了你孩子怎么办？谁能说清楚你的事？"有些被关牛棚的人的孩子来看望，别人对这些孩子避之不及，觉得这些人的罪行比自己还重，怕接触会加重自己的罪过，他却冒雨把孩子接到自己住处。后来，那些他帮助过的人家非常感激他，嘱咐孩子说："什么时候见到端木伯伯，都要请他吃饭。"

他一辈子是个很天真的人。他的书房有很多书，他常常走到书柜前，看到一本他想看的书，就会站在那里看半天，或者搬个小凳子，一看半天。他非常喜欢看书，什么书到了他手里，抢都抢不走。他的书类别分得很清楚，主要是法国大革命、巴黎公社、法国当代政治、美国当代政治。他还在家里订了很多报纸杂志。

天真的父亲内心非常有定力，他认为历史是会过去的。1983年他重返法国，一个法国著名的历史学家后来对我说，当时一看到我父亲，就知道他吃了很多苦，因为他满面沧桑，但听他说话与过去毫无关联，全然与现在和未来相关。问他的遭遇，他只说了一句："历史已经过去。"

父亲一直有他自己的坚持。他一生经历坎坷，为人低调，后来沉默寡言，很少和我们说起往事。在整理他的图书资料时，在家里的柜顶上发现一个旧牛皮纸包，里面居然是他在巴黎大学的博士论文和国际法讲义（那讲义连巴黎大学现在也没有了），他能不顾危险、想尽办法把这些东西保存下来，我想他心里一直有相当明确的坚持，他做历史，知道什么是有价值的，也说明他清楚自己一生的坚持，那些坚持是他的安身立命所在。

我一直觉得父亲内心有另外一个世界。你看他和你谈笑风生，但他自己心里，有自己想象、思考、实施的另一个世界。但他那个世界是属于他自己的，我们都无法触及。

六、法国史和国际法

每每跟父亲说到学术前沿，结果他都知道，比我们敏锐多了。他看很多外文杂志，跟国外联系很多。他主要关注法国大革命、巴黎公社，国内什么人做什么研究，他都知道，对国内的学术动态非常了解。他1950年代学的俄文，可以翻译、可以听，但不说。关于法国史研究在国际上的进展，他是通过俄文杂志看到的。当时图书馆英文东西有限，但是俄文的东西很多、很丰富。

他半生孤独，但成就他的也是这半生的孤独。1957年被打成"右派"后，他不能上课，在图书馆积累了大量资料，还为商务印书馆翻译了一些书稿。"文革"结束时，很多人没有东西，他却一下子拿出来几篇法国大革命的东西，颇为一鸣惊人，很有"从废墟中站起来"的意思。他写的那几篇文章并不长，但很精炼。大家很惊讶，尤其当时写文章的他身在南方，并不是在北京这个知识中心。

法国史和国际法在他生命中的比重？他在一篇文章中说过，他最好的年华是1943—1953年，做的是国际法，所以国际法是他的学术初恋。后来的28年他做历史，其实他在法国修的第二专业就是国际关系史，所以一切大概早有因缘。他在中山大学的铜像上刻的是："法学家、历史学家"。

1980年中山大学要他重建法律系，当时他已经60岁了，头发全白，步履不健，有人看他慢慢穿过中大校园回家，觉得他很悲剧。因为当时建法律系一无钱、二无人、三无图书——人和图书早就散了。他天天漫步在康乐园，思考该怎么办。当时我母亲很担心，因为他天天很晚才回家吃饭。[1]

法律系办起来后很穷。当时逢年过节，别的系都要发一些过节的东西。法律系怎么办呢？我记得 1982 年还是 1983 年，他把法律系整年订的报纸全卖掉，这样过年的时候系里一人分了 5 块钱。我真想不明白他这个书呆子是怎么想出这个主意的？

他的很多东西，他在世时我们都未曾留意、未曾挖掘过，真是遗憾。1985 年他参加香港特别行政区《基本法》起草委员会，其他人都是英美背景，就他一个人是留法背景。当时动员过他从政，他不干。他一辈子喜欢教书育人，也许在现在的人看来这个目标太低了，但这确实是他的目标，他跟吴冠中先生也说过，他一辈子就想教书，他的中山大学教职一直保持到去世。虽然在中大并不完全是愉快的记忆，但是他心胸很宽，见到当年批斗过他、打过他的人，团拜的时候照样握手——不过我真不知道那些人心里是怎么想的。

七、北京、广州

父亲出生在北京，他的很多爱好与北京有关，尤其是清华在北京，所以他很喜欢北京。实际上，他在 60 岁接受复建中山大学法律系的任务时，非常意外，当时他满心以为自己要退休，就要回到出生地北京，可以到商务印书馆来逍遥地做他的翻译和校对。当时，他的继母还在世，就在北京。

父亲喜欢北京，他的第一业余爱好当然是看戏、看京剧。他八岁以前在北京，我祖母很喜欢看戏，也带他去，也许他的看戏爱好和这些小时候的看戏经历有关。1990 年他到高法工作以后，常常去吉祥戏院看戏。他常常带外

1　"从 1937 年进校读书，直到 1953 年司法改革运动回校，我都是在法学院度过的；但这一切在饱经世事沧桑之后，难道已届花甲之年还要重操旧业？"（《端木正自选集》）

孙去看戏。吉祥戏院快拆迁的时候，他们祖孙俩穿过柜台都已撤空的东安市场去戏院，还去后台。他桥牌打得很好，但我从来没机会看他打。我们家从《戏剧报》启订之日就一直订，后来都送给中山大学图书馆了。

1990年上半年他调到最高法工作，回到北京，当时我人在瑞士，很担心，不愿意他来做官，一再写信反对。他觉得他应该为国家法制建设承担责任，但是也有些犹豫。他来北京的时候，跟中央提出保留在中山大学的教职，每年有一部分时间回广州给学生上课、答辩。我母亲一直就是北京、广州两地来回跑。他的户口一直在广州，在北京只是"暂住人口"。

在中山大学的时候，他常常一个人在大操场漫步，但是后来在北京他是寂寞的。他不是官场中人，他除了上班，没有什么朋友。官场俱乐部的人他一个也不认识，很多东西也不是他所想象的。他每每听说广州有学生要出差过来，他会欣喜若狂。当时他已经70多岁了。

广州是他一辈子住的最久的地方。2006年那一年，他在北京医院住院了很长时间。现在想来，也许他当时有什么预感，出院后就急着要求回广州去，后来到家当晚心脏病突发在广州去世了。他最后一次和学生聚会，是在人民大学——他有学生在那里教书，当时选的地点要上楼，是大家把他抬上去的，他很高兴。

中山大学是他一辈子教书的地方。父亲早就决定把他的书捐给中山大学，他在世的时候，自己亲自动手整理广州家里的书，每回他从北京回广州，会把北京家里的书也整理好带过去，我记得一共从家里拉走了七八箱子。那些书如今和陈寅恪先生的书一起，都存在中山大学图书馆的四楼，那里有一个端木正图书室。中山大学有他的两个铜像，一个在室外，一个在室内。

八、为人父母

我觉得，在我们和他们这一代人之间，是有隔断的。他们那一代人并不太爱提往事，我小时候不懂，后来又发生了那么多场运动，他们不提是正常的。实际上，家族传承是文化史的一部分，否定和割裂都是很大的损失。他们不提，我就只能在他过世后查档案资料，整理他的文件，来一步步理清他的人生道路。当我在法国外交部档案馆和里昂图书馆发现有他留学时名字的法国官方文件时，真是欣喜若狂。

我们姐弟在家里从来没有挨过打。他最不满意我们的时候，也至多会说句："真是胡闹"，我们就赶紧四散奔逃。父亲尊重别人，很注重自由、平等、博爱。他对民主和科学崇拜，他按照民主精神和科学精神的要求实践。他尊重学生、尊重工友，他一直有平等的思想、博爱的思想。我还记得我们小时候在家里说广东话，他会说"不要讲我们听不懂的话"。他后来说他是 100% 的广东话——30% 的讲、70% 的听。

他在我记忆里是个沉默的人，但我想他青年时期并不是这样的。他和祖父一样，关注国家的命运，一腔热血，都并不干涉子女，但是在很关键的时刻他会表态。他在我们心中很有权威，说一句话很有分量。我记得"文革"结束后，有一阵子我在看"伤痕文学"，结果他说了句"不要看这些了，你耽误的时间够多了"，我就赶紧放下了。

大家介绍我的时候，从来都是说"端木正的女儿"，从来不说这是社科院的端木美。我一辈子最在乎他的评价，以至于即使别人说好，我会想是不是恭维我，我就希望他说好，他的意见是最重要的。但他对孙辈非常喜欢，对我的孩子简直太好了。

他从不说出来对子女的要求，比如说要考多少分什么的。他从来没有表扬过我，虽然别人都说我是他三个孩子中比较出色的一个。我做的中法合作项目已经十年了，他从没说过一个好字。我觉得我一辈子都在攀登，希望得到他的称赞。他最后看到我的文章是 2006 年。当时瑞士要重启在广州的总领馆——该馆 1956 年撤走，50 年后要重启。瑞士大使馆约我写一篇关于瑞士和南中国的关系，我去瑞士查档案，写了一篇文章，受到好评。当年 10 月广州领事馆开馆，我参加后回到北京。不料父亲 11 月就去世了。那是他看的我最后一篇文章，我回家拿给他，他看了很长时间，很仔细，看完我问他怎么样，他说"嗯"。我后来跟妈妈说我很伤心，他一辈子没怎么表扬过我。

父亲一生喜欢西装革履。每次有重要活动，他会和母亲一起去理发，两个人整理得整整齐齐、容光焕发地出现在大家面前，他跟我说这是对别人的一种尊重。父亲去世快七年了，但他的离开，在母亲心中留下永远无法填补的空缺，所以我有时候甚至在想，他们当年为什么要那么恩爱呢？对留下的那个人来说，如果当年没那么深的感情，就不至于这么痛苦。

我母亲很高兴我做父亲这个冷板凳专业、不辉煌的专业。我做他未做完的事业，对她来说，我是他的替代品，我替他做，她还可以像以前一样在一旁看。我刚从广州回来，母亲最近身体不好，一直住院，她小我父亲六岁，今年正好是父亲去世的年纪，所以我非常担心，非常害怕，做什么事都心神不宁。我真不知道母亲如果不在的话，我做这一切的目标在哪里？父亲和母亲，是我这一生所有奋斗的动力来源。

整理者手记

十多年前的初冬，有幸与端木先生有过一面之缘。那时《中国社会科学季刊》在北京开书评会，作为一枚小小的研究生，在签到处帮忙。早上的会议是老一辈学者专场，昔年北京学界的前辈几乎悉数到场——陈岱孙、王铁崖、端木正、楚庄、张芝联、罗荣渠、戴逸、李慎之、陈乐民、庞朴、赵宝煦、宁骚，钱钟书因病没来，但专门写了封信。诸位西装大衣的仪表风度、严谨规矩与毛笔字的优美令人印象深刻，与参加下午会议的中青年学者毛衣牛仔裤的不修边幅与极度随意形成了强烈反差。当时哪里知道日后有机会做端木先生的口述史？那一批老学者中，只有戴逸先生还在这个世界。

端木正这个名字实在特别，令人过目难忘。端木这个姓氏就够特别了，正字显然有别样的法政气息，这个名字的主人早岁学国际法，晚年成为最高法院的副院长，平添几分宿命的感觉。提出这个看法时，端木先生的长女非常惊讶，因为 30 年前，端木先生巴黎大学的导师巴斯蒂夫人跟她说过同样的话。说来有意思，巴斯蒂夫人的女儿是法国著名的汉学家，师从邵循正——端木先生清华研究院导师邵循恪的兄长（邵氏兄弟是 1930 届清华政治学系的同班同学），这颇有中国传统的"易子而教"的味道。

看端木正先生的照片，他从年轻到年老，一样的风度从容。他年轻时的照片，真是面白，身修，美丰仪，一派世家子的阳光与明朗，难怪法国同学叫他"中国王子"。晚年在最高法工作的照片，眼神不复年轻时的清澈，眉宇间也多了严肃和几分寂寞。那个在南京参加过中共学联活动被捕的少年，在风雨飘摇的岁月中立志以国际法专业报国的青年，既没料到"岭南一梦"的惨痛，也没想到老迈之年的暮年辉煌。

走过欧美同学会厚厚的大红门，从北门进去，端木先生长女端木美已经提前到了很久，一望即知她的修养和从父亲处继承的谦虚。欧美同学会所在地南河沿距天安门不远，记得费正清就是在这里进行了自己生平的第一次学术演讲，林徽因指着吴晗的鼻子大声表达对拆除北京城墙的愤怒，也是在这里。俱往矣，世间再也见不到那一代中学深厚、西学精进的学者，但他们的气息留在了这古老的宅院中。

和同时代的很多学者相比，端木先生何其幸也，一则他度过了最难熬的岁月，终于能将所学所长报效国家；二则他有女儿继承他的专业，而且这个女儿那么热爱他。和端木美女士在四月下午的阳光中互道珍重，离开南河沿大街拐入长安街，忽然想起离此不远的府学胡同，那是早年的端木正所生活的区域。他 8 岁离开北京，先南京而重庆而昆明，漂洋过海去欧洲，落脚广州几十年，但最后的工作生涯在北京，而最高法的所在地东交民巷，离南河沿的欧美同学会、府学胡同并不算远，在城市大规模的改造后，这些地方基本上仍是旧时模样。端木的一生和这个古老的城市一样，风云沧桑后，总有些东西一如当初。

与端木美女士访谈之后第三天，这篇口述史稿件尚在修改之中，端木正先生夫人姜凝女士归真。早上在清华文库中查阅《端木正自选集》，看到扉页上有端木姜凝的亲笔签名。中午，关于端木先生照片事与端木美女士通了电话，她一如往常地礼貌和谦虚，以至于没有让人意识到她正在承受的巨大的失去——放下电话才在网络上获知姜凝女士归真的讯息。端木正年轻时曾在清华图书馆门前台阶上有一张侧身留影，他离世后，夫人重访丈夫母校，在原地拍了张同样的留影，足见情谊之深。对于尘世间的一切来说，所珍惜的人与事，"时间消逝更显长久价值"。[1]

1　端木正："喜读《董每戡文集》三卷"，《端木正自选集》，广东人民出版社 2007 年。

14 从西南联大到清华

齐锡玉口述[*]

齐锡玉，生于 1926 年，湖南湘潭人，1944 年考入西南联大政治学系，1948 年毕业于清华大学政治学系，同年 9 月参加革命，1949 年 3 月入党，1990 年离休。

"齐锡玉长期从事党的对外联络工作，有较强的调研和翻译水平。在职期间曾多次为毛泽东、周恩来、邓小平等老一代革命家做过翻译，撰写过大量的调研文章，参加过党和国家许多重要的外事活动，积累了丰富的工作经验，曾被有关部门授予'资深翻译家'荣誉称号，是大家公认的专家型人才。"（中央组织部编《全国老干部先进个人和先进离退休干部党支部事迹汇编》）

* 口　述：齐锡玉
　地　点：中联部老干部活动中心
　时　间：2013.5.23.，6.27.

　　我生在江西安源；户口登记时按当时规定算湖南湘潭。祖父是安源煤矿工人，安源煤矿罢工期间工友选他担任纠察队队长。我父亲小学毕业后当徒工，安源煤矿材料股长曹华清雇他带自己的儿子去上学，供他读中学，他考上了长沙雅礼学堂的先修班。

　　为抗议外籍传教士粗暴对待学生，雅礼学校先修班举行罢课。当时在长沙办《湘江评论》的毛泽东建议，不要只反对传教士对学生的态度，而要抗议学校只挂外国国旗、不挂中国国旗。这次罢课得到社会各界的支持。校方被迫同意挂中国国旗，但是罢课结束后开除了领导罢课的学生。我父亲去上海进复旦大学半工半读。

　　祖父去世后，家仍然留在安源。父亲复旦大学毕业后留校任庶务员，薪金比较低，汇回来的钱不够维持家庭生活，靠母亲做鞋、洗衣服赚钱贴补。由于过分劳累，1932 年母亲中年去世，临终遗言是"好好读书"。这时父亲升任复旦大学庶务组主任，薪金有较大提高，把家接到上海。

　　我在上海小学毕业。抗战爆发后，父亲托亲友送我去长沙明德中学和大麓中学各借读半年。1938 年日军逼近武汉，我随姐姐逃到重庆，考进南开中学。1943 年毕业，报考西南联大土木系没有取。听老师说，我的总分超过录取线，没有录取的原因是毛笔头脱落，国文考试交了白卷。（作文题目是写蒋介石"《中国之命运》读后感"，考官可能认为我"反对领袖"。）

　　1944 年，我再次参加西南联大的入学考试，没有报考土木系而改报政治系——改变的原因是我当时认为，国家政治不上轨道学工程没有用。1948 年毕业，到上海参加地下工作，1949 年初入党。1950 年调全国总工会国际部工作，1959 年春节前调中央联络部七处美加组（后改为美大局和美加处），主要从事翻译和调研工作。1969 年下放劳动，1973 年调回中联部西亚非洲局，1975 年调美大局。曾任研究员、副局长、正局级研究员等职务；1990 年离休。

一、西南联大两年

我进西南联大时，父亲任中国茶叶公司云南分公司经理，兼云南省公路局管理科长，收入比较高。一年级刚念完，父亲突然被捕入狱，关押近两年才无罪开释。我不得不跑单帮维持生活，第二学期很少去学校。

两年读过哪些课记不全，只记得钱端升的《比较政府》、邵循恪的《国际公法》、陈岱孙的《经济学概论》、金岳霖的《逻辑学》、吴晗的《中国通史》、王瑶的《大一英语》、陈定民的法语。老师讲课的具体内容也已忘记，只记得这两年中形成以下一些概念：

第一，政治系不是教政治，而是政治学（Not politics, but Political Science）。政治系学生不能只学本系的专业课，而要尽可能扩大自己的知识面，包括经济学、社会学、历史、地理的基础知识。世界各国政治制度综合起来可以分为三大类，每类可以分为好、坏两种类型。第一大类是个人统治，好的类型是开明君主制，坏的是暴君和法西斯独裁。第二大类是少数人统治，好的类型是古希腊雅典的贵族政治，坏的是寡头政治。第三类是多数人统治，好的类型是民主制度，坏的是暴民统治。

第二，民主制度有很多缺点，却是已有的最好的，是世界发展的大势所趋。民主不能靠恩赐，而要靠人民自己奋斗争取。"民主之花需要鲜血浇灌。"民主需要法制保证，法律面前人人平等。为了统一行动，少数要服从多数，但是多数应当尊重少数。政党是人民的工具，不能凌驾于人民之上。

第三，弱国无外交。现有的国际法由强国制定，为强国利益服务。在现行国际法体制下，清朝签订的不平等条约全部"合法"。靠国际法和国际组织弱国不可能得到公平待遇，只有发奋图强，才能立足于世界民族之林。

我印象最深的是钱端升讲的"比较政府"。钱端升讲政治制度、美国的三权分立、英国的君主立宪、文官制度。这个课程很吸引人。他并没批评国民党政府，但也等于批评了。我记得他讲柏拉图的三种政治制度，独裁与僭主、贵族与寡头、民主和暴民。虽然他没怎么讲，但结论是西方政治制度是好的，但并不是完美的。钱端升的课，逻辑性很强，他是学者型的，并不是那种激情型的讲法，但他的课是政治系最吸引人的。钱端升的"比较政府"是系里的大课，有将近 20 个学生。

在西南联大上的课，我记得还有政治史，但是谁教的记不得了；国际法，是邵循恪教的。一年级的时候上的基础课，有陈岱孙的经济概论、历史系的世界史、金岳霖的逻辑学，还选修了别的系的课，记得有闻一多的诗经楚辞，后来还选修了经济系的其他课。陈岱孙的经济课是学校的大课，人很多。记得还有政治系开的现代政治思潮课、法律系开的宪法课。宪法课学的是外国的宪法，比如英国的 common law，美国的 written constitution（成文宪法）。民国的宪法，因为没实行，课上就只提了提。

联大坚持思想、言论自由的校风对我思想的影响很大。比方说，1945 年 4 月，联大新校舍民主墙上贴出毛泽东的《论联合政府》全文，号召"建立独立、自主、民主、统一和富强的新中国"。我一口气看完，忘了上课和吃饭。

毛泽东的《论联合政府》，我完全赞成。但西南联大的主导思想，不是走苏联道路。认为苏联是经济民主，不是政治民主；西方是政治民主，但不是经济民主。所以想建立一种理想国，一种理想的 Republic（共和国）。

1945 年 11 月 25 日，联大师生开大会，主题是反对内战。国民党警备司令部派兵包围学校开枪示威，官方报刊造谣说"西郊匪警"。学生罢课抗议，组织宣传队到市内讲演，国民党煽动退伍军官镇压，12 月 1 日打死 4 人，引发规模更大的抗议浪潮。

当时我跑单帮到下关收购酒精，回到昆明才知道。南开同学陈鄂向我介绍了情况，要我参加募捐和宣传工作，不久另一位南开同学方复（安徽桐城方苞后人）要我参加中学联络工作——解放后我才知道他们都是地下党员。这时我父亲已重新工作，我不再跑单帮，开始投身学运。

二、清华两年

1946 年西南联大三校复原，学生根据自愿分配到清华、北大或南开。我填志愿的时候毫不犹豫选择到清华，为什么呢？

一、校长好。西南联大由三校的校长梅贻琦、蒋梦麟、张伯苓组成的校务委员会领导。南开校长张伯苓是我中学的老校长。我原来对他很佩服，但是高中二年级的时候，高三同学为抗议国文老师刘寿嵩被迫离职而绝食抗议，他竟置之不理。（刘老师离职是因为得罪了张伯苓的秘书伉心如。他后来改名刘授松，担任武汉大学教授。）北大的校长蒋梦麟在重庆做官，除校务委员会会议开会，一般不来昆明。校务实际上由清华校长梅贻琦主持。他和师生共甘苦，夫人做点心出售补贴家用，子女不拿助学金。

二、老师好。蒋介石自封为领袖。系主任张奚若曾公开挖苦他——"连名字都不会取。衣服最脏的地方是领子和袖子，他却自封为领袖，还不如希特勒自称元首"。

三、校园和图书馆闻名全国。清华的校园、图书馆是最好的——当时只是听老校友说，后来发现实际上更好。当时北大的校园散在六个地方，现在的未名湖、燕园，当时是燕京大学的。

1946 年 7 月，我和最后一批离开昆明的同学经武汉、上海、天津，辗转来到北平。离开昆明的当天，我和一些同学担心张奚若和闻一多留在昆明有危险，建议他们和我们一起走。张奚若说，他是老同盟会员，估计蒋介石不会对他下手。闻一多说，他家里人多、负担重，没法早走，他还担心，如果有人打他黑枪，可能会连累同学。我们到贵阳的当天，听到李公朴被暗杀；

到上海的当天，听到闻一多被暗杀的消息。

开学后不久，同学们在两个问题上出现了分歧。一个问题是怎样看待北平临大分到清华的同学。有人认为，临大是伪政权办的大学，不能和联大同样对待。多数人认为，只有伪政权，没有伪学生，应该一视同仁。第二个问题是有人主张恢复"拖尸"（toss，高年级同学捉弄新生），多数人也反对。

1946年12月，美军强奸北大先修班女生沈崇，引发了北平学生举行抗议美军暴行的运动。方复（当时任清华学生自治会常务理事）要我通过父亲朋友的关系了解国民党当局对这次游行的反应，不久又动员我参加炼社、推选我担任干事——解放后我才知道，炼社是党的外围组织。三年级期间，学生运动接连不断，我记得有1947年4月的反迫害运动，5月的反饥饿反内战运动。

1947年暑假前，方复问我是否愿意去解放区参观，我说愿意。但是因为路断了，没去成。暑假后方复对我说，前一年课外活动太多，以后要减少。我认为他讲得很对。四年级选课比较多，有甘介侯的《外交史》、杨荣春的《美国政治》、陈定民的法语、梁秀彦的俄语，还有经济系、社会系、历史系和中文系的课。

甘介侯开外交史，他曾任李宗仁的外交秘书，他基本是照一本英文书讲的，我有一次缺课，在图书馆恰好借到了那本书，考试的时候就照书里写的答，他一般最高只给80分，那次破例给了我91分，帮我拿到那学期的清华奖学金。一个哈佛毕业的东北老师，姓杨（应该是杨荣春），讲美国政治制度，我认为他讲得好，请他做论文导师，题目是"美国的政党"。可是我在抗暴运动后对美国的看法有了改变，抨击美国的两大政党是"两颗灌铅的骰子"，结果他给了我最低分。

三、参加革命

联大和清华四年我的思想逐步发生变化。例如，"一二·一"运动使我认识到，只有打倒国民党中国才有前途；李公朴和闻一多被暗杀使我认识到，知识分子手无寸铁，只有共产党领导的武装斗争才能打到国民党；抗暴运动使我看出，美国已经成为帝国主义国家。但是我当时认为民主、自由高于一切。担心共产党取得政权后会仿效斯大林实行独裁。毕业前方复问我是否愿意参加共产党，我回答的大意是：我拥护共产党，愿意在党的领导下工作，但是不想参加。班里还有个同学是张君劢的社（会）民（主）党的，他来动员我，我说我不干。

毕业后，我去台湾探望父亲（他那时在台湾纺织公司任厂长）。他问我是否要他托朋友帮我找工作。我那时实际上已经决心找关系去解放区，但是只是说我想考清华研究生。回到上海后我通过陈鄂（他那时在育才学校任教）找关系去解放区。地下党派来联络的罗毅之同志要我留在上海"协助工作"，我同意了。

地下党给我的第一个任务，是设法打进提篮桥区的第五印染厂组织工人保护工厂。我通过父亲在中国纺织公司的朋友介绍我去第五印染厂"参观、学习"。第五印染厂的厂长正想找门路去台湾，对我热情接待，使我有机会接触工人，其中一名是新四军"三五支队"掉队的战士。在他的帮助下，工厂建立了人民保安队，上海解放前夕成员发展到近 20 人。

罗毅之有次问我，为什么没有入党。我如实说了自己的疑问。他针对我的思想耐心解释党为什么必须有铁的纪律和实行民主集中。我 1949 年 1 月写了入党申请，3 月宣誓入党。

整理者手记

第一次打电话给齐先生时，吓了一大跳——电话中他的语速和反应的敏捷程度，哪里像个八十七岁的人？甚至比很多年轻人都敏捷。他幽默的反诘居然能把电话这头的我给问住，愣在当场接不上话。他是有天分的翻译，讲多种方言、通四种语言、精力充沛、反应非常敏捷。

按照约好的时间赶到中联部老干部活动中心，见齐先生已经到了，他戴了一顶红色的棒球帽，更显活力。作为同级学生中年龄最小的，他至今保持着罕见的朝气，可想而知年轻时候该是怎样的敏捷。坐下来和他谈话，恍惚间甚至有一种错觉，这个分明是一个年轻的心灵和头脑。

请他辨认一张西南联大政治系师生的合影，他只认出了钱端升先生和他自己，认出他自己居然还是靠衣服——他说那时候很穷，没有西装，所以穿学生服的那个是自己。他告诉我一个有意思的事：原来人年轻时的相貌和年老之后差异是非常大的。记得前几天 108 岁的周有光先生说"哎呀一百岁之后突然老得很快，你到了我这岁数就知道了"。这些，还真是到他们这岁数才会知道的人生秘密。

从老干部活动中心出来，赞他体健敏捷，他爽声朗笑道："心脏堵塞了百分之八十了！"然后道："前一阵打算外出，去医院拿药，被医生当场截下，说我心脏堵了——医生说恭喜了，这样将来走得会不痛苦！"

除了敏捷的反应之外，令人印象深刻的是他的自省与克制，在口述稿的几次修订中，他再三强调，唯恐对他个人进行宣传，甚至对自己的荣誉和行政级别都不愿意提起。

15 我读清华政治系

张遵修口述[*]

张遵修，生于1924年，祖籍河北南皮，是张之洞的近支后裔。清华政治学系1948届毕业生。曾任《大公报》记者、编辑，《中国大百科全书·法学卷》责任编辑，大百科全书出版社编委。

[*] 口　述：张遵修
　　地　点：北京永安路张宅
　　时　间：2012.7.21，2013.9.23

我学政治学，是因为日本帝国主义的侵略。上中、小学时，我最喜欢数学，也想追随前辈学工，走工业救国的路。但七岁时，九一八事变发生，我看到舅舅告诉妈妈东三省沦陷时的一脸悲愤；上小学六年级时，正上历史课，学校工友进来把黑板上面墙上的地图摘下来，问老师为什么，先生皱着眉说，日本人要到学校来参观。那时宋哲元已经成立了晋察冀委员会，我看到摘下孙中山先生说的秋海棠叶般的、包括东三省在内的全国地图，感到有如法国作家都德写的《最后一课》中的小学生的感觉。十三岁时，卢沟桥事变，我家在北平，瞬间沦陷。我父亲宁肯饿死不当汉奸，失业多年，家境越来越贫困。抗战迟迟不能胜利，想到从鸦片战争以来，国家衰弱，受到许多强国的欺凌，现在日本侵占我们国家大片土地，我便抛弃了学工的志向，要从政治上探索究竟，攻读政治学。

1943 年我从北平贝满女中高中毕业。当时抗战尚未胜利，因为父母年老，我是他们身边唯一子女，不肯远离，就考入北平的以北京大学为校名的学校外文系，目的是多掌握一科语言工具。两年后日本投降，我转入新组建的北平临时大学政治系二年级；1946 年清华大学复员，我进清华继续读三、四年级。三、四年级的课程主要是三个板块：政治思想史、比较政府和国际关系。

一、陈岱孙

因为我是从文学院转来的，没读过政治系一年级的必修课经济学，要补修。

陈岱孙先生讲经济学实在精彩。上课铃一响，先生走上讲台，没有教科书、没有讲义，先生循序渐进地讲授经济学，我们一边听一边记笔记，先生讲的 marginal utility（边际效应），至今印象深刻。讲完一个单元，先生回身在黑板上写几本英文参考书，每本书自第几页至第几页，是要我们课后去读的。先生刚一写完，恰恰下课铃就响了，堂堂如此。

我到图书馆借阅这些书籍，真是好书！读一页，明白了一个问题，又产生了一个新问题，接着读下一页，问题就解决了，又产生了另一个新的问题，接着读下去，新问题又解决了，就这样阅读，理解逐渐深入，得到了极大的读书乐。

二、张奚若

西洋政治思想史由张奚若先生执教。先生从古希腊、罗马、欧洲中世纪到文艺复兴时期的马基雅维利、斯宾诺莎、法国启蒙运动时期的孟德斯鸠、卢梭，一直讲到近代的考茨基……先生的讲授启发我思想活跃。原来听说张奚若先生担任政治学系主任，先生拒绝担任，是法律系教授赵凤喈先生兼任政治学系主任一职的。张奚若先生自己乐于当一名政治学家，他本人不从政，藐视政客，不喜欢从讲台走上政坛的人，不论那人信奉什么主义、什么思想。先生只是治学育人，不仅在课堂上讲授，而且热心接待到家里来访的学生。我和同宿舍的经济系的刘正纾（去解放区后改名范中）一起到张先生家不止一次，先生不但给我们讲理论，还讲时局、分析形势，教育我们要走怎样的人生道路，用心良苦。

三、邵循恪

邵先生教国际法，因为是福建人，讲课时略带口音，但讲授非常认真，我们仔细听讲，也颇有收获。邵先生是一位只知道治学的人，对生活不多考虑。他当时单身，家在福建，每次开学前，都由老母亲代他整理皮箱，将半年中需要的各种生活用品放入箱子，供他一个学期之用。听说有一次先生回家，老母亲见他牙刷用得不成样子，检查箱子，发现另外五只崭新的牙刷安然无恙地排放整齐。我听到这个传说后，一方面笑先生不会生活，一方面对先生专心治学十分敬佩。

四、杨荣春

三年级下学期，从哈佛回来的杨荣春先生讲授比较政府。学期末的考试，杨先生不出考卷，要我们每人写一篇论文，说明学习心得。我根据所学习的，又参考一些哲人的理论和一些政府实况，写了一篇 For the people or By the people（为民或民治），文中有一二十个脚注，因为看教授们指出要看的参考书中，多有脚注，知道了论必有据，杨先生看完论文对助教杜汝楫说，这篇论文如果在剑桥也是优秀的。

杜汝楫把这件事情告诉了赵明杰，他们两人在西南联大是好朋友，杜汝楫比赵明杰高一班，赵明杰那时在清华读政治系四年级，就快毕业了。听了杜汝楫的话他很想认识我，我也知道他学习优秀，我们就相识于清华，成了一家人。

五、陈体强

陈先生是一位法学大师，他的著作《国际法上的承认（*The International Law of Recognation, with Special Reference to Practice in Great Britain and the United States*）》在国外多次印刷出版，几乎可以说是国际法学人的必读书。他 1948 年回国，暑假后进清华执教，当时我刚毕业，受教机会失之交臂。幸好编《中国大百科全书·法学卷》，陈先生担任编委兼国际法主编，我在编书过程中受教很多。

1983 年 10 月 13 日，我站在北京大学勺园门外，等待前来开会的法学编委。王铁崖先生来了，劈头一句就是"体强逝世了！"我们不禁相对泪流满面。我最后一次拜望陈体强先生，他把国际法分支学科的最后一部分定稿交给我，面色凝重地说："过去你们让我当国际法主编，我认为应当由铁崖担任。

他这两年主要是编《国际法年刊》，百科的书稿主要是我处理的，所以应当由我当主编，改得不好应当由我负责，作者对修改不满意应当对我有意见。"几句话掷地有声。言犹在耳，他竟去了！他的逝世是国家的损失。我们沉浸在失去陈体强先生的悲痛中时，竟意外接到他的来信——是他逝世前三天为回答我们一个问题写的，他夫人在病房中收拾遗物时发现后寄给我们，他信上还问我们还有什么问题，要告诉他。

在校期间，我半工半读，由学校安排我在清华附中教英文。在政治系班里，李咏、于坚、王宏钧都是进步同学，不宜暴露，所以把我推选出来，使我还当过政治系的学生会主席。不过我主要的时间还是读书。

现在我老了。回想攻读政治学，是我年轻时幼稚的爱国冲动，一个政治学系毕业的小青年能对国家的政治有什么影响呢！但是，清华政治系两年的教育，给了我没想到的意外收获，就是开始体悟到为学之道，知道应当怎样做学问，这为我后来编在学术上具有严格要求的百科全书，打下了良好的基础。

整理者手记

张遵修先生的曾祖父和张之洞是亲兄弟。张之洞为张家后代取名拟了一首五言诗："仁厚遵家法，忠良报国恩；通经为世用，明道守儒真。"张遵修是"遵"字辈。她的家在北京南城的一片住宅区里，那是他们夫妇当初工作过的报社宿舍。上得三楼，抬手敲门，张先生应声出来打开门，她微笑的面容，一下子让人想起那张她1948年和男友在清华大礼堂前面的合影，从20多岁风华正茂到88岁，60年光阴的时差扑面而来。

张先生的家朴素得和她本人一样，白墙，水泥地，日光灯，沙发上一丝不苟地铺着白毛巾，墙上挂着她父亲好友的书法，书柜中密密地排满了中国大百科全书、大英百科全书。她仍旧是当年的好学女生，极有条理并且毫不拖泥带水，颇有古人"刚毅"气质。说到某个不太确定的事情时，她会马上起身去翻查资料；偶尔说到与丈夫赵明洁在清华交往的故事，她会像女学生一样不好意思起来。

中午时分起身告辞，出门才发现天空已开始飘雨。没想到随后而来的是罕见的特大暴雨，离张宅不远的广渠门，有人在车中溺亡，郊区损失更是惊人。张遵修父亲曾任职永定河水务部门，是唯一的技术人员，今日永定河早已干涸，却怎能料到城内竟会淹水至此。一百多年间，多少起伏与变迁，多少个人的悲欢离合，不管是否曾被记载，这就是家与国的历史。

再访张先生，已是一年以后。果然是资深编辑，她对文字的取舍和剪裁当真是一丝不苟。陈体强夫人寄给她陈先生在医院写的最后一封信，她认真地夹在笔记本里，珍藏至今。目睹九旬长者恭敬地捧出先师信件的那一刹那，深切地了解了何为"尊师"、何为"难忘"。

16 一个进步学生的回忆

李詠口述[*]

李詠，生于1923年，河北南皮人，清华大学政治学系1948届，轻工业部离休干部。

我祖籍河北南皮，中学念的是天津的耀华中学，念了五年。抗战开始后，南开的很多教师去了耀华。我是耀华的穷学生，我父亲原来是铁路局的，后来失业了。我为什么比清华的其他同学大两岁？因为我工作过两年，在伪税务局。

一、思想

1945 年以前思想没有根基。抗战胜利后，同学们的思想产生了分歧。一部分人跟国民党走了，但国民党贪污腐化，抗战胜利后的接受实际是"劫收"，一些同学看不惯，又受进步同学影响，走上革命道路。

当时有个经济系同学韩国桢（纪明），我受他影响，但当时思想上有很多疑问没解决，国民党的宣传当然有影响。1946 年初的一天，纪明约我同他去晋察冀的张家口参观学习，连去带回 13 天。当时是纪明通过师大的一个同学介绍去的，我们当晚就住在师大，第二天，十几个人一起从师大走的。

从张家口回来后，我写了一张大字报贴在沙滩红楼的楼梯口，题目没写 13 天，写的是"张家口十日记"，大概有两三千字，连载。这样就有特务学生在大字报旁边写字，恐吓我，就把我给挤到共产党这边了。虽然大字报我是用化名写的，但当时我去张家口，"失踪"了十几天，回来后在图书馆僻静处写东西，很容易被人猜着。

在那之前，我接触了一些进步书籍，比如毛泽东的《论联合政府》，我看到了，是秘密传过来的。封面写着一个不被人注意的题目，里面是论联合政府，我放在床底下。图书馆当然不会有这些东西了。还有北京当时公开发行的报刊《解放报》，比较隐蔽地看，在当时的环境下，比较谨慎。

抗战胜利后，我就读的"北大"被国民党当局接收，对在校学生进行了甄审，国民党的目的是把思想进步的同学给审出去。1946 年春天，就是我们去张家口那段时间，开展了反甄审运动，学生辩论得很厉害，当时的口号是

"有伪学校，没有伪学生"，最后的结果是按学生志愿分配。我们选择清华是因为读书环境好。

二、清华

1946年秋天我进入清华，12月份西南联大的剧艺社、大家唱（高声唱）歌咏队两个有名的社团在清华成立。我因为在北方长大，普通话比较好，清华剧艺社成立就把我吸收进去。合唱队一周唱两次，剧艺社排练费时间，我就越来越投入，学生运动多，要配合演出，时间基本被占掉了，我没好好念书。那时候上课，老师不点名，很松，人也很少。清华剧艺社的活动，前几年清华出版的书《峥嵘岁月》里，我和别人合写过一篇文章，写得很详细。

我当时大三住在明斋，和章德安一屋，大四搬到了新斋。章德安是个好学生，属于中间派，不是很激进的学生。章德安是章宗祥的儿子，他念书时没受什么影响，但他后来一生受挫折，与此有关。章德安几年前去世，把他父亲的日记交给我们班的王宏钧了，王宏钧在国家博物馆工作，他好像然后给了沙滩红楼的什么单位保管了。

1948年章德安毕业后去了上海交通大学。我还差几个学分，还在学校，被捕前把学生证的名字临时涂改成"章德安"。当时在清华，我们学生每个月一袋半面粉，够吃。毕业即失业，毕业还不如在学校呢。

三、被捕

1948年8月19日，北平特种刑事法庭公布了各校进步学生的黑名单，说是传讯名单，实际上就是逮捕名单。头天晚上，组织上找到我，告诉我名单上有我，让我找地方躲一下。黑名单公布以后，没什么怕的，当时我已经入党（1948年2月入党），属于北系。

8 月 19 日当天早上，没地方去，我就去王松声家了，待了一天。王松声是西南联大毕业的，当时在成志小学当教导主任，后来是北京市文化局副局长、北京市文联的党组副书记。吴征镒当时是生物系讲师，后来是中科院院士，2007 年的国家最高科技奖获得者。他们两个属于教职员支部（南系），都是剧艺社的，吴征镒当时单身，在北院分了一套房子，就是朱自清先生家那一片，王松声没房子，他就把自己的一大间给王松声住。19 日夜里八点多钟，我被王松声和其他社友给藏到大礼堂里——从礼堂的后窗进去，后来半夜又有两位被送进来，是外文系的傅頋和电机系的徐应潮。社友从窗口给我们扔烧饼进去。我在礼堂待了一天。

20 号午夜我从礼堂出来，被接到王松声家里，他负担很重，生活很清苦，爱人体弱多病。当时屋里的煤球炉上炖着鸡，他扯下一只鸡腿，热情而风趣地说：“吃吧，吃了跑得快！”我非常感动，不吃也不好，吃吧——当时吃只鸡不容易，我噙着眼泪吃了下去。走的时候，他还塞给我两块银元。当时物价飞涨，为了避免钞票过度贬值，教职员工在工资发下后都马上买了粮食或换成银元存起来，他手中赖以度日的钱不多，很不容易。

和我一起走的，还有一个剧艺社的外文系同学、学生自治会的理事张家炽（后来在新华社《经济参考报》工作，去世 20 多年了），他是何东昌给藏起来的，藏在航空系楼顶。吴征镒把我们俩学生证的名字用涂字灵改——把我的名字改成章德安，但是露了一个黄圈在外面，很容易被认出来。21 号凌晨两点，我们离开王松声家，他站在凳子上把我们托过成志学校的南墙，也就是清华南墙，我们就翻墙出来了。

当时报纸上登了黑名单，每个城门口的军警特务手里都有。我们从清华翻墙出来后，不敢走西直门，因为那里查得严，我们就奔东南方向走了，打算进德胜门。走了两三点钟，五点钟左右，天快亮了，已经看见德胜门一带的城墙了。我们摸黑走，给人家糟蹋了不少庄稼。衣裳被露水打湿了，我们就把上衣脱了扔了，裤子也湿了，就坐在一个坟地头头晾。当时天亮了，有拉着牲口的农民路过，大概我们就被国民党特务发现了。

当时搭伴走的还有中法大学的一个同学，他是来清华找朋友的，在清华发现他也上了黑名单了，也困在那里。我们三人按照计划，到离德胜门 200 米路西的一个小饭铺，吃点豆浆油条，休息下再接着走。这时候六点多了，天大亮。

我们觉得三个人目标太大，我们两个打算进城去找北大同学想办法，就让中法大学的同学先走，我们再走。他刚进城，没被抓到。这时候外面就有跑步的声音，给我们堵到里面了。把我们带走后询问，为了不连累别人，我们都报了自己的本名。我们被关在西什库的草岚子胡同，"北平特种刑事法庭"看守所，就是薄一波也被关过多年的地方。

当时外文系的傅璇和林方其都在黑名单上，电机系的徐应潮是傅璇的男朋友，并不在黑名单上，但他是剧艺社的"漏网分子"，也被抓了。我头天进城，第二天他们三个人一起走，一起被抓了。他们没有被起诉，先放出去了。

我是长子，家里还有两个弟弟。我平常总给家里写信，被捕两个多月后，林方其同学先出去了，我让他带信出去，装在信封里寄给我家。我母亲不识字，但看见信封上的字和信上的字不一样，觉得有问题。我父亲早在报纸上看到逮捕的黑名单了，后来又在《华北日报》上看到被捕名单上有我——"李詠，化名章德安"，知道我被捕了。

我被关在看守所共四个月零 20 天，那里关的是政治犯和经济犯。没有动过刑，因为有同学们在外面支持，国民党也不敢。北平和平解放前夕，当时国共谈判谈的条件中有释放政治犯，被捕的学生陆续被释放，我和张家炽是最后放出来的，1949 年 1 月 11 日。这一段经历"文革"中给我带来过麻烦，那时候凡是进过监狱的都视为"叛徒"。

四、后来

刚解放时组织上想让我去搞艺术，我没同意，我觉得终身做这个职业也不是很合适。我当时在华北革大工作，被调给程子华（原十三兵团司令员、转业后任山西省委书记）做过秘书，先后在山西省委、全国合作总社（程子华离开山西后，任全国合作总社主任）、中组部、二轻部工作过，这辈子碌碌无为，挺平常的。

百年校庆的时候，我孙子开车带我回清华了，于坚等老同学都回去了。我还去新斋二楼看了我当年的宿舍，原来是一间，现在两间打通，成了会客室。

整理者手记

李詠先生的名字，早就听他的同学张遵修说起过。他家的地址，出乎我的意料，地名听着简单，但着实不好找。在官园一带，从大街拐进胡同，找啊找，都不是，胡同尽头是一片开阔的现代大楼，还不是，问了几个人，都不得要领，最后总算找到了。

出现在眼前的李詠，平静而认真，有点颠覆了以往对进步学生的刻板印象——电影、戏剧中的进步学生总是慷慨激昂的。他的平静看不出年轻时在话剧舞台的风采，不过他在清华剧艺社演的是胡适、教育局长之类的角色，并不是慷慨激昂型的，倒是贴切。

看到茶几上厚厚的一摞书籍资料，就知道老学长做了认真的准备。他的语速并不快，慢慢地谈了一个早晨，极为谦逊。他过世的夫人容貌清秀，放得很大的照片挂在客厅墙壁上，微笑地注视着一切。

把记录稿整理好输入电脑后，把打印稿寄给他，他收到后，一字一句地核实，电话告知我他的改动意见，再改，再打印寄出，再核实，如是四五次。每次电话讨论修改意见时，老先生都客气地约好时间谈修改意见，非常认真。这大概是他一辈子在研究室工作的风格。张遵修说是他让她当学生会主席，他认真地说他是没有权力去让她当的，只是提名，大家选举通过；同学说他被捕之后很英勇，机智地说自己的名字是章德安，他也认真地根据事实做了订正。

17　一个东北青年的求学岁月

于坚口述*

　　于坚,生于1925年,原名张德生,辽宁沈阳人,清华大学政治学系1948届,故宫博物院前副院长。

　*　口　述:于　坚
　　　地　点:北京安贞里于宅
　　　时　间:2013.5.8—9,6.19,9.9.

我是东北人，1935 年以前，我父亲在中东铁路工作，1935 年日帝接管铁路时被裁失业。我念的是奉天省立第三国民高等学校。那学校我念了四年，算是两年初中，两年高中。以前东北的中学和关内一样，都是初中三年、高中三年，日本人占领后在东北实行愚民政策，中学四年就毕业，这样你只要做技术工人就行。伪满的课本完全不一样，不能有任何中国的痕迹，拿历史课本来说，只有东北少数民族的历史，"满洲国"嘛，不让你提是中国人，地理课本也只有东三省，台湾的陈水扁前些年搞"去中国化"，当时日本鬼子早就在东北搞"去中国化"了。东北当时刺激人的事简直太多，令人窒息。我决心无论如何要离开这块"王道乐土"。如果没有伯父的帮助，我是没有条件去北平读书的。

一、入关北平

当时东北是"满洲国"，跟关内货币都不一样。要到关内来，等于"出国"，要办手续，虽然不严，但总得办那个手续。我一个人到了北平，进了北平三中，念高二，补了两年中学。当时是为了读书救国，所以我就选择了"北大"的政治系。后来抗战胜利后，西南联大迁来，经过反甄审斗争的胜利，我们和西南联大的学生一样，根据各人的志愿选择学校，我和章德安、李诵、王宏钧、张遵修，几个志同道合的同学选择了清华，因为清华清静，想好好念书。

当时在"北大"，没法好好念书——国民党的接管很失败。他们接管，把"北大"的牌子摘下来，换上"北平临时大学"，我们多么盼望中央啊，结果中央来了不是同情的态度，以胜利者的姿态对学生搞甄审，把我们看成是伪学生，就等于是候补汉奸，这是什么话？难道老百姓也是伪老百姓？这能好好念书吗？这一下子就把学生推到共产党这边了。

二、思想转变

抗战胜利前，在东北我也看了一些进步书，比如斯诺的《西行漫记》等，觉得好像离我太遥远了，可望而不可即。也想出去看看，到底是怎么样，但脑子里还是盼着国民党中央。这本书没有改变我的正统思想，我把希望寄托在蒋介石和国民党身上。

沈阳解放时，我正好在家。当时是夏天，我回家过暑假。我家住在所谓的"城乡结合部"，附近有一个名胜公园"小河沿"，那里有个张学良建的同泽中学。那是个重点中学，比一般中学设备好、建筑也好。有一天说是八路军来了，下了火车就步行到同泽中学，因为司令部设在这。离我家很近，我就去看了。一看，都是些农民，连制服都没有。当时为了争夺东北，就急速扩军，但还没来得及装备，到沈阳来装备，沈阳是东北第一大城市，工厂很多，足足装备了。没装备之前像乌合之众，我没有什么印象。当时八路军没有向老百姓做什么工作，共产党知道不能待久，沈阳国民党是一定会回来占领的。很快共产党就走了，把军工厂的军需品、武器等都拉走了。不久国民党就进来了。

《新民主主义》《论联合政府》、中共七大的文件和报告，这些我都看了。随着共产党进沈阳，这些书也进了，但看了对我影响不大。国民党进来后，那些就成了禁书了。书本对我的影响，不如现实对我的影响大。

虽然当时谣言很多，比如"共产党见着知识分子就杀……"，我是半信半疑。快开学时，我还是一心一意往北平奔。我到秦皇岛才看见国民党下军舰——是美国军舰把他们运到秦皇岛，再进入东北。但那一路上的铁路共产党已经进行了破坏，阻止国民党前进。铁路一段有、一段没有，我就是这么过来的，也不用买票，见火车就上，火车头也上，煤堆爬上去就坐在煤堆上。没有火车，我就靠两条腿走。就这样进了关，关也没人管。当时国民党大兵到了秦皇岛，美式装备，和那天我看到的八路军大不一样，看到国民党的军队，我忍不住流了泪，东北人多盼中央啊。当时我就是这个心情。日本投降时我激动得简直想大哭几天，真没想到胜利这么快——日本把东北管得跟铁桶一样，我深深知道什么是水深火热。

但是到了北平，当时日本投降才一年，就把接管搞得乌七八糟，没听到有一个人夸国民党。却流传着"想中央、盼中央、中央来了更遭殃"。你想想，怎么能不让人伤心！寒心！怎么这样呢？什么"五子登科"（房子、票子、车子、位子、婊子），就抢这个。另外一个方面，那些个接收大员高人一头，瞧不起沦陷区的老百姓。不同情你，而是一副"我来解放你们"的态度。特别是对学生，搞甄审，就是甄别审查，不够格就不能念了。你说学生有什么罪？这么对待学生。我看学生不管哪个派都是爱国的，甘愿当汉奸的是极少数。这一下子，当时就很苦闷：国家怎么办？靠谁救国？穷国无外交，谁都欺负你，中国已经被欺负上百年了，满清订的卖国条约一大厚本了，还不够吗？我伤心，我苦闷，看不见前景。前途在哪？跟谁走？

当时我们被分在北平临时大学第三分班上课，就在沙滩的北大红楼，那时学校很活跃，各种集会，各种结社，有成百，几个志同道合的就可以组织一个，出壁报，一楼到三楼全贴满了，就像文化大革命时的大字报。

就在这时，晋察冀边区的首府已经到了张家口，城工部（城市工作部）也到了张家口。学校的地下党就组织学生上张家口参观。当时我有个机会，我们班的王宏钧说有个机会去参观，问我去不去？我说去，正愁没出路呢，光看宣传的我不信，眼见为实。就这样，1946年四月份，我和王宏钧两个人秘密地去了张家口。

我们在张家口参观了七八天的样子，感触很深。感到解放区朝气蓬勃，国统区死气沉沉。那种朝气蓬勃当然不像现在的高楼大厦，全是精神上的，大家目标一致，勤学苦练，党政军民一条心，蓬勃向上的一条心。参观的东西都是向上的、催人奋进的，而且招待很热情——城工部部长刘仁从早到晚，全程陪同，我们一共上百人，都不知道从哪里冒出来的，多是各个大学来的。在华北联大看了《白毛女》《夫妻识字》《放下你的鞭子》等解放区的歌剧和活报剧（小话剧，可以走街串巷很便捷）。参观了监狱、医院、学校，还参加了参议会（正好在开会），还举行了一次盛大的招待宴会，党、政、军一把手都出来了。边区政府主席宋少文、边区参议院议长成仿吾、边区最高法院院长马（名字记不清了）都参加了。聂荣臻当时是晋察冀边区司令员。我跟王宏钧和聂荣臻元帅坐在一桌，我就坐在聂帅左边，他介绍了当时国家形势。（解放后，我荣幸地脱产两年半筹建革命博物馆，聂帅审察时我接待过，当然他不认识我这个10多年前曾和他见过面的"大学生"。）

解放区热情的招待和看到的、听到的对我影响很大。当时我就下决心不再回蒋管区。成仿吾是华北联合大学校长，兼边区参议会议长，在我们旁听参议会的机会，我直接找他，说成校长我不回去了，想上华北联大，请你收留我。成仿吾说我欢迎你们来，但是你们是刘仁请来的客人，你应该先跟刘仁说，他同意我就收。

我找到刘仁，跟他说我不回去了，就上华北联大念书。他像个老太太，说话很慢，笑眯眯地说，我们为什么请你们来，就是因为现在蒋管区国民党造了很多谣，说共产党杀人放火，共产共妻，是杀人魔鬼。请你们来，是让你们回去原原本本，不增一分，不减一分地向你们的亲朋好友介绍真实的解放区情况，这才公平。你们不回去我们不就白请了么。这样，我就没留下，又回北平了。

三、从"北大"到清华

我是1946年秋天，大概10月份的时候到了清华上学。因为我在清华的时间很短，所以绝大多数老师我都记不得了。张奚若是我们系主任，这我记得，但是没有上过他的课。我听过吴晗的历史课。我记得姓陈的先生教法文。

为什么记得呢？因为我没学好，老师批评过我，所以我就记得老师姓陈。从小在东北，学的是日语，虽然是小孩子，但是从心里有排斥感，讨厌日本人，也就讨厌日语，学不进去。后来在北大，学的是英语。

我记得上课的时候，女生都坐在前排，男生坐后排，我个子高，当然坐在后面。当时女生很少，特别是政治系，90%都是男生，外文系女生多一些，妇女的生理决定了学外文比男的快。

老师里我对潘光旦印象深。为什么呢？有一次罢课，我到我们班去看看有没有上课的。我到班上一看，没几个人上课，大部分都响应学生会的号召罢课了。当时，潘光旦先生正在上课，课堂上大概只有五六个学生。他说学生应该好好学习，闹什么闹啊，闹也救不了国。他说他当初就是好好学习，才公派留学美国的，当时也有学生运动，他就没怎么参加，所以你们得好好念书啊。当时我当然听不进去，我是积极支持罢课的，对美国兵强暴中国女学生十分气愤。

当时，罢课、游行是学生会组织的，各班推举代表参加学生会的辩论，辩论为什么要游行、罢课。当时辩论一般是在饭堂进行，地方大，就在新斋后面，我的宿舍在明斋二楼的拐角处。我是我们政治系参加辩论的代表。我们班的林大成积极反对罢课，他说学生还是要好好念书。我和他进行了针锋相对的辩论，我说美国兵在大街上轮奸中国大学生，多大的耻辱？这把中国人欺负到什么地步了？还念书？当时整个清华进步学生占多数，辩论结束，支持林大成的人很少。也有些不支持罢课但不愿意出头的。据说林大成解放后到山西去了。老师有各种观点，有的支持学生。辩论归辩论，但游行是自愿参加的，游行组织了一千多人，很不少了，当时清华全校也就两千多学生。

当时清华是个"小解放区"，解放区的书、报纸很多，各种各样的团体很多，唱歌的、跳舞的、学习的，非常活跃。在这样的环境下，三青团、国民党倒成了"地下党"，一露头就人人喊打，过街老鼠。清华毕竟是高等学府，国民党的军、警、宪不敢随便进来。但是出了清华，就是国民党的天下。

我是有读书的习惯，当时没有学生运动的时候，我就坐在图书馆里看书。但是当时的形势不允许念书啊。那时上课没有书，就是老师在台上讲，我们记笔记。图书馆的进步书不多，我们都是互相传着看，进步书从解放区进来比较难，国民党对边界把得严。

当时上学不容易，我那时也比较困难，是家里想办法给的生活费。过生日的时候，也就自己悄悄去小饭馆吃一碗面条，同学聚餐请不起。

四、到解放区去

第二年，也就是 1947 年 3 月份，就和北大的两个同学一起，去了解放区，是晋察冀解放区。终于实现了一年前在张家口的愿望。当时我们都不是党员，只是参加了外围组织，是地下党、同班同学杨荣厚帮助我们去的。本来地下党介绍我去，我到北大去跟同学辞行，结果他们两个也想跟我一起走，我们说就一起走了。

去解放区的常规路线是经过天津、沧州、泊头，从泊头进这是大道。但我走的时候地下党没有按平常的安排，选平西灰峪这条路没什么人走，我也不知道为什么。进解放区肯定有关卡，尤其是在两方交界的地方。当时很幼稚，我们三个穿着大褂，没有化妆，一看就是学生。刻了个假图章，盖了封介绍信，介绍去灰峪（这地方出灰）买灰，回来修建用。如果问起来的话，就说是清华大学的学生。到了也不知道口在哪，但看见国民党的水泥炮楼顺着山脚一排，约十米一个。我们又怕炮楼里出来人找麻烦，又不敢问从哪里上解放区，怕问了被抓。

我们就顺着一条狭窄的山沟往里钻，结果越钻越没人，路越窄。我一看不行，天快黑了，赶紧退回去，遇到一个挑担卖吃的，我灵机一动，说吃点东西，跟他聊天。问他这里安全么，共产党八路军来捣乱吗，他们从哪里来。他说就是炮楼对着的那个口。我一看，那个口很宽敞，骡车或者马车可以错开，两边没有一棵树。这可就难了。机关枪一扫，我们三人可就交代了。要不回学校？既来之，则安之，豁出去了！我下了决心，碰大运，要是扫射就趴下装死。

就这样，等冲过去，到山那边都已经点灯了，很晚了。那时候肚子饿不饿，一点儿也没感觉了。到山那边刚要下山，对面我看不清，那里有个站岗的，就喊：

喂

不要往前走了

前面有地雷

你们等着

我们派人接你们过来

我们就停住了，等他们回去报信。那是个联络点。结果来了一个人把我们接到他们那儿。当天是 3 月 19 日，比较凉，我穿毛衣，介绍信就塞在毛衣袖子折的边里。我拿出介绍信给他们看，地下党交代送我们到晋察冀城工部一个接待部门所在地，城市工作部在阜平县，由刘仁领导。

一天没吃饭，停下来才觉得饭真香啊。正在吃饭的时候，听到了国民党无线电播报，说胡宗南率领部队占领了延安，我感到血一下子涌到头上。我一辈子都忘不了这一天。后来看书，才知道国民党已经准备好进攻了。蒋介石避免承担破坏和平的名声，但他消灭共产党的心没死，悄悄向解放区推进重点进攻，要在山东消灭新四军，在延安消灭八路军。

我当时并不害怕，因为延安离河北很远。清华虽然很自由、很民主，但毕竟是国民党的天下，还是应该上解放区，痛痛快快干一场。那时候年轻啊，我 1946 年春天就想留在解放区。1947 年初的时候，都没有想到解放战争进展得那么快，以为还得好几年。

我们1947年3月到阜平都改了名字，因为没准城工部会派我们回北平做地工（地下工作）。填表的时候临时写了"于坚"，于字简单、好写，坚字表示我坚决要求参加革命。我没有派回来，上了华北联大。在政治学院政七班学习期间，担任过学生会副主席，我向班主任提出想参军，因为学的书我在国统区、清华都看过，但是他说什么也不同意。我一辈子工作都服从分配。在华北联大学习阶段参加土改、留校、跟老师读研准备当老师。石家庄解放后，又一次在附近农村搞土改，土改完又参加整党，整党后入党。1948年初，石家庄解放后，晋冀鲁豫、晋察冀两大解放区连成一片，同时北方大学和华北联大也合并组成华北大学，校址在正定，我在华北大学曾担任校团委组织部的副部长。1948年11月被抽调参加接管北平。

五、接管清华

北平解放时，我参加了北平军事管制委员会文化接管委员会。当时中央命令华北大学派人负责接管文教，我们华北大学一批60名研究生接管北平、天津的文教部门。当时文化接管委员会分四个部，大学部、新闻出版部、文艺部、文物部（最小的一个部）。99%的人都想上大学部，因为都是从大学去解放区的嘛，没有一个人愿意上文物部。虽然现在文物非常热，对当时的年轻人来说，什么老古董，没人喜欢。最后指定了几个人，我和罗歌（北大）、李枫（清华）、于谷（燕京）都是服从命令听指挥到文物部的。这时我还担任青年团文管会四部支部书记。

北平围城的时候，文化接管委员会的主任是钱俊瑞（后来做过教育部长）。他带着大学部去接管清华。我跟他说我是清华出来的，我也想参加。来了一辆大卡车，钱俊瑞坐在司机边上的副驾驶位置上，我和大学部的都站在后边的敞篷车厢里，一车拉去了。我没有任务，是个看热闹的。离开清华两年了，我想去看看有没有认识的人，结果一个熟人也没看到。卡车停在大礼堂前面，钱俊瑞在大礼堂做了一个接管报告，大礼堂里"站无虚席"，全校师生都来参加。我们一车人待了半天就走了，当时军管会在青龙桥，有一段路。北平城外当时已经是解放区。

我离开清华的时候，只差一年就毕业了。建国后，曾有政策，只要有两个同学证明因为参加革命未能毕业的学生，就可以补清华的毕业证书。 我认为没毕业就是没毕业，没去办毕业证书。

整理者手记

知道于坚，是他的同学张遵修提到的。后来找他，却一直没有人接电话。再后来，想了想，打电话给他单位，不料打错，打到国家博物馆了，但是那里的人知道他，说是故宫的老院长。再打故宫问他近况，故宫的人说老先生常来，刚刚走。这下放心了，身体肯定不错。电话过去，他说太太最近生病，改天谈。

改天电话过去，老先生笑着说他当初在清华没怎么念书，恐怕谈不出什么。我说那你都做什么了，说说看。我低估了他经历的丰富，他低估了我的好奇心，结果一问一答，一答一问，说啊说，老先生说得兴起，他说你要真感兴趣，咱们见面谈。我说好。第二天一早，坐了地铁去，结果出错站了，只好再坐出租车，不料又拐错了，他住三环北，我拐进了三环南，掉头转回去，又进错了小区——两个小区名字相差一个字，再绕，又被安贞医院门前的滚滚车流挡住了半小时。到老先生家楼下，比计划的已经晚了半个钟头。

摁了门铃，他说门禁坏了，他下楼来开门。我想88岁的老先生身体还真行，下意识里的预期是个儿不高的老头吧，岂料楼门开处，一个高大魁梧、仪表堂堂的戴眼镜老先生笑眯眯地出现在眼前，满头白发一丝不苟，暗淡的楼道似乎一下子亮堂起来——原来东北大汉还可以是这样的！仪表堂堂这个词，实在准确。

老先生记忆力一流，断句清楚、有力，谈到日占时期的东北、年轻时的苦闷，感情自然迸发，口才真不错，难怪当年在清华的辩论能赢呢。一边记录，一边在心里想，东北话其实可以说得这么好听。这么多年自诩写字速度超快，从未难倒过，但是他一边说我一边疾笔记录两个小时，食指和手腕居然快招架不住了。更意外的是老先生说，当初和他一起秘密去张家口的同学王宏钧，就在他家隔壁单元——70 年前的同班同学居然就住在一栋楼上，多么不可思议。

待收到修改稿时，又大吃一惊：88.6 岁（他自己的笑称）的老先生，不亏有多年文物工作打下的底子，在打印稿上所填写和补充的修改意见，钢笔写的小楷字极工整而娟秀，腕力完全不输年轻人。

他说他的同学敖平在我上次访问他那几天去世，那是当年认真念书的好学生，一生坎坷。他坐在书桌前，望着窗外，回忆起遥远的往事：在东单偶遇清华学长夏鼐[1]，那么个已不年轻的大学者自己背着米袋子，年轻的他要上去帮他背，夏鼐连说不用不用；每回故宫来了新文物，告诉夏鼐，他一定准来，总是手里拿着个小本子，认认真真地边看边记；1949 年后故宫清查，在各个角落查出大批清末太监们做了手脚但未及带出的文物……人世几何，岁月苍茫。

1　夏鼐（1910—1985），浙江温州人。1934 年清华大学历史系毕业，次年留学英国伦敦大学，获埃及考古学博士学位，之后在埃及开罗博物馆从事研究。回国后历任中央博物院筹备处专门委员、中央研究院历史语言研究所任副研究员、研究员、浙江大学教授。1949 年后历任中国科学院考古研究所所长、中国科学院哲学社会科学部委员、国务院学位委员会委员、国家文物委员会主任委员、中国考古学会理事长、中国社会科学院副院长。1985 年被任命为《中国大百科全书》总编辑委员会委员和《中国大百科全书·考古卷》编委会主任。

18 大动荡中的求学与思考

王宏钧口述[*]

王宏钧，生于 1926 年，安徽泾县人，清华大学政治学系 1948 届，国家博物馆前副馆长，党委书记。

---

[*] 口　述：王宏钧
　　地　点：北京安贞小区王宅
　　时　间：2013.5.22,6.19,9.9.

我祖籍安徽泾县定坦村。我祖父在淮军任职多年,甲午之战去过朝鲜（我妹妹抗美援朝时也去了朝鲜）。我父亲原来是直系军人,曾任旅长等职务。民国十七年,他率部队加入北伐军,改编为国民革命军第十军,担任军长,八月奉命征战军阀张敬尧,孤军深入,遇伏牺牲于冀东,当时我只有四五岁。

七七事变后,北平沦陷。我读高小、初中时,在学校课程以外,曾随姑母读《古文释义》中的唐宋文和《唐诗》,后来又随一位老举人陈德经先生读《论语》和《左传》。

我中学念的是北京四中。在四中念高中的时候,我的数理化在班里总是前三名。最早我想学工,大部分同学都想学工。可我始终觉得,学工? 国家这个样子,社会这个样子,应该先救国,改革社会,学工不如学政治。

我在清华住在明斋 309 室,三楼的第一个门,窗外就是西大操场。我和耿守铨、张德生（于坚）一个宿舍。

一、上清华

我为什么上清华? 当时北平临时大学政治系有大批人选择到北大,去清华的是于坚和我们几个。当时大家上清华是觉得,清华的学术新一点,介绍现代世界的东西多一些。北大老一点、传统的东西多一点,当时我们就是那么个印象。

我们这代人,年轻的时候赶上的正是动荡时代。外面是二战,国内是抗战、内战。1944 年,抗战末期我们进入当时日伪统治下的大学,1945 年世界反法西斯战争胜利,我在北平临时大学,1946 年进入清华,内战已经开始,毕业前夕,解放战争正激烈。我们念书的时候,社会大动荡。对我而言,那个时代考虑的是中国的出路何在?

1945 年,通过同学,不是本校同学,我接触了中共。1945 年抗战末期,我们准备办秘密学生刊物,1945 年 10 月出了第一期社会公开刊物《学生旬刊》。我当时是民族主义思想——恢复中华，把日本人赶出去，所以指望国民党中央，后来很失望，了解了共产党的一些主张，知道延安的一些情况。

1945年12月8日，我突然被捕，国民党平津警备司令部北平稽查处到我家里来抓人，特务说："请你去谈话。"我被关押在北平炮局陆军监狱（按：放风时意外地见过当时也关在在陆军监狱的川岛芳子和周作人，记得周作人穿了件棉袍，川岛芳子倒没什么印象了。关在同在一间监室的，有一个日本的大经济特务，能讲英文和法文。），家中被搜查，老母幼妹被就地拘禁，不许出门走动。

抓我有两个原因。一、我是《学生旬刊》的编委，当时有新闻审查制度，刊物被他们拿红笔画了好些叉叉，刊物出版时就带着那一串串叉子。办刊物时认识了外文系同学张文玉、哲学系的史哕春；二、史哕春传给我的《晋察冀日报》，我当时大意，看完就放在床铺下，被同宿舍的同学拿走了。当时学校很复杂，国共两党壁垒森严。我们被捕的有六个人，他们比我早一天。当时地下党就知道了，经过动员同学开大会呼吁营救，当时校方领导是陈雪屏，促使他出面到稽查处交涉，把我们保释出来，1945年12月30日出狱。

我年轻的时候很幼稚，那时候十八九岁，就在宿舍里和同学讨论马克思主义。把我抓了以后，国民党派警察在我家"蹲坑"，抓来我家的同学，抓走一个我的中学同学徐乐天，天津人，他当时在医学院念书，后来是地下党，多年后是协和医院一个有名的大夫。

1946年4月初，北平临时大学这边上着课，那边我和于坚一起去了解放区——晋察冀的首府张家口。当时我妹妹在上中学，我和同学在家谈的事她都给听到了。结果我们去解放区，她就偷偷跟着，当时我母亲在天津，也不知道。到了张家口，有一天开会，我见着了我妹妹！这才知道。她后来在八路军当卫生员，解放后才回北京做医务工作，又去抗美援朝两三年。

在张家口，我们听了边区党政军学等领导同志的报告，参观访问了市议会、晋察冀日报社、华北联大、工业大、监狱、合作社和八路军的一个连队，还听了《黄河大合唱》，看了《白毛女》……使我眼界大开，耳目一新，进入了一个新天地。至今使我印象深的有两点：一、我进入炮局后，特务"法官"问我的第一句话是："你对毛先生很崇拜吧？"我回答："我没读过他的书。"（当时确实没见过。）这时见到了《新民主主义论》和《论联合政府》，我如饥似渴，利用一切可用时机，读完了。二、当时国民党正猛攻东北的四平街，聂荣臻司令员在报告中斩钉截铁地说："政协决议、停战协定蒋介石是不会遵守的！不要看八路军就几条破枪，我们是不怕的！我们终究要胜利的！"三、我见到了邓拓，当时他是中共中央晋察冀分局宣传部副部长。在他做报告时，有人告诉我他就是《晋察冀日报》总编辑，我印象很深，我很敬重他。后来1958—1959年他主持中国历史博物馆中国通史陈列的创建，我又多次听到他精辟的讲话。四、在张家口东山坡，在山炮（代替礼炮）的轰轰声中，参加了"四八烈士"——叶挺、博古、王若飞、邓发等同志的追悼大会。这次塞上之行，使我找到了中国光明的前景，在迷茫之中，我找到了应走的路。[1]

秋天，北平临时大学结束，我进了清华，就和西南联大的同学合流了。他们中有毛俊达，还有复员的关品枢，他是在日寇进攻独山，国民党动员十万青年参军时参的军，抗战胜利后复员。

1946年这一年，5月间，我从解放区回来，6月，内战爆发，与解放区交通不通，10月，傅作义夺取张家口，12月底，因为沈崇事件，北平爆发了战后头一次大规模的反美抗暴大游行，时间是在12月30号。

1947年春天，于坚和北大两个同学去解放区，走的时候住在我家。我为什么没走呢？我四岁的时候父亲去世，妹妹先去解放区了，家里只我母亲一个人，我实在不能走。（于坚回忆说王宏钧送他到车站流泪了，他们洒泪而别。）

我记得很清楚，送于坚他们走，是1947年3月18日。当天，胡宗南部

1 程璧、冷林、宋柏、王宏钧等合写的"难忘的塞外之行"，刊登于中国人民政治协商会议北京市委员会编《文史资料选编》第十辑。

队进占了延安。我这时候参加了革命工作，到 5 月，爆发了解放前最大的一次游行，就是"五·二〇"反内战反饥饿游行示威。其实是两次游行——头一次是五·一八，人不太多，回来后联系各校 20 号再次游行。

你看，我们就在这种大背景下转到清华上学。

二、清华学习

在清华，我还是认真上课的。不过经常罢课，有的课也听不下去。我记得当时，除了外语、国文之外，政治学、经济学、法学，这些是必须修的。政治学主要讲的是民主政治和政府，我记得学过是英国 Price（普瑞思）的 *Political Science and Government*（政治学与政府），主要是西方的代议制民主。可是在当时，我已看到毛泽东的《新民主主义》《论联合政府》。当时还看了本书叫《苏联的民主》，讲苏联的民主集中制，也看到了当时苏联翻译的列昂洁夫的《政治经济学》。

当时，有老师讲过罗斯福新政、新经济政策和凯恩斯经济学，这两种理论是矛盾的，在实践上是对抗的。但我们也接触了苏联的东西。当时没有毛泽东的《人民民主专政》，但有列宁的《无产阶级专政》。这些是世界潮流，也是政治思想潮流、政治运动潮流。

当时我印象深的、容易接受的、对我后来有影响的，有一些课程：

张奚若先生的"西方政治思想史"，他上课时，手杖放在椅子旁边，内容深刻、丰富。当时没有国际关系史课，是外交史，从十九世纪普鲁士、奥地利与法国的外交与战争讲起。讲课的是甘介侯先生，留学美国回来的，李宗仁的顾问。系里没有人讲"中国政治思想史"，拿冯友兰先生的中国哲学史替代。我记得在书店看到吕振羽先生的新书《中国政治思想史》，我交的读书报告就是关于吕先生这本书的报告。我还选了一些课程，比如潘光旦先生的西方社会思想史。当时潘先生对社会思想史的介绍，我增加了好些新鲜的知识，比如 LaBlie（拉贝列）的"函变论"（Function and Variable），也译作"惑然率"，以数值研究社会问题。他上课时是一堂课一个卡片，穿着皮夹克——因为他拄拐杖，穿长袍不方便，而且皮夹克耐磨。当时老师上课不是很严，你不去他也不点名，很多来听课的也不是他班上的学生，是来旁听的——我也旁听过燕京的社会学课。我还看过钱端升先生的《比较宪法》。

为什么我对社会学感兴趣？清华当时讲的政治学、经济学，离我们都很远——西方的资本主义、西方的民主政治，我国这里是国民党独裁的半封建社会。而社会学，是哪个社会都有的，接地气。

我记得社会学系的年轻老师，姓吴[1]，副教授，开社会调查课，我有兴趣。他讲完课让我们列调查题目。我选了海淀区的成府镇——成府镇这边是燕京，那边是清华，中间是成府。由学校开封信，当地没有公安局，只有派出所，我拿着信去，派出所所长给我介绍了这个镇，有大学、小学、幼儿园、喇嘛，等等。虽然当时的口号是"走进社会"，但是我的了解只是浮光掠影。根据他的介绍，我列了个提纲，走访了一些地方，最后写了一个调查报告，但都是表面现象，并没有深入的认识和分析。

我的英文是中学学了六年，大学又学了一年。在清华，陈定民先生教我们法语，我没学好，至今感到遗憾。解放后有一回苏联作家来演讲，用法文演讲，陈先生翻译得非常流利，很了不起。

很多课也没讲完，常常"罢课"，先生没法讲，学生也不安。费孝通先生讲"农村社会学"，记得他讲了江苏吴江的"江村调查"，我很想听。还有一

1　吴景超（1901—1968），生于安徽歙县。1914年就读于金陵中学，次年考入清华学校。1923年赴美，1925年毕业于明尼苏达大学，芝加哥大学，获硕士、博士学位。回国任金陵大学社会学系教授兼系主任。1931年起任清华大学教授，1932年任清华大学教务长。1935年在国民政府行政院任职，抗战时先后出任行政院经济部秘书、战时物质管理局主任秘书、中国善后救济总署顾问。1947年返回清华大学任教。1952年高校撤销社会学专业，调任中央财经大学教授，同年加入民盟并当选中央常委、全国政协委员。1953年起任中国人民大学教授，1957年被划为"右派"，1968年病逝，1980年平反。主要著作有《社会组织》（1929）、《都市社会学》（1929）、《社会的生物基础》（1931）、《第四种国家的出路》（1936）、《劫后灾黎》（1947）。

些课没什么意思。有位先生讲行政学，他讲得很认真，跟中国现实太远。讲国际法的邵循恪先生，学问很大，但口吃得厉害。他讲的一些案例我还记得，是海洋法里的例子，海牙是怎么处理的，现在可能非常有用。他当时给我们开的参考书是《奥本海国际法》。当时冯友兰先生开中国哲学史课不久，就到美国游学去了，由张岱年先生代讲。张先生和邵先生一样，学问很大，口吃得厉害，听不太清楚。

我上过经济系陈岱孙先生的课，他讲完留一个书目，我读不了一两段。当时吴晗先生讲中国通史，是大课，在阶教室上课，列的主要参考书目是翦伯赞的《中国史纲》，翦先生也是我敬仰的老师。吴先生是北京史学会会长，有一次在他主持的学术讨论会上发言，他会后让《北京日报》的编辑找我，写成"李自成'均田'的实质和历史意义"一文，发表在《北京日报》的学术版上。

说起来，我在清华学得最好的课是国文和体育，是笑谈。刚进清华，朱自清先生让我们转入各系的新生在课堂上用两个小时写一篇国文文章，题目自选，公布成绩时十几个人免修，其中有我。我还有一门课免修：体育。马约翰教授在开学不久，出布告选拔清华足球队，我报了名。上场踢了几脚，马先生说好。我们后来和燕京等学校踢过比赛。我从小学就开始踢球，踢到30岁。

回想起来我在清华的学习，除了专业学识以外，最重要的收获有两点：一是清华的熏陶，给我了民主精神；二是帮我开阔了世界的眼界，老师们大都学通中西，帮我初步打开了世界眼界——我也开始注意中国怎么样，外国怎么样。清华第三个重要的影响，就是校训，石头上刻的《易经》的那句："自强不息，厚德载物"，我至今认为这是中华民族精神的精髓。

三、离校后

我离开清华后，到晋察冀野战军第十七旅，不久调第六纵队政治部当干事。1949 年 1 月，我部进驻昌平、沙河一带，准备进攻北平城，我当时在敌工部，协助老同志在军用北平地图上标注敌人重炮阵地，把四中运动场、东单广场和重要名胜古迹，比如北京孔庙、国子监、北大红楼等处的地理位置和大体范围也标出了。

2 月初北平和平解放。我调到宣传部去教导队（被俘国军连排长组成）讲政治课，有百十来人。他们提出了许多问题。我记得领导叫我根据 1947 年的《中国土地法大纲》结合有关情况，讲过一次土地改革。他们又谣传"要打第三次世界大战了"，领导交给我一份中共中央宣传部的有关电文，我从《参考消息》找了些资料，认真准备后，我"初生牛犊"，去做了一次国际形势的报告，驳斥三次大战的谣言。

这年 3 月初，我军进攻太原，4 月 20 日凌晨，在彭德怀、徐向前指挥下发起总攻，双方重炮齐轰，声震山河，灰蓝色硝烟在半空中滚滚于城头之上。从拂晓到中午，北门外白刃相搏了十数次。我经过阵地时，看见片片流血已经变成了绿色。1989 年 8 月，中国明史学会在太原开会，我作为顾问参加。40 年后再过娘子关，感慨久之，写了几句，留作纪念：

再过娘子关

当年炮火震山河，娘子关前往事多。

会战忻州同御侮，百团齐进斗阎罗。

并州城头硝烟滚，汾水河边白刃搏。

枝叶共荣应早省，风云今日更如何？

新中国建立后，1949 年 11 月我转业到中央文化部，在文物局（社会文化管理局）当业务秘书，1958 年下放到江苏高邮劳动，回京后年末调到中国历史博物馆，至今一直被聘为学术委员会委员、顾问。

在清华听先生们讲的课，我学到不少终身受益的学识，受到了深远的思想影响。我后来在历史博物馆工作时从事历史研究，古代史、明清史研究，好像离清华所学很远，其实不然。在博物馆工作四五十年，工作期间仍不断思考在清华时思考的问题。我曾在一首诗中说：

> 莫道书生一卷老，治史从来为经今。
> 夕阳何须计长短，且再奋蹄耕复耘。

1979 年，我在社科院历史研究生的一次座谈会发言，应邀整理后发表在 1980 年第一期《中国史研究》上，题目是"中国从落后到先进的三百年"（收入中国社会科学院副院长汝信总编的《马克思主义历史观与中华文明》一书）。为纪念历史博物馆 90 周年，我陆续发表了"走向复兴的反思：11—19 世纪中叶的中国与世界"，以及"明清边疆和准噶尔问题"、"广州佛山冶铁陶瓷两业资本主义萌芽研究"等，都和清华所学和老师们的影响密不可分。这些我都已经编入拙作《秋海棠叶集》（中国社会科学出版社 1998 年版）。

我还充任《中国大百科全书》"中国历史卷"清史副主编，"文物博物馆卷"博物馆学主编，北京大学明史专业、中国人民大学清史专业、中国政法大学中国法制史专业博士学位论文评阅人和答辩委员会委员、北京师范大学兼职教授，我还能发挥这点余热，学识基础主要是清华所授予的。

我打小时候也学写诗，在清华时有时候也写。2008 年我们 48 届毕业 60 年聚会，我写了一首诗，向老师和同学们致意：

> **别 后**
> 一别师友六十年，鸿爪留痕泥雪间。
> 战火征尘三晋路，鞭牛学耕两湖田。
> 书生事业甘与苦，拙稿几篇聊遮颜。
> 水木清华春长在，校风国运总盎然。

整理者手记

王宏钧先生的信息，知道得非常意外——在他隔壁单元的于坚家偶然得知，便约了时间。他住在四楼，楼下单元门的门禁坏了，他得走下四层楼来开门，对一个88岁的人而言，并不容易。站在贴满了小广告的楼门前等他，旁边的一栋楼房正在修建或是维修，发出叮叮咣咣的声音，似乎是在大声提醒时间的流逝。

王宅的客厅极为简朴，是上学时所熟悉的师长住宅的风格。压着玻璃板的写字台、年代久远的沙发。坐下来，迎面是满满一墙的玻璃门书柜，装了数十本的《清史稿》、成套的《大不列颠百科全书》《中国大百科全书》。王宏钧相貌诚恳而正气，普通话标准而清楚，但是老先生的听力不好，即使带着高倍助听器，我也必须大声说话，偶尔在句子的结尾声音低下来，他就听不清楚了，所以得时时记着提醒自己保持大声。

这位当年四中的理科高材生，念了政治学，在历史研究中相当有成绩，一直是好学生的底色——60多年前在清华上的课、读的书、做的思考，他记得清清楚楚，连参考书目也记得。作为亲历者，他当时对所学课程的评价与思考，解释了一直以来心里的疑问：为什么当时的大学对学生吸引力不够？仅仅是因为学生运动频繁么？或者是自由主义的教学氛围么？课程虽然是国际接轨的，甚至是不输国外高校的，老师都是欧美一流大学回来的，但是课程内容距离中国的现实太远，这才是症结所在。因此，只用1952年的院系改造来解释政治学系的结束，大约是不够的。曾炳钧先生做最后一任系主任时说当时维持政治学很不容易，确实不只是外部因素的缘故。

谈到这一生所处的动荡时代，老先生感慨他这一代人的际遇——他们年轻时，个人的偏好与追求，都让位给救国与爱国，但在他心里，机械工程至今仍是梦想。

　　他的家族先后经历淮军、直系军队、北伐军、解放军，两次入朝作战都参与了——祖父和妹妹分别参加了甲午战争和抗美援朝。他把自己的论文集取名《秋海棠叶集》，源于 1931 年九月他刚上小学，老师挂起地图给学生讲中国的地图像秋海棠叶，但之后不久"九·一八"事变，日本侵占东北，海棠叶地图自此不再，对他刺激极大，永志不忘。

19　师高弟子强：从清华中学到清华大学

张辅枢口述[*]

　　张辅枢，生于 1928 年，籍贯贵州，清华大学政治学系 1948 级，曾任解放军四野连指导员、三十八军政委秘书，中央军委办公厅副主任。

---

* 口　述：张辅枢
　时　间：2013 年 10 月 13 日
　地　点：北京市翠微路张宅

我祖籍贵州水城县，但是我从来没有回去过。我小时候能听懂贵州话，现在就不一定了。

我祖父是个农民，与一般农民不同的是，他有点文化还开了个小卖店。我父亲张连科是有名的钢铁专家，他天资很好，从小念书出众，靠考奖学金念完贵州的重点中学南明中学。后来他去日本留学念冶金钢铁，也是考上贵州省的官费出去的。1930年代，国民政府又送他去美国考察钢铁行业。汉阳钢铁厂、上海钢铁厂，抗战以后搬到重庆建重庆钢铁厂，他都起了重要作用。[1]

但是，父亲40多岁心脏病突发去世，当时离抗战胜利就半个月，他没有看到我们胜利的那一天。因为父亲在重庆工作，我在重庆上学，后来上了重庆清华中学。

一、清华中学

重庆清华中学由清华毕业生傅任敢担任校长。清华中学是梅贻琦校长一手推动建立的，他挑选了傅任敢当校长。梅校长来看清华中学师生，我见过他，后来去清华念大学，反而没见过他。我觉得与比较正统的重庆南开中学相比，重庆清华中学更开放。

傅任敢校长是真正的教育家，重庆清华中学办得很好。在清华中学的时候，傅任敢校长很看重我。有时候需要发言，没人发言的时候，他会指定我发言。1948年我高中毕业，我们那一届，七名（本来是八名，有一人因故未报到）同学保送读清华大学。傅任敢校长平时对学生的教育很深入，对我们

1　张连科（1896—1945），号重山。贵州南明中学毕业，省官费赴日留学，先入大阪高等工业学院学习土木工程，后来又进入东京帝国大学学习采矿冶金，1927年学成归国受聘煤矿工程师、南京兵工署资源司，1933年只身赴欧美考察，回国任上海炼钢厂厂长。1937年冒着日机轰炸将上海炼钢厂安全搬迁至汉阳铁厂。1938年3月，国民政府组建钢铁厂迁建委员会，被任命钢迁会副主任委员，负责将汉阳铁厂及武汉附近其他各钢厂机器设备抢运入川。1945年5月心脏病突发去世，年49岁。去世后举行隆重公葬，兵工署厂长会议延迟一周，参谋总长何应钦题写墓碑。重钢曾有"重山村"地名。著有报告"国防与石油"、"军用金属材料的自给与发展计划大纲"；论著《水城钢铁之冶炼》《钢铁厂址问题之探讨》《我国西南钢铁事业发展之蠡测》《中国矿产志》；论文"列强石油争夺战与我国应有的准备"、"石油采矿学上之一新研究"。

有熏陶，我们被保送去北平，倒并没有给我们专门开会。

当时清华大学是大家考大学的首选。清华的名气大，口碑好，主要是教授、尤其是理工科教授的名望高，"师高弟子强"。

我父亲希望我也去搞他的专业，但是我没有兴趣。我中学的时候成绩还可以，文科比理科好。我喜欢学政治，想研究开明的政治。当时抗战胜利，中国是战胜国，是安理会的常任理事国，需要人在联合国开展工作，我就选了这个专业。

二、清华大学

我从重庆来北平上大学，是借钱买飞机票来的，降落在现在的西郊机场。其他几名保送来清华的中学同学，也都是坐飞机来的。为什么呢？当时从重庆到北平，要坐船、坐火车，加起来费用比飞机票还贵。我来念清华的那一年是 1948 年，辽沈战役、淮海战役、平津战役三大战役都是那一年打的。

清华的同学大多数来自名牌中学，也有个别同学不是重点中学毕业的，比方我们班就有重庆巴蜀中学的（按：后来也是重点中学）。

我在清华住在明斋二楼，电机系的朱镕基跟我们住一层。当时有的宿舍三个人，比较挤，有的是两人，我和重庆清华中学一起保送来的老同学陈明（经济系）住一屋，是我们自己选的。清华的体育活动开展得很多，我经常在西大操场打棒球。

当时政治系的系主任是张奚若。他是政治学教授，实际上他也是个革命家，搞中国革命，老同盟会的。大学一年级没有张奚若的课，二年级他开"西洋政治思想史"课，有时候他课下讲得比课上多。我接触张先生，一是他上课，或者他加课来讲他愿意讲的课。我认识他的儿女，通过他们联系好，和本系同学几个人一起，晚上去他家看他，他一讲话讲很长时间，不仅给政治系讲，也给清华各个系讲。经常有其他系的同学去他家，大家一起坐在他家地上。当时学生不多,教授愿意见学生,学生愿意见教授。他喜欢学生去他家,他侃侃而谈,对学生什么都讲。他口音并不重,主要是他讲,我们也问一些问题。那样的一种师生关系,现在是没有的。

当时对学生影响大的,除了张奚若,就是社会系的教授,他们讲得出东西,教授也比较多,有的思想比较进步。当时清华社会科学最强的就是社会系,教授成云,比如潘光旦、费孝通。费孝通口才很好,讲课联系实际比较好。

国民党讨厌这些进步教授,但是拿他们也没办法。国民党要抓一些进步学生,有时候是点名抓。学生里也有一些特务学生。教授们经常把进步学生藏起来,但不藏在有名的教授家里,而是藏在不那么出名的教授家里。

政治系讲国际法的是邵循恪,很强,他口才不算好,但确实有学问,有不少学生听他的课。从武汉调来的曾炳钧我有印象,他还可以,个儿不高。一年级时有"政治学概论"课,是美国回来的杨荣春讲。他讲的美国那一套不能联系中国实际,讲不出个名堂,我们不爱听。他是通过天主教的头头俞斌介绍来的,就是个摆设。

除了本系的必修课,还有一些外系的选修课。我记得选了外文系的英文课,是个美国老师教的。社会学系我选了几个叫座的教员的课,比如吴(按:应为吴景超)的"社会调查"、费孝通的课——费孝通讲活的题目,不是讲社会学体系,而是社会调查等。宪法课是法律系的教员上——当时政治学系和法律系是两个系,都归法学院。

当时系里有几十个同学,都有来往。学生当时对课程不怎么关心,最重要的是分析时局,选择自己的道路。那些同学,现在活着的不多了。我们那一届有一两个女生,她们比较保守,不怎么跟男生来往。女生住在静斋,上课坐在前头。

三、走向进步

我中学时成绩是可以的,但是思想是中间状态,完全走向进步是到了清华之后——清华的气氛太厉害了。去清华之前，我母亲告诉我说："到学校后不要闹学潮，家里供你不容易。"当时清华学费不贵，国立大学国家有补助，但是生活费要自己出。

男生中有保守的，就是一心念书打算毕业后找个好工作的，也有特务学生。但是党的工作做得好，我们一去，党就告诉我们谁是特务。当时，特务学生除了个别潜伏深的没有暴露，其他的在北平解放之前已经暴露了。女生中有花枝招展的，但在清华的革命空气中就很孤立，没人理。

我 1948 年入校，当时解放战争的形势已经明朗，平津一解放清华就解放，人就分流了。多数人在学校坐不下去了，轰轰烈烈的气氛下很难不受感染。解放军贴布告征兵、招训练班，都对青年学生有很大的吸引力。教授队伍也分化了，有的跟得上，有的跟不上——主要是从美国留学回来的洋派教授。杨荣春课没人听，他来历也不好，北平一解放就跑了。

后来我觉得资产阶级的政治学，系里学不到什么东西，政治学不是我在高中想到的那些，学起来没意思，考起来没意思，距离中国实际情况太远了。当时班里没有认真上学的了。一般的课有人去，反动的课没人去了。

那时清华有学生会，每年要竞选，很激烈，轰轰烈烈的，主要是地下党组织的。地下党势力越来越大，清华像个小解放区，小青年一入校就"赤化"了，说明地下党的工作做得细致，很有力量。我如果没进清华而去其他学校，可能思想转变就没有那么快。

我一年级思想就"赤化"得差不多了，二年级就入党了（1949 年 9 月）。二年级时系里入党的学生很多，那个时代的政治形势，简直是"逼"人进步。地下党要学生争取更多的教授参加革命，我们的任务是争取中间同学，大多数同学都好争取，除了个别人有问题。

四、参军

我根本就没毕业。大学二年级时北平解放，完全停课。清华学生组成工作队，到各大学、中学解说国家形势，争取所有的学生，宣传并提高自己，根本就没念书，名义上是二年级，但根本不上课。

解放军要招兵，招各种人才，报名参军的一批一批走，只剩下极少人——身体不好的，思想落后的。班里当时大多数人走了。我走的是最厉害的一批，四野解放北平，号召"打过长江去，解放全中国"，参军成风，选骨干，在校入团入党的一定跑不了。我在清华入党，一看政治系没什么学头，倒是军队很需要大学生，我就选择了参军。

参军的时候，我们一帮同学一起去填表，填完表就发了军装。参军的时候我毫不犹豫，但是没有告诉老母亲——她当时在重庆，重庆解放后她才知道我已经参军了。

当时面临解放全中国的任务，需要大量知识分子、大量的大学、中学学生，稍微像样点的部队都要。但是当时清华有精神，国家要现代化、工业化，学工的不要参加南下工作团（但是拦也拦不住），留下不少学工的，朱镕基他们大概也是因为这样留下的。我们当年保送到清华的七个重庆清华中学学生，大部分都参军了，还有在北京当警察的。留下当警察是因为身体不好，身体好的都跟部队南下了。

当时讲军队要南下，第一站要把武汉打下来。我们"南下工作团"先是跟着部队走，后来干脆并入部队，一起走路往武汉走。大批学生到了武汉，完全是军队待遇了，一直到今天。

进了武汉又往南走，解放广西、解放广东、海南，我就是走这条线。我们四野的统帅是林彪。队伍到一个地方就有清华宣传队的演出，改变一个地方的面貌。南下工作团走到哪里青年都是前呼后拥，出来一大批干部。

后来我留在广州。广州是林彪的部队，主要班子是四野的，我就是四野的。在广州时，我在广州军区政治部工作。1950年代，北京要培养一批宣传马列的干部，高级党校（中央党校）招生，要各单位派人考，考不上名额就没有了。单位觉得我能考上，就报了我。我来北京考，考上了，就在中央党校学习，是部队身份但是不穿军装。毕业时不让我回广州，留在总政治部工作，一下子就在北京，一直到现在。

五、结语

傅任敢校长去世以前我见过，但是他病重的时候我没来得及去看他。我离开北京南下以前见过张奚若先生，他当时是很重要的人，是政协委员，有车，有一次我进城坐过他的车，离开北京后就再也没见过他了。

清华的学生确实比较强，在部队的都混得不错，多数人是受重用的。清华学生往往自发回学校参加校庆活动，我好多年前也回去过。学校给补发毕业证的时候，我去补了。

我们这一代是国家大动荡的时代，我觉得我一生的路还是走得对。清华中学和清华大学对我一生的影响很重要，最重要的一条就是很重视学习，不愿意混。

整理者手记

张辅枢学长的信息，得到得非常偶然。政治系的研究已经基本结束，打算动工已经开了头的其他研究。去校友会查资料，临走时不知道为什么，突然起意检索政治系学生的资料，但自己也知道恐怕人数不会多。果然，名册里，政治系的学生一共只有四五个，而且名字全不熟悉。张辅枢名字旁边的记载是 1951 级——这一级的学生向来很少见，赶紧记下来。

隔天和张先生约好了见面时间，上门求见。那是一处典型的军队住宅，离商业区不远，却安宁而沉静，掩映在一片树林之中。到了大门口，报上名字，门卫拿出一张纸给我，原来张先生前一天已经认认真真地写好了访客资料交给了传达室。

见了面，在挂着"自强不息"四个清华校训大字的张宅客厅坐下，问张先生是否认识 51 级的同学许光建？他说不认识。再问，他说不对，他是1948 级的。原来如此。

张先生有长而浓密的白色寿眉，有一种军人和知识人混合的气质。他穿着便装，一个多小时的谈话中，始终坐姿笔直，双手端放在膝盖上——不像是坐在沙发上，倒像是坐在板凳上。他的谈话风格是典型的军人式的，思维清楚，表达简洁，有时候会略加思索，稍一沉吟后即做出回答，绝不拖泥带水。再问，才知道他是南下工作团大学生中少有的下到连队带兵的，后来是著名的三十八军的首任政委梁必业深为欣赏的秘书。

稿子整理好寄过去，却再也没有了消息。打电话过去，总是没人接，去外地了？生病了？非常纳闷。隔些日子再电话过去，仍是无人应答，大感不妙。

一个多月后，突然接到张先生女儿的电话——原来我们见面后第 3 天，老先生突发冠心病住进了医院，安了支架，刚刚出院回家，见到稿子，马上让女儿回电话。一代代人生命的轮回，犹如大自然的四季，告别了繁茂的夏，便是晚霞的秋。

20 短暂的清华岁月

许光建口述[*]

许光建,生于1931年,祖籍四川,清华大学政治学系1951级,前外交部条法司司长,外交学院兼职教授,外交部法律顾问,联合国常设仲裁法院仲裁员。

---

* 口　述:许光建
　地　点:电话访谈
　时　间:2012.9.29—10.10

一、上清华

　　我父亲是唐山工学院毕业的，那也是茅以升先生的母校，他和茅先生是好朋友，毕业后一直做公路方面的工作。我名字里的"建"，就是因为我出生时他在江苏省建设厅工作而取的。抗战时，为了保证战时交通专门组建了四川省公路局，他担任管业务的副局长兼总工程师，一直到抗战胜利。抗战胜利后，我父亲担任成渝铁路局副局长兼总工程师。解放前夕，许多国民政府的官员撤退去台湾，中共地下党派人找到我父亲，希望他留下来迎接解放，他就留下来了，刚开始还在成渝铁路，后来调到北京，担任公路总局的顾问。记得当时是交通部一个干部到我家来找他，那人好像是吴玉章的什么亲戚。

　　1951年，我从重庆南开中学毕业，因为当时父母在北京，便来到北京。实际上，解放后我曾经报过名参军，但是体检没有通过，被刷下来了，所以只好考大学。报考的时候，我第一志愿填的是清华大学政治学系，第二志愿是大连的海运学院，这两个专业差别挺大的。实际上，我上中学的时候就爱看世界历史、国际关系方面的书，比如美国国务卿写的《打开天窗说亮话》，我并不喜欢学数理化，就报考了政治学系。

　　考清华的时候，我的英语分数很高，有90多分。我小时候在教会学校上学，念的是重庆的圣光学校，那是基督教教会帮助办的学校，有外国牧师、传教士教书，可以说是个贵族学校——学校的董事长是张治中将军，名誉董事长是孔祥熙，很多学生家长是国民党的党政要员。我1942年开始在圣光念书，1945年抗战胜利后，圣光搬到苏州，我也跟着去了苏州念书，解放战争开始后，父母不放心我一个人在苏州，我才在1948年转学回到重庆，进了南开中学，南开的外语课也很严格。

　　我还没有拿到清华录取通知书的时候，父母亲因为不习惯北京的生活，回重庆了做规划委员会副主任去了（主任是重庆市长曹荻秋），所以我考上清华后，又是一个人在北京上学。去清华报到的时候，我还闹了个笑话。当时我家住在城里的东四，开学的时候，我叫了辆三轮车，到了学校大门口我就以为到了清华园，就付钱让三轮车回去了。结果，进校我才发现路还远着呢，只好自己扛着行李走进去。我们男生宿舍离游泳馆不远，六个人住，大家常常去北大，那时清华去北大的路上有不少小饭馆。

在政治系念书的时候，我记得上过曾炳钧老师的课，好像是政治学概论。虽然讲课内容记不清楚了，我倒是现在还记得曾老师的样子，个儿不高，皮肤黑黑的，是从美国留学回来的——听说那时候清华政治学系的教授很多都是从美国名牌大学毕业的，水平很高。当然，当时不会想到曾老师会是最后一任系主任，我们会是最后一届学生。

我在清华虽然不到一年，但是还有幸上过马约翰先生的体育课。他在大冬天的操场上穿着西装短裤，打着领结，教我们跑步、锻炼身体，甚至还教我们用冷热水交替洗澡。虽然时间过去了60年，但他的认真与热情，我至今难忘。

我们当时上课没有什么课本，就是老师在台上讲，学生在台下记笔记，课后到图书馆去——我记得有一回我在图书馆还丢了把伞，看完书忘了拿，回去找没找到。当时系里很重视外语，一年级的时候每周差不多有20几个小时的英语课，有口语、翻译、阅读，外语系的罗老先生我印象很深，他很有水平。我记得给我们讲汉语课的有朱德熙、吕叔湘等先生，都是水平很高的大学者。

二、搞"运动"

在清华，印象很深的是搞"运动"。第一学期，课还没念完，"三反五反"运动开始了，我被调去参加；这个"运动"刚完，我又被调到北京市委参加五反工作组了，当时我不是党员，是共青团员，打了几个"老虎"，"五反"

搞完了后我回到清华；不久组织上需要调一批人去上海帮助搞"五反"，当时上海是陈毅当家，忙不过来，加上又出了几起资本家跳楼的事情，他向中央要求派人支援。我又被学校抽中了，记得我们是薄一波带队去的上海，我记得我当时是住在泰康食品公司搞"五反"，这个公司现在还在，是上海很有名的食品公司。

从上海搞完运动回北京，回到清华不久，又开始搞增产节约运动，法律、政治、外文三个系组成工作组，我们去了北京的一个钢铁厂搞增产节约运动。不久后的一天，外交部的一个干部突然到钢厂找我，告诉我调我到人民大学外交系上学。事前我是一点也不知道，当然，如果让我自己选，我也是会选的，因为我一直就对国际关系和外交有兴趣。

1952年院系调整时，清华政治学系主要被划拨到北京政法学院去了。当时，从清华、北大、燕京、辅仁几个学校的政治学系抽调了一批学生到人民大学外交系。当时人民大学的学生很多是调干生，政治素质当然没问题，但是学外语比较吃力，从各校挑了这些年轻学生来，可能就是为了提高学生的外语能力。外交部就利用这个机会，给自己从各校挑了些外语好的学生来进行培养。

三、陈体强、王铁崖

我还没有从人民大学毕业的时候，外交学院成立了，于是我又到了外交学院，成为外交学院的第一批本科生。虽然我前后念了清华、人大、外交学院，但我拿的毕业证是外交学院的。

毕业后，我被留在外交学院国际法教研室当助教，两年后就开始上课，后来又两次借调到外交部去，还去过云南，参与处理中缅边界问题。后来国际法教研室单列出去成为国际法研究所，外交学院不放我，怕人都走光院里就没人开国际法课了。再后来外交部条法司要调我，外交学院之所以答应，条件就是条法司要包外交学院的国际法课。

我在国际法教研室的时候，有机会与陈体强先生很熟悉。我在清华念书的时候没有见过他这个学长，也没有见过邵循恪——邵老师开国际法课，可是我大一还没念完就离开清华了，专业课还没机会上呢，工作后有机会认识了他，但是也并不熟。当时，陈先生的"右派"帽子没摘掉，他不能上课，做的工作就是编教材，主要是《战争法规》这一章，记得他平时不大说话，但跟我们教研室的几个年轻人还可以。在教研室里，他年龄算是中等，大家对他其实很同情，他的学问水平大家是认可的，但是都不敢说什么。当时外交学院有几个"右派"，但都在其他系所，我们教研室就他一个"右派"。说起来，外交学院的其他右派都是本单位"自产"的，就他这一个"右派"是"进口"的——他是在其他单位带上"右派"帽子后才来到外教学院的。因为陈先生夫人范瑛在外语学院工作，他们家当时住在外语学院，他每天早上骑车来外交学院上班，下班再回去。他当时在外交学院有间宿舍，我作为没有房子的小年轻，借住过他的宿舍，所以和他很熟悉。

陈体强先生留学回国之初，在外交学会工作，听说是很神气的。但是我在外交学院见到他的时候，他已经戴上"右派"帽子，一直很低调。他调到国际法研究所以后，我就再也没有机会见过他，他去世的消息也是后来听说的。陈先生的《关于承认的国际法》在国际上非常有名，真可惜，他如果不是早早去世，中国的第一位联合国国际法院大法官可能就是他了。

我和王铁崖学长可以说是忘年交。王先生和陈体强先生一样，学问很深、很扎实，很长时间里一直很低调，这和他们几十年的"右派"经历有关，我不知道他们以前的性格是什么样的，我认识他的时候已经看不出来了。他被划成"右派"后就一直埋头编书，编的是《中外旧约章汇编》。

1972年中国恢复在联合国的合法席位，第二年，第三次联合国海洋法会议要召开，当时外交部因为人手不够，就把我从干校调回条法司，参与准备工作。当时外交部的老专家，好像是倪征噢，因为当了国际法委员会委员，不方便参加或者忙不过来，不能参加我们代表团。（解放后外交部条法司有一批顾问，都是有名望的专家学者，比如率领国民党驻法使馆起义的凌其翰、老学者周鲠生、倪征燠、李浩培等）这时候，我们想到了请王铁崖先生。

记得我当时从部里要了车，到北大去请的王铁崖先生，他家当时在北大的一栋红砖楼里，我跟他说了来意，请他出山做代表团唯一的法律顾问，但是他本人很犹豫，他夫人解释说他年纪大了，当时他 70 多岁，又当了"右派"多年，出国做代表团顾问，恐怕不方便。我于是就"三顾茅庐"，再三解释，并对王师母保证了王先生的安全和健康，他们才答应。后来，我们一起在日内瓦、纽约出席了多次联合国的海洋法会议，在纽约的时候还陪他多次去拜访过清华校友——清华人在美国的可真多啊，王先生跟我说以后来美国找清华校友就行。我既是南开的，又是清华的，校友就更多了。

我常常陪王铁崖先生参加联合国海洋法会议，记得我们参加的是第二委员会会议，这个委员会主要处理传统的海洋问题，比如领海、大陆架、专属经济区，等等。本来他是不愿意发言的，他胆小，怕发言说错话，我一直鼓励他发言。有一回，会场的同声传译不知出了什么故障，王先生是用中文发言的，但是同传翻译的英文和法文传不出去，我们以为有什么事，就等了再等，结果一直不行。于是我就再三鼓励王先生直接用英文发言，他开始还是不愿意，后来就接受我的意见，同意了。他的发言非常精彩，英文很漂亮。散会后，有外国代表专门找到我，询问"你们那个老先生是哪里来的？讲那么漂亮的英文！"

联合国海洋法会议结束后，我和代表团副团长沈韦良合写过一篇文章"第三次联合国海洋法会议和联合国海洋法公约"，被王铁崖先生刊登他主编的《中国国际法》年刊（1982 年）上。

四、再回首

我们这一代人，真是什么"运动"都经历了。我 1931 年出生，当年

"九·一八"事变爆发。1937年"七七事变"爆发的时候，我家在南京，因为担心安全，就让一个远方伯父把我带到重庆。可以说，抗日战争、解放战争、解放后的历次运动，20世纪中国的所有大动荡，我们这代人一场也没有拉下。记得在农村锻炼时，我带领一批年轻人和农村的突击队员去十三陵水库干活，干了两个礼拜，基本没什么吃的。这些事，现在的年轻人恐怕很难想象了。

回顾往事，我觉得自己一生还可以，起码几次大的运动都没有"翻船"，我的同辈人中，自小的朋友、从清华一起来人大的同学，有不少人"翻船"了。我除了在干校三年，人生难得的机遇都没有错过，做过条法司司长、驻澳大利亚悉尼大使衔总领事、国际海洋法法庭法官，参与处理过不少重大涉外事件，比如1983年的卓长仁劫机案，人生挺有意思。我的法官任期本来去年才到期，可是因为健康原因，早早提前辞职离任了，但是拿60岁的退休年龄来说，我已经"超期服役"了16年。

作为清华学生，虽然我只念了一年，但是回想起来，仍然觉得受益匪浅。不要看当时政治运动多，那也是很大的磨炼。虽然在清华的时间不长，但是在汉语、外语各方面得到了很大锻炼。我夫人是清华经济系的，虽然没毕业就参加了南下工作团，后来因为说真话被划成了右倾分子而被迫离开军队，但是经济系认她这个学生，校友会总给她寄《水木清华》《清华校友通讯》，我也就能看到。

离开清华后，就再也没有机会回去，但是我一直没有忘记它。

整理者手记

虽然年岁已高，电话中许先生的声音却非常有生命力，和他的年龄完全不是一回事。老清华的政法学人曾经在中国近现代外交史上留下许多重要篇章，听他叙述往事，那些前辈的身影仿佛从历史的深处——走出。

许先生头脑清晰，英文利落，电话交谈之余，我们电子邮件传递稿件的修订，来来往往好多次，他回电邮的速度非常及时。

　　不料过了夏天，再发他电子邮件，却久久没有回音。琢磨了很久，终于忍不住拨了电话过去，电话那头老先生声音有力如旧，正自庆幸，但他说本来身体就不好，末梢神经又出了问题，连使筷子、敲键盘都困难，他长叹一声，说老之已至，无可奈何。但是，他的声音仍然中气十足，完全没有暮色。

跋

清华政治学系：那些人，那些事

2011 年春，清华百年校庆。87 岁的清华政治学系最后一届毕业生张遵修，和他们 1948 级的同学们欢聚一堂，聆听在人民大会堂举行的校庆典礼。清华园对她来说，一切熟悉而又陌生：旧校新学堂，新景无故人。当年的那些师长已不在人世，连比她高一级的同系学长、男友与丈夫赵明杰，也已去世 12 年。然而在她心中，旧时风景与来时路历历在目，那些师长、那些学长，从未离开。

政治学系女生

一般来说，政治学这种理论思辨性强的学科，应该是男生的专长罢？其实未必。政治学系女生，是清华女生史上有特殊意义的一页。1928 年罗家伦主政清华，首次招收了 11 名女生。这 11 人中被同学们称为"叶大哥"的，便是政治学系的叶叶琴。除她之外，这 11 名女生中还有几个以其他方式选择了政治学系——比方说，外文系的黎宪初后来嫁的是政治学系的青年教授陈之迈。

此外，由于 1928 年清华不在南方招女生，无奈的杨绛只好上了东吴大学的政治学系——但她大学最后一年北上清华借读，认识了钱钟书，而她在清华借读的，正是政治学系。

季羡林在《清华园日记》里记载"阅报见姚锦新出洋，忽然发生了点异样的感觉。"姚锦新是谁？

"她和我一年入学，进的是政治系，大二转来我们班，读了一年，就出洋了，到德国进修音乐……姚锦新很有名，清华曾经选过校花，我入学后，不选了，姚锦新就属于未经加冕的校花，她会弹钢琴，有些花花公子整天围着她转，比如她弹琴，总有一个西装笔挺的男士为她掀五线谱，我这样的野小子，土包子，当然够不上她的边，连话也没讲过。她大三出国，那时出国是件大事，何况她书没念完，就获得机会，着实令人羡慕。1935 年我去德国，听说她还在柏林音乐学院，后来好像又去美国留学，建国后见过她，穿上军服，革命了，这是我意想不到的。姚锦新有个弟弟，也是清华毕业的，大家都知道，他当过副总理，叫姚依林。"[1]

让季羡林暗自自惭形秽的姚锦新，后来是中央音乐学院的教授，但是鲜有人知她当初在清华念的居然是政治学——她后来先转外文、再转演奏与作曲，成为中国音乐界少有的以理论教学著称的人物。早年的政治学理论熏陶，与她后来对理论的偏好有一定关系。

实际上，曹禺的结发夫人郑秀，也是清华政治学系毕业生。当时为什么那么多女生选择政治学？虽然杨绛说自己"虽学了四年政治，并无救世济民之大志"（吴学昭《听杨绛谈往事》），但叶叶琴在《百岁自述》中所说的"当时选择主修政治，是青年时代的志趣，希望将来的工作，能使大多数的人获得最大的福利"，多少道出了那个变革年代中政治学系女生的心声。在清华期间，叶叶琴不仅学业出众，升入研究院就读；她的出众口才和组织能力也令人刮目相看——1928 年的开学典礼，她代表全体新生发言，落落大方，大受好评。

1948 年，叶叶琴在湖北竞选第一届立法委员时，与其他两位候选人得票不相上下，最后胜出的原因是选举委员会有父执认为"三个候选人中，一个

1　卞毓方：《天意从来高难问：晚年季羡林》，中国文联出版社 2009 年，第 33 页。

是学教育的，一个是学化学的，一个是学政治的。就立法委员的职责而言，以学政治的最为恰当。我主张以叶某名列第一。"她说这是破天荒头一遭在紧要关头，她以政治毕业生的资格，得到优待。

那些先生的故事

1933 年，因北方局势不稳和父亲的再三敦促，不得已放弃清华政治学研究生学业的叶叶琴，经过严格的公务员考试，进入南京国民政府考试院铨叙部工作，负责公务员任用审查、在职公务员登记、公务员补习教育等任务。初入职场的她，感到自己就像机关中的一个小螺丝钉，多年的学业训练与满怀抱负无从施展，深感委屈。有一次回清华园去看浦薛凤老师，告知他自己的内心感受，浦老师安慰她说："螺丝钉也是很重要的。"

浦薛凤，时为清华政治学系的第三任系主任，他是清华辛酉级（1921 级）毕业生，他们那一级出了罗隆基、闻一多、何浩若、吴国桢等一大批现代中国史上赫赫有名的人物。1913 年的清华戏剧比赛,辛酉级演的是《武昌起义》。1919 年的五四运动后，学运不断，"在以前，学生们都是听话的乖孩子……五四以后情形完全不同了……嚣张是不须讳言的。"（梁实秋《清华八年》）对此，罗隆基后来也常常自诩"九年清华，三赶校长。"

然而浦薛凤的道路不同。五四运动当年暑假，他回乡组织暑期学生联合会，因为会员多为在上海就读的本乡学生，当选为会长的浦薛凤居然是"北方学生"，便常常与他为难。初次尝到"学生政治"原来是这般滋味的浦薛凤，对学生组织从此不再有好感。

1921 年春，辛酉级准备留洋之际，正值北京多所学校抗议当局拖欠教育经费。关于是否要与各校联合行动，清华学生分歧激烈。为此，辛酉级召集了年级会议，用在校学会的西式"议事规则"来表决是否参加大考，结果以2/3 通过参加大考的提案。但是，罗隆基、何浩若、闻一多等 29 人仍拒绝参加，甘愿受罚，在校多留一年。罗隆基、浦薛凤、何浩若、吴国桢，以及稍后的王造时（1925年）、林同济（1926年）等留美都选择了政治学专业。他们的选择，与余日宣等人的政治学启蒙，以及国家积贫积弱的处境密切相关。

请浦薛凤回清华任教的，是他的老师，清华政治学系第一任系主任余日宣。

辛亥武昌起义爆发时，武汉文华校园中的圣诞堂成了革命军的基地，起义时的军歌就是由该校的张纯一作词、余日章谱曲，两人共同在圣诞堂中试唱而传播开来。余日章还出面组织了红十字会，并自任总干事。当清廷命海军提督萨镇冰率领军舰炮轰起义军时，是他携带黎元洪的亲笔信前往劝阻，再后来，余日章为蒋介石与宋美龄主持了宗教婚礼，是民国著名的教会领袖。

余日宣是余日章之弟。他毕业于威斯康星大学和普林斯顿大学，回国途经伦敦请见英国首相劳合·乔治，被其盛赞英语流利，谈吐从容。按教务长张彭春的话说，余日宣是一个参与意识极强的清华少壮派，富有"政治性味"。但令人意外的是，余日宣天性淳厚，并未恃兄傲物。时在清华任教的钱基博（钱钟书之父）说："我知道此君心地极厚。"（1952年自我检讨）余日宣曾经是南开的教务长，青年周恩来曾经特意坐早班火车赶回天津，"急至母校见慕天与共趋礼堂，聆余日宣演说"（《周恩来日记》）。1920年夏，余日宣回到清华，和美国教授魁格雷（美国明尼苏达大学政治学教授）一起成为清华的第一批政治学教员。

是年，清华学生成立了"政治学研究会"，这校园里最活跃的社团，请来的演讲者除了余日宣和魁格雷之外，还有梁启超、林长民（林徽因之父），加拉罕（苏联驻华大使）等。加拉罕在清华的"苏联政府与远东人民之关系"演讲，遭到了英国《泰晤士报》的激烈批评，认为"谓清华乃美国退还赔款所开办，苏俄政府，既未经美国政府之承认，当不容其过激主义之宣传于清华"，为此，清华校长曹云祥专门两度去函称"加氏演讲乃现代文化班之一种副课，其目的在比较各国政治问题，苏俄问题，不过其一而已……清华乃中国之学校，以养成中国之人才为宗旨，中国既已承认苏俄，当于国际间完全不发生问题"(《清华校史选编》)。

由于余日宣,清华改制之初,政治学系便已确定。余日宣先后担任了清华校内的若干重要职位,从华员公会主席到校务调查委员会会长,等等。1926年4月建系之时,清华政治学系教员有余日宣、钱端升、刘师舜、金岳霖和郑鏖,后来又有苏尚骧和杨光洰,以及普林斯顿大学政治学系第一任主任克尔文(Edward Samuel Corwin)。杨光洰在清华时间不长,北伐胜利后他进了南京政府外交部,在蒋宋举办婚礼的大华饭店,他娶了复旦大学的第一位女生严幼韵(30年后严再嫁顾维钧)。1941年1月,担任驻马尼拉总领事的杨光洰,因为拒绝合作,被日寇秘密枪杀。

北伐胜利后,外交部派余日宣代理校长。但也许命中注定,政治系建系,他在清华的历史使命便将告结束:一周之后,蒋介石任命罗家伦为清华校长。

在罗家伦授意下,学生们发起了驱逐不中罗意教授的运动。浦薛凤记述说:"予于八月下旬抵达母校。首承(陈)岱孙,继有(王)化成,相继前来访谈,藉悉好事学生,已对三位教授表示不敬,所以余日宣、杨光弼与虞振镛三位先生公开表示自动离职。予得此消息自不愉快,立即访谒余师,表示蒙邀执教,衷心感谢,但闻将往上海应沪江大学之邀,殊深惆怅。余师谈笑自若毫不介意,并谓转换环境,增多经历亦好。"[1]

余的谈笑自若只是为了让学生宽心,实际上,付出甚多的余日宣深感受辱,此后终生不再回清华。

余日宣离校后,罗家伦请来哈佛出身的湖北学者吴之椿接替,但罗家伦被清华学子驱逐后,吴之椿也辞职而去。吴之椿系主任未做多久,但他的清华缘分以另一种方式持续——虽然未追到历史系才女袁震(后来的吴晗夫人),却娶到了外文系的欧阳采薇。

1931年,吴之椿离开后,31岁的浦薛凤接任。他既是余日宣的学生,也

1　浦薛凤:《浦薛凤回忆录》,黄山书社2009年。

是余亲自聘请的，此番接任，也算不辱师命——他是余日宣为政治学系所做的最后、也是最重要的部署，在他任内，没有虚度民国的"黄金十年"，一心向学，在教学与研究上都大有成就，使清华政治学系成为中国政治学界的重镇之一。

"七七事变"后，清华南迁，与北大、南开在昆明共组"西南联大"。1939年3月，浦薛凤决定担任国防最高委员会参事，此时，除了浦薛凤，还有陈之迈、罗隆基、王化成、沈乃正等——清华政治学系教授几乎全部离校从政。

这一时期，张奚若留下担任西南联大政治学系系主任，他也是清华政治学系留在西南联大的唯一一名教授。张是清华政治学系历史上最有传奇色彩的一位：早年加入同盟会，辛亥革命前夕奔走各地乃至东京，为购买军火、发动起义奔波，曾被军阀捉住，几乎丧了命。革命成功后，他不求官职，反而赴美寻求学习建设国家的本领，先念工程，后在哥伦比亚大学政治学。他并非清华学校出身，但却是清华政治系在职时间最长的教授（23年）。

北伐胜利后，刚刚被南京政府最高教育学术管理机关"大学院"任命为校长的罗家伦，正是在大学院高等教育处处长张奚若和文化事业处处长钱端升的帮助下，共同起草了《国立清华大学条例》，不但为清华的运作制定了规章典例，而且矫正了罗家伦任命书的疏漏，实际上将清华定位为国立大学。

1937年后，清华、北大和南开三校南迁，长沙临大时期的政治学系教授会，先推选清华出身的张佛泉教授为主席，他坚辞不就而后又改推张奚若。自此直到抗战结束，三校复员为止，一直由张奚若任政治学系主任；他因公外出时，由钱端升代理。

虽是革命老将，张奚若却对暴力革命持保留态度，对辛亥革命中革命党在西安杀戮满人，他曾在回忆录中明确说："我当时不在陕西，若是在的话，不知要怎样才能杀得了人呢！"1935年的"一·二九运动"，他也并没有站在学生一边——在他看来，念书乃是学生的第一要业。

德军入侵法国时，因推崇卢梭而爱屋及乌的张奚若曾认为法军必胜，当法国不到六周即全线陷落的消息传来，他气恼得几乎将书桌掀翻。德军入侵苏联，西南联大的教授亦分为两派，一派认为德军将攻克莫斯科，另一派则认为苏联将顶住德军。苏军顶住了德军进攻的消息传来，他的陕西老乡、云南警备总司令关麟征闻讯大惊说"恐非国家之福"，他只不语——时局的发展使这个自由主义者不断沮丧，抗战的节节失利和国民政府的腐败与无能，逐渐使他寒了心。

张奚若曾经对毕业班学生说："如果你们来政治学系目的是想当官，那你找错了地方。如果你来此的目的是想当一个学者，我可以老实地告诉诸位，四年的时间培养不出一个学者来。你在此读四年书，可以获得一些基本知识和读书方法，毕业以后你可以独立继续钻研。"但是，当年对学生说"最不希望你们去做官"的张奚若，1949年后做了高等教育部部长；坐在他家地上谈天的电机系学生朱镕基，后来成为总理；1935届学生龚祥瑞，后来在北大教的学生李克强，成了总理。

那些学生的命运

清华念政治学的学生，在政治学系建系之前大多接受过余日宣的政治学启蒙，这一时期，清华培养了一大批优秀的政治学学生，后来在中国政学两界有重要影响，比如钱端升、浦薛凤、萧公权、沈乃正、陈之迈、赵凤喈、燕树棠、刘师舜、陈复光等人，还有后来在北京大学、武汉大学和中央大学任教的张忠绂、梅汝璈、向哲濬、时昭瀛、罗隆基、潘大逵、彭文应、王造时、张汇文、史国刚等。

安福是江西的一个小县，1913年，罗隆基以江西考生第一名的成绩考进清华。罗隆基擅长演讲，在清华念书时，还常在《新青年》杂志上发表文章。五四运动时，罗隆基鼓动清华与各学校一起行动。在声援北大时被警察逮捕，关进了临时监狱。学弟王造时回忆当时的罗隆基"以学生领袖的身份，走在示威游行队伍的最前列，成为一名勇敢的五四战士。"而在同学吴国桢眼里，罗隆基则是"具有鼓动者的天才，能令群情激愤，而且文笔犀利，差不多能颠倒黑白……也许可怕的命运正等待着他！"[1]

考入清华的罗隆基，后来把小同乡王造时和彭文应从遥远的安福第一次带进清华园，造就中国政治学界的"安福三才子"。在清华时，王造时还是第一任学生会会长，他后来和彭文应都在余日宣的母校、美国威斯康星大学念了政治学。这三位从安福走出来的政治学者，1957年全成了"右派"。三人中最年轻的彭文应1962年以心包炎离世，至死未写检讨。三年后，单身的罗隆基心脏病突发孤独地死于家中——此时的吴国桢已被迫流亡美国，他若是知晓此事，是否会后悔对老同学命运的一语成谶？1971年，王造时狱中身故，家破人亡。

1929年，清华政治学系送出了第一届29名毕业生，当中有后来清华政治学系最后一任系主任曾炳钧、南开大学政治学系最后一任系主任王赣愚——他也是南开大学政治经济学的开山鼻祖。1941年5月，温和的四川人曾炳钧在美国拿到博士学位，即将离美返国之时，在街头偶遇清华同学、中共地下党员冀朝鼎，接受了冀的托付，押运满载美国提供中国P40战斗机的挪威货船S.S.Gunny号回国。他并不缺路费，而且因为挪威与德国是交战国，商船常遭德国潜艇袭击，此行极为危险，但是书生曾炳钧还是毅然登船。数十年后，重病的曾炳钧专门要求家人把他送到清华校医院，度过生命中最后的时光，穿过病房的窗子，能远远望见朱自清笔下的荷塘，似乎可以望见年轻时在清华园念书的美好时光。

在1930年毕业的第二届学生中，有学术史上传奇的邵氏兄弟：邵循正和邵循恪。这一对亲兄弟在清华本科毕业后均成为清华第一届硕士研究生，为避免兄弟相争，兄循正改读历史系，在巴黎法兰西学院东方语言学院攻蒙古

1 吴国桢：《夜来临：吴国桢经历的国共争斗》，Chinese University Press，2009年，第31页。

史，后转入德国柏林大学，成为蒙古史的泰斗级人物。他不但熟悉蒙元史史料，更精通英、法、德、日、波斯、蒙、满等多门语言，历任清华、西南联大历史学系教授，曾与陈寅恪、洪谦、孙毓棠、沈有鼎联袂赴英，1956 年作为中国蒙古史专家代表赴莫斯科，拟定由蒙、中、苏三国历史学家合作编写的《蒙古通史》研究计划。1931 年，费正清来到清华，与年纪相当的邵循正都以蒋廷黻为师。1973 年初，费正清在几十年后再次访华，要求见邵。邵循正打了一针抑制哮喘的药剂后去见老友。费请他去哈佛，他回答说"在中美两国正式建立邦交之前，不可能考虑这件事。"费正清后来回忆说："在一次晚宴后，正当我们准备互道晚安之际，他突然低声对我说：'继续写下去'这句话平淡无奇，但它作为一种含蓄的求助之辞显得更能打动人心。"[1] 然而，邵循正不久即因为油漆引发哮喘离世，他只活了 64 岁——比费整整少了 20 年。实际上，邵循正一生能全心治学的时间只有 1/3，他的近代史研究计划也只来得及完成了 1/3。弟循恪清华研究所毕业后赴芝加哥大学攻读政治学博士，回国后历任武汉大学、西南联大和清华大学教授，主讲国际法。

　　1931 年毕业的学生中，郤维周赴爱丁堡大学留学，1932 年毕业生中的李成藩历任朝阳学院、华北大学教授。1933 年的毕业生中，吴世英历任湖南大学政治学教授、国民政府军委会设计委员，后来是台湾"外交部"亚东司司长、驻日公使和驻伊朗大使等。曾担任两年多的学生会主席的尚传道，"九·一八"事变后，带领 200 多学生南下请愿，在南京国府大院搞绝食，要求面见蒋介石抗日主张，最终迫使国民党中央常委集体接见。这一届学子中，显然王铁崖是最大名鼎鼎的一个，他晚年担任过国际常设仲裁法院仲裁员、前南国际刑事法庭大法官——当年考取庚款留美政治学名额的几人，虽然无法像庚款留学的理工生那样出了若干声名显赫的科学大师，但王铁崖高龄方才等来的成名机会，总算使这几人没有被时代的浪潮全部吞没。

1　费正清：《费正清对华回忆录》，知识出版社 1991 年，第 508 页。

在 1934 年毕业的第六届学生中，俞国华毕业后进了蒋介石侍从室，后来去哈佛和伦敦政治经济学院念书，到台湾后曾任国际开发银行副执行董事、中央银行董事长和总裁，1984 年任台湾"行政院院长"，是台湾实现经济起飞的有功之人，开放老兵回大陆省亲的政策，也是他任内推动的——作为蒋介石的奉化老乡和蒋经国的发小与同学，历史将这个财经专才推到了更高处；他的同班同学唐明照清华未毕业即因病中断学业，赴美入加州大学历史系研读西方近代史，并任美国共产党加州大学支部书记兼组织部长、宣传部长，美共中国局书记，朝鲜战争爆发后，唐秘密返国，后来就任联合国副秘书长，成为担任此职的第一位大陆外交家。一俞一唐，一国一共，在时代的大背景下，1934 届这两个杰出学生的命运，是当时政治学系学子命运的典型写照。

与俞、唐同届的林良桐，是王铁崖福建闽侯同乡，两人 1936 年一起考中庚款留学，在王铁崖的留学担保证明上，签字作保的便是林良桐。国民党赴台后，深恐大企业的高级职员受到主管负责人投奔大陆的影响，向台糖、台电两大企业开刀，杀鸡给猴看。从前的西南联大副教授林良桐，此时担任台糖公司人事室主任，1951 年以所谓"叛乱罪"与总经理一起遭到枪决。人生的轨迹竟可以如此不同。

1935 年毕业的第七届学生龚祥瑞是拉斯基教授的嫡传弟子，毕业当年即考上庚款留学。他原本在沪江上学，正是听了时在沪江任教的余日宣建议而转学清华，后来在北京大学培养了"文革"后第一代政治学学生。"我在读本科的时候，30 年代曾留学英国的龚祥瑞先生向我们讲授英美法律课程。70年代，西方发达国家正开始涌动着新技术革命的浪潮，并且向社会领域侵袭，计算机也在与法律联姻。龚先生认为有必要向国内介绍这种动向，于是便草拟了一篇文章。但他同时又以为，他的学生们，作为面向未来的一代，应该对此有更浓的兴趣。因此，他把文稿交给了我，并要求我作补充乃至删改。大概是因为我当时还年轻，更因为我常受先生们那种寻常心态的感染，竟然毫无顾忌地按龚先生的要求做了，而且是以平常心交还给他。龚先生收到修改稿后当即认可，并把我和他的名字并列在一起拿到一家法学杂志去发表。当时的法学杂志种类还很少，可以推测，编辑部之所以愿意很快发表这篇文章，主要是因为署有龚先生的名字。"[1]

在西南联大政治学系的学生中，做学问出名的有留英博士论文《关于承认的国际法》1951年在伦敦一出版就被列为国际法名著、佳评如潮的陈体强，第一位在美国政治学界获得巨大声誉的中国学者邹谠（国民党元老邹鲁之子），中山大学历史系教授与法律系主任、后来的最高人民法院副院长端木正，以及中国法律逻辑研究会副会长杜汝楫。

当然，张奚若先生没有料到，他最知名的学生，来得非常意外：1947年，一个叫朱镕基的湖南高考状元进入清华电机系；54年后，朱镕基在母校清华做告别演讲，回忆昔年做学生的时光，说："解放前我们最喜欢到张奚若先生家里去，很多同学坐在地上，听张先生纵论天下，大骂国民党反动派，痛快之至。"[2]

结局

其实，抗战之初，从政或为学的选择，已决定了政治学系教员们后来的命运。1943年，蒋介石《中国之命运》一书出版，宣扬一个党、一个主义、一个领袖。浦薛凤接受了该书的复译，清华室友闻一多从此不再理他。作为政治学者，他预料到了国民党政权在大陆的倾覆，1948年秋，飞往台湾担任省政府秘书长，与他搭档的，是清华同学吴国桢（吴任省长）。

1947年萧公权应国立政治大学校长顾毓琇之约，前往南京讲授"中国政治思想"和"西洋政治思想"两课。不料该校教育长与党务人员对他进行了一场关于"国父遗教"的口试，这被一生不入官场的萧公权视为莫大羞辱。

1　李克强："师风散记"，《北大之精神》，世界图书出版公司2008年，第323页。
2　"清华的精神是追求完美"，朱镕基：《朱镕基讲话实录》第四卷，人民出版社2011年，第161—162页。

在大陆政权易手前夕，萧应邀赴美任教，永离故土。

回到北平的清华，已有五院 26 个学系。但许多答应回清华任教的政治学系教员，由于各种原因，几乎都没有到职。当时的清华政治学系，人才凋零，出任代理系主任的，是法学院院长兼经济系主任陈岱孙。

1952 年，政治系的第一任系主任余日宣，以沪江大学校务委员会主任身份参加上海教授北上访问团，见到了昔年的学生周恩来，然后迎来了沪江大学解散的通知。第二任主任吴之椿，默默地从北大转往北京政法学院。第三任主任浦薛凤，在中国台湾继续着政坛不倒翁的生涯。刘师舜、王化成和陈之迈在台湾继续着外交生涯。第四任系主任张奚若，调往教育部担任部长。

退居台湾、留在大陆、任教海外，这是辉煌一时的政治系师生在大局将变时的三种选择。做出不同选择的他们，此生再也没有见过面——留在大陆的，再也没有机会出去；离开大陆的，再也没有机会回来。萧公权 1981 年去世之前，在台湾发表了一首"蝶恋花"，怀念故土：落叶辞枝心未死，宛转飘风卷入沧溟，一任惊波朝暮洗，霜痕不灭殷红泪，天末长风何时起！倒海回澜，送到归根地，便化尘沙都不悔，胜随短梗沉波底。

1979 年，梅贻琦夫人转来浦薛凤的信，79 岁的钱端升狂喜作复：

逖生（浦薛凤）老友同学兄如晤，

前五六日接文藻自梅太太处转来手书，欣喜若狂。本想立即作复，不幸肺炎在身为家人所阻。…约在 1972 年左右，又有人告诉我，谓兄任台省省府秘书长，不幸亦已病故。都无法细究。如是黯然不欢者，久而又久。今获手书，老夫虽耄，焉能不矍然如少年，一跃而欲致函问候？

钱端升高寿 90 岁，浦薛凤更是高寿 97 岁，但这两个 1900 年出生的清华同学与同事，至死不曾重逢。辞世前为学术自选集所写自序中，钱端升坦率指出自己当年"对实际政治的天真"。[1]

1　"自序"，《钱端升学术论著自选集》，北京师范学院出版社 1991 年，第 3 页。

　　60 年后清华政治系已经重建，昔年的先生均已作古，旧日的学生也已所剩无几。当年余日宣离开清华时刚刚出生的幼子，已逾 80 岁，当年学子们在他家大门外游行时所呼喊的口号，他当然记不得了，但他户口簿上的出生地，至今仍写着"清华园"，但经过多次动荡，已难寻 1957 年刚戴上"右派"帽子即因病辞世的父亲更多资料。

　　当年和余日宣一起在清华教政治学课程的魁格雷教授的小女儿，1922 年出生于北京协和医院，当辗转联系上她时，她从加利福尼亚家中的地下室里取出尘封已久的父亲那批文件，魁格雷 1920 年代在清华教书时的照片与文章、清华学生和他数十年间的通信，整齐如故。在 1962 年给身处兰州的学生回信中，魁格雷提到前一年他出版的新书《中国政治展望》，最后伤感地写道："我年已七旬有四且不良于行，况政治僵局至此，此生再回中国怕是无望了，这真让人伤痛——而我何等期盼重返旧地"。[1]

1　本文原载于 2011 年《看历史》(National History) 10 月刊，有增删。

附　　录

清华政治学系 1926—1952

谢喆平

2011 年春，清华百年校庆。一名 91 岁的校友致电清华校友会，索要校庆入场券。他说自己是政治学系毕业的，然而校友会年轻的工作人员，大多已不知道清华曾经有过政治学系。

世人大多已忘记清华曾是文理全科的综合性大学。更想象不到的是，政治学系居然曾经是清华最大的系。1926 年，清华第九次教职员会通过赵元任"本校学程以学系为单位"提议，共成立 17 个系。当时政治学系是第一大系——学生 29 人、教授四人。当时的哲学系只有赵元任一位教授，一年后他赴美，政治学系急派金岳霖支援，才免了该系关门的尴尬。

2006 年，96 岁的清华 1928 级校友叶叶琴，捐出 100 万加元设立专项教育基金。她是清华招收的首批十名女生之一，也是政治学系第一位女生。

1948 年 9 月 23 日，第一届中央研究院院士大会在南京召开。81 名院士中有三位政治学者，其中的钱端升与萧公权既是清华学子，也都曾是清华政治学系的教员。

对历史而言，60 年时间并不算长；但是对淹没一个只存在了 26 年的学术单位来说，足够。尽管政治学的目的本是"为大多数人谋最大的福利"[1]，但政治学"这是所有学问中最难的一门，它涉及当权者的根本，无时无处不受它的制约，尤其在中国，以权统帅一切的政治的国家，对于一个无权的学者来说是如何困难了"[2]。

---

1 叶叶琴：《百岁自述》，清华校友网：http://www.tsinghua.org.cn/alumni/infoSingleArticle.do?articleId=10043306.

2 龚祥瑞：《盲人奥里翁——龚祥瑞自传》，北京大学出版社 2011 年，第 45 页。

此外，中国传统对"政术"的偏重，以为政术就是政治学的全部内容，大约也是这一"高危"学科生存艰难的原因之一。实际上，"就其大体言之，中国政治思想属于政术（Politik，Art of Politics）之范围者多，属于政理（Staatslehre；Political Philosophy，Political Science）之范围者少。"[1]

一、乱世建系

19 世纪末，政治学在西方逐渐成为一门独立学科，提倡的国家学说、三权分立、民主、自由等观念，经由严复、康有为、梁启超等人译介到国内。1901—1904 年，中国翻印出版了西方政治教科书 66 种；1903 年中国第一所大学京师大学堂设立政治堂，课程中就有政治学，之后成立的大学大都设有政治学系。政治学的传入时机，正好是中国寻求建立现代国家的时刻。

辛亥革命之后，北京政局走马灯似地变换——先有袁世凯称帝，后有张勋辫子军入京、曹锟贿选总统。1919 年，国民党成立；1920 年，共产党成立当年，留日归国的李大钊就任北大政治学教授，讲授"现代政治"、"唯物史观"、"工人的国际运动"。1921 年 11 月至次年 2 月，美英等八国和北洋政府在华盛顿召开会议，在美的留学生们也积极参与。1922 年 8 月，孙中山邀请共产国际代表马林与会，阐述发动群众运动和改组国民党的意见。1924 年 1 月，国民党一大在广州召开，共产党员以个人名义参加了国民党。1924 年 10 月，冯玉祥发动政变，驱逐溥仪出宫，电请孙中山入京。孙中山发表《北上宣言》，次年春病逝于北京。

当时还只是留美学堂的清华，并没有成立政治学系，只有余日宣和魁格雷两名政治教员教课。按教务长张彭春的话说，余日宣是一个参与意识极强的清华少壮派，富有"政治性味"——余日宣早年留美，兄长余日章是主持蒋介石宋美龄婚礼的著名教会领袖、辛亥武昌革命军的军歌谱曲者。

课堂教学之外，清华师生曾赴众议院旁听议案讨论，参访观摩政府运作，

1　萧公权：《中国政治思想史》，商务印书馆 2011 年，第 876 页。

考察市内重大事件发生地点。1923 年 6 月，余日宣和魁格雷带领 21 名学生晋见总统黎元洪，黎元洪勉励说："诸君既有国学根底，又有游美机会，将来截长补短，定可为祖国尽一分力量，行将见诸君握中国大权矣"。满怀建设国家壮志的清华师生，彼时，对中国现实政治的了解与期待，非常理想主义——欧美共和制是他们心中的强盛中国图景。

由于清华师生报国心切，清华改制之初，政治学系便已确定。1922 年，余日宣当选华员公会主席，魁格雷为美国教员会主席。不久成立校务调查委员会，余日宣任会长，1923 年他再兼西学部史地政治组分科会议主席、学校课程委员会委员。1925 年，清华十人校务委员会为校中最高权力机关，余日宣仍在其中。

此外，官至外交部副部长的唐悦良，是 1910 年第一批庚款留美生，也是庚款第一个学政治学的（普林斯顿大学）。留学归国之初，他也曾在清华教授政治课程，更是清华庚款委员会的常务董事，这大约也是政治学系确立的另一重要因素。

1926 年 4 月，清华教授会选举产生各系主任，余日宣成为政治学系第一任系主任。教员有钱端升（哈佛博士），刘师舜（哥伦比亚博士）、金岳霖（哥伦比亚博士）和郑麐。后来又有苏尚骧和全程参加华盛顿会议的杨光洃（普林斯顿博士）到任，还聘了普林斯顿大学政治学系第一任主任、后来的美国政治学会会长克尔文教授授课一年。

总体而言，当时的清华政治学与政治学国际主流基本同步。在课程设置、教学方法和教材等方面深受美国影响，共开课 27 门，包括国际公法在内——这是今天很多政治学系都达不到的水平。师生们憧憬的是，以中国政治为研究内容，建设一流的系科，贡献国家。但他们显然没有料到，中国的政治现实距离美式政治现实甚是遥远——当年的美国政治学教授古德诺（美国政治学会第一任会长），为袁世凯设计宪法不成功的一幕，其实是有预警意义的样本。

其时，中国的三大党派——国民党、共产党、青年党都反对改良，认为革命才是解决国家和民族问题的根本手段。可以说，自清朝末年到 1920 年代，革命一直是中国政治的主题词。虽然不断有各式各样的学说出现，在现实政治中，军阀混战和政党纷争从未停顿。政党皆举起革命大旗，并以各自立场和意识形态来诠释革命，不惜将对方逼入绝地。

1927 年，占领北京的奉系军阀张作霖派兵搜查苏联大使馆，将李大钊等人逮捕，施以绞刑。同年，国民党蒋介石率军开始北伐。4 月，蒋介石在上海进行"清党"，大批共产党人被杀；12 月，共产党人在广州武装起义，建立苏维埃政府，张太雷身亡——他曾是 1923 年蒋介石率领的赴苏俄考察军事的代表团的三成员之一。

稍后在清华任教 23 年的辛亥老将张奚若，1927 年为他的老师、伦敦经济学院（LSE）的拉斯基（1893—1950）教授《共产主义》一书所写的书评中，开篇即说"共产党人的可怕，自前数月湘鄂扰乱及最近广州大焚杀后，是人人都明白的了"。而拉斯基此书，几乎是当时西方学术界第一本研究共产主义的著作。[1]

当时，左翼教授拉斯基在欧美政治学界名声日隆，他在美讲学时倾倒了一批留美的中国学子，张奚若和罗隆基等人专程从纽约赶去伦敦听课。拉氏的中国弟子，还有徐志摩、杭立武、吴恩裕、楼邦彦、龚祥瑞等人，听过他课的，还有朱自清、金岳霖等人。此外，还有大批其他国家的学子——甚至有约瑟夫·肯尼迪和杰克·肯尼迪（美国第 35 任总统）兄弟，为了追随拉斯基而选择 LSE。"当我抱着一大堆书本和稿件从他的写字间出来时，等在门外排长队的各国学者，不分年龄都向我表示羡慕。"[2]

当时，LSE 的另一名学者哈耶克，寂寂无闻。

二、北伐前后

1927 年底，清华校长曹云祥（哈佛 MBA）辞职，北京政府外交部以严

1　张奚若此时期，在政治倾向上处于不明朗时期，所以，才出此误解共产党之语。后来，张奚若已由追随国民党转变为追随共产党。

2　龚祥瑞：《盲人奥里翁——龚祥瑞自传》，北京大学出版社 2011 年，第 74 页。

鹤龄代理；不及三月以奉系温应星（西点军校毕业）代之。1928 年 6 月，北伐胜利，清华转归南京国民政府管辖。温应星辞职，外交部派余日宣代理校长。但一周之后，蒋介石取得美国公使同意，任命 31 岁的罗家伦为清华校长。

作为留美学生，曾在华盛顿会议外围发挥过作用的罗家伦，意气风发地进入清华，打算将之建成为党国服务的学校。他庞大的改革计划被校董事会断然否决之后，便打定主意，要把清华的主管权从外交部挪到教育部。通过走上层路线，罗家伦如愿以偿，董事会被废除，清华划归教育部。与北洋政府和外交部关系密切的余日宣，自然更为罗家伦"革命"的对象。

清华政治学系迎来了中国政治现实对它的第一次撞击——38 岁的余日宣余遭到了学生评议会的点名批评。中文系教授浦江清在日记中记载"昨夜学生开全体大会通过欢迎罗家伦校长议案，又通过驱逐余日宣（政治教授）、杨光弼、赵学海（均化学教授）、戴志骞（图书馆主任）、虞振庸（农科教授）等五人。夜深十二时全体学生游行唱口号至此五人家，请其即日离校，罪名为把持校务，阻碍清华发展。"[1]学生在幼子刚刚出生的余宅外游行喊口号，余当即表态"我本无意老死于此"。

事后，罗家伦致信余日宣，先是客气一番，末了写"既然另有高就，不便挽留"。

余日宣离开后，罗家伦请来革命战友吴之椿接替。这个哈佛出身的湖北学者，曾任职广州政府外交部，在收回武汉租界运动中居功至伟，并陪同过宋庆龄和邓演达访苏。罗家伦一年后被罗隆基等清华学子驱逐后，吴之椿也辞职而去。

这期间，北伐的革命（现实）形势已经开始影响清华政治系——部分学者理想地以为革命即将结束，国家建设的时代将要来临。为了躲避奉系军阀张作霖，钱端升离开了清华，加入了南京政府并兼职中央大学教授；杨光泩也选择进入南京政府外交部。

1　浦江清：《清华园日记　西行日记》增补本，三联书店 1999 年，第 14 页。

三、十年发展

1931 年，吴之椿离开后，31 岁的浦薛凤（哈佛硕士）接任系主任。他是余日宣的学生，也是余日宣亲自聘请的，只是没报到，恩师就离职了。浦薛凤接替余日宣的职务，也算不辱师命。

浦薛凤是清华辛酉级（1921 级）毕业生，他和同级的罗隆基、闻一多、何浩若，是老师眼里的四个得意门生。辛酉级的罗隆基、浦薛凤、吴国桢，稍后的林同济（1926 年）等人留美都选择了政治学专业。他们的选择，与余日宣等人的政治学启蒙，以及国家积贫积弱的处境密切相关。

在民国这十年中，清华政治系也迎来了自己的发展时期。当时，从南开大学聘来了萧公权（康奈尔博士）、刚回国的陈之迈（哥伦比亚博士）和王化成（芝加哥博士）。此前的 1929 年秋，与李大钊同龄的张奚若（哥伦比亚硕士），离开中央大学加入清华。1930 年，钱端升也从中央大学重新回到母校清华。1934 年，曾任职内政部的浙江大学政治学系主任沈乃正加入清华。中国外交史和欧洲 19 世纪史课程由清华历史系主任蒋廷黻主讲——他在美国留学主修的是政治史。一时间，人才济济。

1932 年，全国已有近 30 所大学设立了政治学系。中央大学政治系主任杭立武（1904—1991）倡议创立中国政治学会。"中国政治学会之发起，始于去夏（注：1931 年夏）。时愚在中央大学，初与政治系同事陶希圣、吴颂皋、刘师舜、梅思平、杨公达诸君言，皆表赞同。会暑期各地友人过京者，如张奚若、周鲠生、高一涵、皮皓白诸君等，与谈此事，感乐观速成，促即正式发起。经即通函各地，征求发起人，未匝月而京沪平津武汉青岛广州各校络绎赞同者，五十余人。足征政治研究学者之组织学会，实久具此需要，偶经提倡，竟群谋佥同也……以东北事起，继以沪案发生，迟滞数月，至本年三月底，选举始告竣事。当选定周鲠生、高一涵、张奚若、梅思平、萧公权、刘师舜诸君及愚等七人，继续进行。遂于七月十三日在京举行第一次筹备会议，决议于九月一日召集全体发起人，开成立大会于南京，此本会筹备成立之经过也。"[1]

中国政治学会举行成立大会时，到会者 45 人，中国政治学界精华尽数出场。周鲠生、浦薛凤、钱端升、王世杰及杭立武担任常务理事。国民政府显然很重视这一学会："犹忆一九三六年夏初，政治学会开会时，蒋委员长邀请全体出席会员，予被安排坐在主人近旁。午宴后委员长致辞欢迎并征询意见。予随即起立，谓当今国步艰难，任何政治问题，宜宽大容忍，心平气和，以谋消除异见，力谋团结，好比人身疮患，总宜敷药治疗，不动手术。总之，万不得已之步骤，能求避免最好……蒋委员长闻言，微笑颔首并环顾会场，连声称说'好，好，好'。"[2]

就与权力的距离来说，相比戴季陶（国民党中宣传部长）曾任主任的中山大学政治学系，李大钊、陶希圣（国民党中央宣传部副部长）和王世杰（国民党中宣传部长、教育部长、外交部长）曾任教的北京大学政治学系，以及身在首都南京的中央大学政治学系，时远在北平郊外的清华政治学系，更多学术色彩，与现实政治一直保持距离——它也确实从不聘政界要人任教。

实际上，1915 年，北京曾设立了学术俱乐部性质的中华政治学会，其英文刊物《中国社会与政治评论（The China Social and Political Review）》是当时国际一流刊物，清华政治学教师几乎都是会员。1936 年，教育部批准设立法科研究所并包括政治学部的，只有清华、北大和燕京三家，招生的则只有清华标准甚至比西方还要严格。由于严格，政治学部没有一个研究生能在规定的最低期限（两年内）完成学习与研究——即使成绩极为优异的邵循恪，也三年才毕业，其他的人，甚至花了四五年。

1　杭立武："中国政治学会成立刍言"，《时代公论》第 23 号，1932 年 9 月 2 日。转引自孙宏云：《中国政治学的展开：清华政治学系的早期开展》，三联书店 2005 年，第 287 页。
2　浦薛凤：《万里家山一梦中》，黄山书社 2009 年，第 159 页。

　　中美、中英庚款留学考试，是当时的两大公费留学考试，竞争非常激烈（厦门大学仅化学家卢嘉锡 1 人被录取；武汉大学只两人考中，其中一人是发展经济学鼻祖张培刚）。在先后举办的六届留美考试和八届留英考试中，政法类名额大多由清华政治学系学生考取。当时，国民政府注重理工等应用学科，政治类留学名额极少。以六届留美公费考试为例（1933 年录取 25 人，1934 年 20 人，1935 年 30 人，1936 年 18 人，1941 年 17 人，1944 年 22 人[1]），只有前四届设有政治学名额，且偏重应用性的公共行政、公务员任用或社会立法等，结果全部为清华政治学系毕业生考取，第一届是徐义生、第二届曾炳钧、第三届龚祥瑞、第四届林良桐、王铁崖。

　　虽然政治学系的课程多为对西方政治科学知识的传授，但探讨如何使西方的学问适应中国的需要，是学者们的首要思考。对中国传统政治知识的体系化，则是清华政治学者的重要贡献。"近世欧美学者辄轻视中国政治思想。例如雅勒（Janet）邓宁（Dunning）诸君，或谓中国无政治思想，或谓其浅陋零碎不足观。……吾人推其相轻之由，似不外乎两端。（一）异邦学者于我之文字学术、典章制度，不易有亲切之体会。其所闻知者大半得之于辗转译述。误解难免，阙漏必多。而遽加论断，岂能中肯。（二）西人治学，甚重方法。古希腊以来，学术分科，已成风气。著书立说，尤贵系统。而"爱智"既夙为治学之主旨，政治学者乃能超越时地，不求功利，作纯理论、纯科学之研讨。……重实际而不尚玄理，此中国政治思想最显著之特点也。……就其大体言之，中国政治思想属于政术（Politik, Art of Politics）之范围者多，属于政理（Staatslehre；Political Philosophy, Political Science）之范围者少。中国政治思想之第二特点为多因袭，少创造。"[2]

　　萧公权在清华任教的讲义，抗战时在四川整理为 70 万字的《中国政治

1　苏云峰：《清华大学师生名录资料汇编》，中央研究院近代史研究所史料业刊（49），2004 年，第 341—366 页。
2　萧公权：《中国政治思想史》，商务印书馆 2011 年，第 876 页。

思想史》，将中国自周代以来的政治思想首次进行了全面梳理。钱端升和沈乃正理论与实践并重，希望以完善公务员制度来造就强盛的中国，浦薛凤这一时期的思考决定了他的"政治五因素说"。西洋政治思想史由张奚若讲授，他上课生动活泼；但课下布置的80多篇阅读书目吓倒不少学生。1936年秋天，只有八名学生选修他的课，结果四人不及格，一人吃了零分。

所谓民国"黄金十年"，其实风波不断。1930年在蒋介石、冯玉祥、阎锡山、李宗仁之间的中原大战爆发。1931年9月18日，日本侵占东北；11月7日，共产党在江西瑞金建立了中华苏维埃共和国，颁布了宪法、发行了货币、设计了国旗，同时将其所属控制区域称为"苏区"。国民政府随即发动了五次围剿，共产党失利之后，开始长征。毛泽东在1927—1931年间，完成了一系列精彩的田野调查：《湖南农民运动考察报告》《宁冈、永新两县调查报告》《寻乌调查》《兴国调查》《长冈乡调查》《才溪乡调查》。

1932年1月28日，日军进攻上海；1937年，日本发动全面侵华战争，中国经济现代化的努力全部化为泡影。

对政治学界而言，并非对本国问题和基层政治不重视。当时，公共行政是系里的研究重点，专门从浙江大学聘来沈乃正在清华教两门课：《市政府》、《市政》，他曾请浙江兰溪和江宁两个模范县的县长到清华介绍情况。但在当时的情况下，对苏区进行政治学田野调查几乎不可能，何况"自国共分裂以后，国民党愚民以遏封锁消息"[1]。关于共产主义，更多的是作为一种思想进行研究与介绍。许多学者对讲列宁斯大林主义的共产国际，和讲曾国藩家训的蒋介石，持同样的质疑态度。

虽然政治事件不断，但清华仍为师生提供了舒适的条件，不但住房宽敞，甚至连热水和暖气都有供应。更何况周遭是一流的同事、一流的学生。对于这一段教授生涯，蒋廷黻晚年曾对陈之迈说："在清华大学教书时代是我生活

1　龚祥瑞：《盲人奥里翁——龚祥瑞自传》，北京大学出版社2011年，第41页。

中最愉快的一段"；萧公权评价说"几近于理想"[1]，浦薛凤则终生怀念"弦歌不辍"的清华时光。俞国华晚年回忆说"在我脑海中，永远留着难以忘却的清华园生活：美丽的校园，宏伟的建筑，优良的仪器，丰富的藏书，成千成百的同学浓重向学的风尚，夏夜漫步校园，冬天踏雪上课，一幕幕的情景，重复在脑海中。……终觉得清华园的生活最为愉快，也是最值得留念的一段。"[2]

物质条件并未消磨师生的问学生涯，反而激发了他们的求学报国之心。这十年中，教学相长，政治学系为国家培养了一大批人物，比如张汇文（中央大学教授）、姜书阁（民国财政部副部长）、唐明照（联合国副秘书长）、王铁崖（国际法院大法官）、俞国华（世界银行副执行董事、台湾"行政院"院长）等。

教与学之外，政治学系师生对公共事件也积极发表意见，对胡适与蒋廷黻1932年创办的《独立评论》贡献了大量稿件。胡适曾这样评价陈之迈"之迈今年才28岁，他是文笔思想都不坏，是今日学政治学的人之中的一个天才"。[3]1934年，钱端升担任天津《益世报》主笔，发表大量尖锐时评，被迫再度离开清华。1936年，张奚若发表在《独立评论》上的抗日文章惹恼了华北当局，导致《独立评论》被查封。

四、抗战—西南联大

"七七事变"前夕，蒋介石决定在庐山邀请全国各界名流举行国事谈话，被邀请者200余人，浦薛凤、张奚若、钱端升、陈岱孙等人名列其中。他们赴会途中"七七事变"爆发，会后北平已不可回。现实政治对清华政治学系一次大

1　萧公权：《问学谏往录》，黄山书社2008年，第100页。
2　《俞国华文集》，转引自清华大学法学院：
http://www.tsinghua.edu.cn/publish/law/6878/2011/20110323110644610580351/20110323110644610580351_.html.
3　《胡适日记全编》(6)，安徽人民出版社2001年，第475页。

的冲击即将到来——清华南迁，与北大、南开在昆明共组"西南联大"，除了张奚若留下担任西南联大系教授会主席，清华政治学系教授几乎全部离校从政，战前那种专心学问的时光也不复再来。

抗战前后，清华教授入政府者不少，最为知名的是蒋廷黻。其实，在美国念博士时，蒋廷黻本想学政治学，但因其过于理论化而专攻政治史："学习历史以备从政之用，此一见倒是深获我心。在过去不分中外，许多历史学家均能身居政府要津，即其适例"。[1]

1931 年"九一八"事变后，蒋廷黻关于外交和内政的大量文章，引起了蒋介石的注意。蒋介石三次召见他咨询意见。蒋介石接替汪精卫担任行政院长后，请蒋廷黻担任行政院政务处长。蒋廷黻以没有经验为由推辞，但蒋介石说："不工作永远得不到经验。"[2]

蒋廷黻入阁的消息传出以后，坊间议论纷纷。胡适送给他两人共同的挚友丁文江的诗"寄语麻姑桥下水，出山还比在山清"，期望他"遇事要敢言，不得已时以去就争之"。后来，蒋廷黻曾以"泉清"为笔名。蒋廷黻的看法是："我认为政治并不是专为金钱和荣耀。对我而言，政治只是一种工作，我认为它和教书一样的清高"[3]。他晚年退休后这样剖析当年心境："我之离开清华，并不是由于失望，而是因为当时国内的局势日渐恶化，对日抗战已不可避免，因而应政府号召参加抗战实义不容辞。"

曾两次拒绝从政邀请的政治学系主任浦薛凤，始终未曾忘怀年少即有的"良相佐国"之志——留洋念了再多的洋书，中国学人骨子里还是很中国。1939 年 3 月，他决定接受邀请，担任国防最高委员会参事，"因爱国心切，应国家召，以学者身份从政。"[4] 他当时以为"大抵系属短期性质，及俟服务告一段落，多数仍回大学执教研究与著述。"

1　蒋廷黻《回忆录》，东方出版社 2011 年，第 142 页。
2　同上，第 188 页。
3　同上，第 158 页。
4　浦薛凤：《万里家山一梦中》，黄山书社 2009 年，第 2 页。

未从政的学者,也以其他方式为抗战献策。1938年国民政府公布的第一届国民参政会的200人名单中,西南联大教授有十人,其中有政治学系的张奚若、钱端升、罗隆基、张忠绂。钱端升主持《今日评论》,汇集了新生代的学术领袖。他认为多党制在中国行不通,呼吁开明的一党专政,希望当权者在失去"天命"之前进行改革[1]。清华毕业生林同济等人创办《战国策》杂志,以尼采哲学为指导,号召建立一个强有力的国家,被称为"战国策派"。

然而,抗战的节节败退与时局的发展,使自由主义知识分子不断沮丧。1941年3月,张奚若在国民参政会上尖锐抨击国民党政府当局,被不耐烦的蒋介石按铃打断,他愤然离席。国民参政会后来给他寄开会通知和往返路费,他干脆直接回电"无政可议,路费退回。"1944年,他在演讲中公开指出,蒋介石修订新宪法的建议,除了欺骗外国人之外,没有任何意义。

留在西南联大的张奚若、钱端升、罗隆基等人,态度本就激进,在昆明的困窘艰难与重庆的权力奢华反衬下,对反腐和抗战失利的双重失望,原本的改良思想逐渐产生动摇。李公朴与闻一多的被暗杀,使他们对国民政府彻底失去了信心。

张奚若曾经对毕业班的学生说:"如果你们来政治学系目的是想当官,那你找错了地方。国民政府不大喜欢西南联大的政治学系。"

五、选择与结局

抗战后回到北平的清华年轻学子,既对民国"黄金十年"并无生活印象,也没有师长们因留洋而产生的对自由主义欧美的钟情。在对国民党政府的极度失望中,年轻人和教授们一起,对气息清新的共产党满怀憧憬。此时的清华,逐渐成了"小解放区",真心实意地等着迎接一个崭新中国的诞生。在吴晗等人介绍下,张奚若曾经打算拜访延安,连棉袍都已做好。

1　易社强:《战争与革命中的西南联大》,九州出版社2012年,第242页。

抗战后回到北平的清华，恢复了政治学系，但许多教员都未到职：林侔圣因参与联合国创建而留在纽约，甘介侯因政治活动繁忙而放弃教职；甚至张奚若也因政治活动和搬家而未能履行职责。1948 年终于聘回在武大任教的曾炳钧担任系主任，他去北大请来王铁崖兼课。但他万没料到，这是政治学系在没入暮色时的最后一抹亮色——1952 年院系调整，清华改为工科院校，文科院系悉数调出，政治学系被撤销。他的同班同学王赣愚，则经历自己担任系主任的南开大学政治学系被撤销。

虽然革命只是政治的一种形态，但在 20 世纪上半叶的中国，政治几同于革命。视革命只为研究内容之一的政治学系，其命运浮沉，便不是什么难以解释的事。

1950 年，曾影响了中国一代政治学者的拉斯基教授，抑郁离世，他的影响力随着他的去世也便沉寂了。而他当年的同事哈耶克，活到了 1992 年，目睹了大作《通往奴役之路》在全世界的刊行。

1979 至 1984 年，历经五年，《中国大百科全书·法学卷》终于出版。编纂过程中，钱端升等一代学人汇聚一堂，在他们牵头与推动下，政治学学科在 1980 年代得到恢复。时任该卷责任编辑的张遵修，正是清华政治学系最后几位女毕业生之一。

如今，当年的教员早已墓木已拱，清华园里风景依旧。新回来了几位留美政治学人任教，包括以《民主的细节》一书赢得盛名的刘瑜。在曾经的大树坑中新种同一品种，但它究竟能长成什么样子，实在是来日方长——当年与欧美几乎同时起步的清华政治学系，85 年后在学问的道路上再出发，历史的轮回就是如此吊诡。[1]

1　原载于 2011 年《看历史》（National History）10 月刊，有增删。

老清华政治学系的建立与崛起

谢喆平

    作为社会科学的主流学科之一，清华的政治学曾是老清华成为一流综合性大学的主要科系之一："政治学不仅是清华学堂最早开设的课程门类之一，而且是清华设立大学部时的专设科系之一，还是清华改制为大学时的重点学科之一。"[1] 自 1926 年建系至 1952 年取消建制（期间包括 1937—1945 年西南联大政治学系）的 26 年里，清华政治学系从无到有，并迅速成为国内一流的学术单位，其中尤以抗战爆发的十年为黄金时期，有人称之为"清华学派"，亦有人视为"清华典范"。[2] 无论是否同意这种总结，这一时期确实是清华政治学的黄金发展期，在政治学学科发展史上留下独有印迹，直到 1937 年抗战爆发使其停滞。清华政治学的历史沿革，一定意义上，可说是政治学作为一门社会科学进入中国知识视野的过程，也是中国本土的政治思想与政治问题进入现代学科框架的历史，清华政治学的发展在某种意义上成就了现代中国政治学的展开[3]，因而是一个值得剖析的中国高等教育学科史个案。

一、学科建制

政治学在中国的早期发展

    19 世纪末，政治学在西方逐渐成为一门独立学科，欧美大学逐渐开始设

1　钱颖一、李强：《老清华的社会科学》，清华大学出版社 2011 年，第 96 页。

2　孙宏云：《中国现代政治学的展开：清华政治学系的早期发展（1926—1937）》，三联书店 2005 年，第 350—351 页。

3　参见孙宏云：《中国现代政治学的展开：清华政治学系的早期发展（1926—1937）》，三联书店 2005 年；王向民：《民国政治与民国政治学：以 1930 年代为中心》，上海世纪出版集团 2008 年。

立政治学系。1913 年，教育部公布《大学令》和《大学规程》，对学科及门
类做出规定，在法科之下列了政治学和法律学、经济学——后来各所大学大
多将这三个科系设于法学院。1903 年开办的京师大学堂，其八科课程中就有
"政治科"。1907 年开办的京师政治学学堂，在"政治门"下设有政治学、政
治史、外交史等课程。1932 年，全国已有近 30 所大学设立了政治学系。

在早期中国政治学界，东洋与西洋这两种政治学路径曾延续若干年。
1919 年，北京大学改政治学门为政治学系，聘有李大钊等留日学者，1923 年
聘请留英的王世杰和周鲠生，开始以本国教员取代日本教习、以欧美学术取
代日本学术。燕京大学 1923 年开办了政治学系。与北大先日本再欧美的路径
"变轨"不同，从 1926 年建系直到 1952 年停办，政治学系主任均留美，任教
者亦大多为留美学生，更曾有若干美国教员（大多有欧洲求学经历），易言之，
以留美预备学校为基础开办的清华，一开始就直接选择了欧美路径。

老清华政治学系的建立与发展

1909 年由设立的游美学务处及游美肄业馆，以及 1912 年改名的"清华学
校"，一开始便在史学政治类名目下设立了政治学的课程。1926 年 4 月，清华
建立了包括政治学系在内的 11 个正规学系。1928 年国立清华大学，"以求中
华民族在学术上之独立发展，而完成建设新中国之使命为宗旨"。[1] 逐年递增的
办学经费、完善的教学体系和招聘的教研人才，为政治学系的发展奠定了基础，
政治学进入了黄金时期。

1932 年 9 月政治学会在南京成立，发起的 45 人有四名清华教员，而
出身于政治学的共有十人；担任学会常务理事的五人中，有浦薛凤和钱端
升。[2] 1942—1943 年，教育部选出两批共 45 位"部聘教授"，政治学科入选两位，
其中一位是萧公权。1948 年评选出的中央研究院第一届院士中，政治学三名

1　《国立清华大学条例》，第一章第一条，清华大学校史研究室：《清华大学史料选编第 2 卷》上，
清华大学出版社 1991 年，第 138 页。
2　杭立武："中国政治学会成立刍言"，《时代公论》第 23 号，1932 年 11 月 4 日。

院士中有两位清华学人（钱端升和萧公权）；而以微弱票数落选的三位候选者中，又有清华学人两位（张奚若与张忠绂）。[1]民国时期的庚款留学考试竞争非常激烈，由于政府注重理工等应用学科，政治类留学名额极少，并且偏重应用性的公共行政、公务员任用或社会立法等）。六届留美考试和八届留英考试中，政法类名额绝大多数由清华政治学毕业生考取。

清华政治学系的发展，与特定的现实因素有关。经费充足自然首当其冲：清华图书馆很注意订购全国政府机关出版物及档案，如《政治官报》《内阁官报》《国民政府公报》《外交公报》等[2]。还有若干重要因素值得考量。一是政治学教员在清华改制中的话语权：1920年后到校任教的余日宣，不久兼任"校务调查委员会"会长、西学部史地政治组分科会议主席、"学校课程委员会"委员、校务委员会成员，1926年4月，政治学教员钱端升又被推举为"清华学校改组委员会"的七委员之一，负责起草清华学校组织大纲。余日宣之后继任的政治学系主任吴之椿，不但是罗家伦亲自聘请的，还曾兼任清华教务长职务。这些人事安排对政治学的建系与崛起均有关系。

二是学子的"外交报国"、"从政报国"取向。根据1937年《清华同学录》记载，从1912年到1928年清华改制为国立大学之前，留美预备部共有973人放洋，其中学习政治学的有133人，约占总数的13.7%，其中1920—1926年甚至明显超出了配额限制。据另一项统计，1905—1937年期间，中国留学生获得政治学博士学位者共42位，其中清华出身者22人；获得国际关系和国际公法博士学位者共45位，其中清华出身者13人。[3]

此外，地理位置也是不容忽视的因素之一。中央大学政治学系地处民国首都南京、北京大学政治学系地处北平城里，清华地处北平郊外，并且从不

1 孙宏云：《中国现代政治学的展开：清华政治学系的早期发展1926—1937》，三联书店2005年，第6页。
2 转引自孙宏云：《中国现代政治学的展开：清华政治学系的早期发展1926—1937》，三联书店2005年，第135页。
3 袁同礼编《中国留美同学博士论文目录》，转引同注2，第5页。

聘请政府高官任教，这既避免了政治现实的干扰，也有助于保持了相对的学术独立。此外，"清华大学不仅办学经费充足，而且由于它同美国的特殊关系，使得它在办学方面有一定的独立性"[1]。凡此种种，皆造就了一个"学术空气浓厚，图书设备丰富"[2]的政治学系，为师生提供了良好的教学场域。

二、老清华政治学系的教员群体

一流的师资是大学赖以提升学术水准的首要条件。"吾人常言，大学之良窳，几全系于师资与设备之充实与否，而师资为尤要。是以吾人欲图本校之发展，欲图提高本校之学位地位也，亦以充实师资为第一义。"[3]清华政治学系成立的基础是师资的准备。教员阵营的齐备，使该系有能力开设一流的专业课程。与清华从留美预备部起步、最终建成国立大学一样，该系教员的聘任也从聘请外籍教员起步，逐步实现了本土化，同时保持了相对稳定的国际化程度（从罗家伦担任校长至梅贻琦接任的十多年中，清华各科系的外籍教授约占5%。[4]）

外籍政治学教员

清华自建校伊始，即以培养学生留美入美国大学为目标，因此课程完全使用英文教材、用英文讲授，政治学课程亦是如此。由于政治学是由西方传入的学科，在本国教员非常缺乏的情况下，聘任外籍教员在早期清华便成为必然选择。

以政治学课程来说，1917—1921年，原普林斯顿大学历史和政治系教授兼系主任麦克洛斯（Robert M. McElory）任教清华，就西方代议问题发表了系列演讲，主题涉及"代议思想史纲要"、"希腊和罗马的代议思想"、"日耳曼

1　许美德：《中国大学 1895—1995：一个文化冲突的世纪》，教育科学出版社 2000 年，第 74 页。

2　萧公权：《问学谏往录》黄山书社 2008 年，第 112 页。

3　梅贻琦："致全体校友书"，转引自杨东平《大学精神》，文汇出版社 2003 年，第 238 页。

4　苏云峰：《从清华学堂到清华大学 1911—1929》：三联书店 1996 年，第 107—133 页。

民族的代议思想"、"英国的代议思想"以及"代议思想与美国革命"等等。[1] 1921 年秋，美国明尼苏达大学教授魁格雷博士（H.S.Quigley）与清华签订两年任教合同，主讲"现代文化"与"政治学"两门课程。[2]1922 年 9 月，辛辛那提大学政治学系主任教授劳力（Selden Gale Lowrie）利用学术休假到清华，担任了"长期演讲员"，主讲宪政政府。1928 年聘请克尔文（Edward Samuel Corwin）为教授、1929 年聘请莱特（Quincy Wright）为教授[3]。

　　这是一批美国政治学界的一流教授：克尔文是普林斯顿大学政治学系第一任主任，后来曾担任美国政治学会会长；麦克洛斯曾在欧陆求学（德国柏林大学、英国剑桥大学），后来是普林斯顿大学历史和政治系教授兼系主任；莱特先后担任明尼苏达大学、芝加哥大学教授；魁格雷教授曾获得罗兹奖学金，在剑桥求学三年，后来两度出任明尼苏达大学政治学系主任。从学科分支来讲，他们所专长的政治史、行政、国际公法，涵盖了当时主流政治学科的全部内容。

本国教员：从清华学生到清华教师

　　1909 年第一届留美念政治学的唐悦良，回国后曾在清华任教，始开清华学子留美回校任教政治学之先河。1920 年，1913 级的余日宣回清华任教，1924 年，清华 1919 年毕业生、从哈佛大学获得政治学博士学位的钱端升回清华任教；次年，两位清华 1920 年毕业生，一是先后在哈佛大学和哥伦比亚大学获得硕士和博士学位的刘师舜，另一位是在哈佛大学获得硕士学位的陈复光，回清华担任了有关政治学课程的教员。清华政治学系完成了由主要聘任美国学者向留学归国的中国教员主讲的转变。

1　苏云峰："清华职教员与圣约翰关系表"，《从清华学堂到清华大学（1911—1929）》，台湾中央研究院近代史研究所，1996 年。
2　孙宏云："清华政治学系的创办及其前后之史事"，《1920 年代的中国——国际学术研讨会文集》，2004 年，第 507—523 页。
3　清华大学政治学系："外籍教员资料辑"，未刊稿。

1926 年建系之时, 政治学系有四位教授: 余日宣、郑麐、刘师舜和钱端升, 不久又聘到金岳霖, 杨光泩到清华主讲国际法和国际关系课程。1928 年 10 月, 政治学系新聘教授浦薛凤、王化成 (莱特教授是王化成在芝加哥政治学系的博士论文导师)、胡元义以及讲师郭闵畴、刁敏谦。同时, 还聘请兼任教授和讲师 (北平大学法学院经济系主任刘懋初、以及黄右昌、何基鸿和刘彦等人)。1929 年 8 月, 又从中央大学聘来张奚若, 还聘胡道维为教授、潘昌煦、程郁庭为讲师。[1]

至此, 清华政治学系教员 "阵容颇为整齐"[2], 其实力不仅在校内, 在国内政治学界也名列前茅。"本校的政治系, 多年来赖吴主任及诸教授的努力, 蒸蒸日上, 大有一日千里之势! 就同学说罢, 全系同学共有 101 人, 占全校人数的 1/5, 以系别的人数而论, 仅次于经济系。就教授说罢, 本系连主任、教授、讲师, 共有十位, 除了中国外国二文学系外, 亦首推本系, 但中国外国二文学系的教授有几位是教全校同学必修的国文英文等学科而并不是专门教该系的同学的, 所以事实上, 本系的教授是全校中最多的一系了。即就课程而论, 本年度开班有 20 几门。这种现象都是令人满意的。"[3]

1931 年 10 月梅贻琦任校长后, 浦薛凤接手政治学系主任。1932 年清华学子萧公权来到了清华, 1933 年沈乃正和陈之迈回清华任教——沈是浙江大学政治学系主任, 曾任职内政部, 专长于市政研究。1932 年聘请的讲师邹文海和赵德洁, 则是清华 1930 年设立研究院后自己培养的年轻学者。至此, 清华政治学的教员群体基本成型, 知识结构完备——政治思想史、市政、国际法等方面的教员齐备, 又请到历史系主任蒋廷黻主讲中国外交史, 这样的教员结构使清华政治学成为一流学术单位奠定了基础, 使黄金发展期成为可能。

1　钱颖一、李强:《老清华的社会科学》, 清华大学出版社 2011 年, 第 123—125 页, 第 165 页。
2　萧公权:《问学谏往录》, 岳麓书社 2008 年, 第 112 页。
3　潘如澍: "对于'充实政治系内容'的一个新建议",《国立清华大学校刊》(144), 1930 年 2 月 26 日。

1932—1937 年政治学系教员名单 [1]

姓名	年龄	学历	到校时间	研究方向
浦薛凤	36	清华学校 哈佛硕士	1928	政治学、政治思想
王化成	34	清华学校 芝加哥博士	1928	国际公法、国际政治
张奚若	47	哥伦比亚硕士	1929	西方政治思想
萧公权	40	清华学校 康奈尔博士	1932	中国政治思想史、当代西方政治思想
钱端升	36	清华学校 哈佛博士	1930	宪法、各国政府
沈乃正	38	清华学校 哈佛硕士	1933	中国政府
陈之迈	29	清华学校 哥伦比亚博士	1934	各国政府
赵凤喈	39	北京大学 巴黎大学	1932	法律

　　实际上，清华政治学系聘请留学归国清华学子的传统，一直维持到西南联大时期，比如 1939 年到 1940 年，西南联大政治学系先后新聘了五位清华学子：清华聘了庚款留英的龚祥瑞和楼彦邦、哈佛博士周世述、南开聘了王懋愚、邵循恪。这五位都是清华政治学本科或研究所的毕业生。

三、课程设置与教学方法的演变

"留美预备部" 时期的积累（1911—1928）

　　1911 年《清华学堂章程》规定，学校分设中等科与高等科，各四年，史学政治类课程则贯穿中等科与高等科共 8 年的教学。[2] 1911 年，清华学堂改称清华学校，学科简化为西文与中文两大部分，并以西文为主，课程则分为必修和选修两类；在高等科内，又有文科与实科两大类别。专门的政治学课

1　转引自孙宏云：《中国现代政治学的展开：清华政治学系的早期发展 1926—1937》，三联书店 2005 年，第 128 页。
2　清华学堂章程（1911 年 2 月），《清华大学史料选编第 1 卷》，清华大学出版社 1991 年，第 146 页。

程只设在高等科四年级，作为文实两科学生的通开必修课程，课时为每周两小时。[1] 这一时期，政治学课程相对比较浅显。1916年，清华开始着手改办大学，当年的高等科课程表中[2]，政治学改为选修课，与新增的公民学、国际法等课程并列为三、四年级高等科学生的选修课，课时相当有限。

1922年之后，清华的政治学课程有明显发展。依据1922年的高等科功课表[3]，在社会科学部的课程中，有"公民学"和"比较法制"、"政治学"、"东亚邦交史"、"泰西文化"、"劳动法"、"商法"；在国文部的课程中，有"法制"课程。1925年，清华新设了大学部与研究院，校内大学部、旧制留美预备部、研究院三个教学单位并存。政治学课程仍开设在培训留学预备生的旧制部之中。依据1925年秋教员授课表[4]，这年的旧制部中，有钱端升开设的"比较政治"课程和余日宣开设的"政治学及远东政治"课程。1934年代理系主任王化成对此的总结是"民国十四年（1925年）以前，清华为留美预备部时代，当时学校亦设有二三关于政治学之课程，惟以办学目的，在求深造于国外，故课程性质，尽属基本浅显学科。"[5]

此时的政治学作为通识教育课程，在教学方法上并未有严格要求。但是教员们已在课堂讲授之外，开始加入了实地考察的现场教学。1922年12月，教员魁格雷率政治学同学30余人赶赴民国众议院，旁听有关议案的讨论；1923年6月，余日宣和魁格雷带领政治学课程班17人以及非政治学课程班同学四人，晋见当时的民国大总统黎元洪，黎勉励清华同学"诸君既有国学根底，又有游美机会，将来截长补短，定可为祖国尽一分力量，行将见诸君握中国大权矣"。[6]

1　"北京清华学校近章"，《神州（1—2）》，1914年，第7期。
2　苏云峰：《从清华学堂到清华大学1911—1929》，中央研究院近代史研究所，1996年，第165页。
3　苏云峰：《从清华学堂到清华大学1911—1929》，三联书店2001年，第167—171页。
4　清华大学校史研究室：《清华大学史料选编》第1卷　清华学校时期（1911—1928），清华大学出版社1991年，第338—341页。
5　王化成："政治学系概况"，《清华周刊向导专号》，1935年6月14日。
6　清华大学校史研究室：《清华大学九十年》，清华大学出版社2001年，第29页。

根据《1924—1925 年的课程表》的 "科目说明",此时开设的《公民学》课程,意在使学生知公民之责任。研究项目包括 :(一)群众生活,分家族、学校及市区观察之。(二)市区之公益事件,如卫生、保安、观瞻、道德等。(三)工业社会之雏形。(四)中国中央省区、地方政治之组织及概况。并鼓励学生留心时事及考虑现今中国之政治社会各问题。研究方法有讲演、问答、讨论、报告等。[1]但是教学方法已经开始发生改变 :"政治学及远东政治"课程则规定,将中国、日本现今政治上之组织及实际运用,作比较的研究,以讲演及读书方法为之。"[2]由此可见,此时清华政治学课程的教学已经开始与现代教学方法接轨。

1926 年 4 月 29 日,各系主任选举产生,清华政治学系开始成立。由于清华经费充足,学系建制稳定,从 1926 年开始,清华政治学开始逐步进入黄金发展期。这一时期政治学系的学程大纲中,除国文、英文、世界史和自然科学等学校通开课程以外,专门课程有九门 : 政治概论、市政学、比较政府、远东政府、世界政治、政治理论、政党论、现代帝国主义研究、中国外交。但这基本沿袭建系之前的课程、没有太多创新,因缺乏体系性和本土化而遭到批评。清华文科课程委员会对政治等四个系的课程设置提出了改进建议 :"清华大学的文科,其职务不只在灌输学生以欧美的智识。大学文科的教员,应与学生一同研究中国的问题,使中国的社会科学,将来有独立的希望。"[3]他们要求增加有关中国政治的课目、提升课程的层次以强化研究性(100—200 课程有中国宪法,200—300 课程有中国政府、欧战前中国外交史、现代中国外交问题、满蒙藏问题,300—400 课程有中国国政治思想史、中国政治组织史),同时要求用科学方法组织材料,用现代教学法讲授材料。经过调整的政治学课程,以(政治学)入门、政治思想、政府、法律和国际为五个组别,列出了总共 27 门课程,增加了有关中国政治的内容(由一门增至五门),也

---

1 "清华一览 1925—1926","《清华大学史料选编第 1 卷》,清华大学出版社 1991 年,第 320 页
2 同上书,第 322 页。
3 吴景超等 :"关于清华大学文科课程的商榷",《清华周刊 (416)》,1927 年 10 月 14 日。

补充了许多法律课程（清华当时未设法律系）。虽然这个计划明显过于庞大，但其总体框架有深远意义。

国立清华大学时期的系统化进程

　　1928 年，政治学系的课程大纲调整为五个组别：政治基本科目五门，国际科目五门，外交科目五门，政治思想五门，政法科目九门。有关国际科目和外交科目之课程的增加，大约与新任系主任吴之椿曾参与武汉国民政府外交事务有关。按照该计划，1930 年时，政治学系开班的课程多达 28 门，较上一学年多出七门。尽管应修学科的限制略有放宽，但修订后的学程仍规定政治学系本科 4 年修业，需修满 136 个学分，其中本系科目 34 门，有关的其他系科目 17 门。但吴之椿任内的课程设计路线，仍处于学科本土化的摸索期。

　　国立清华大学时期，政治学系在完成教员本土化的基础上，在研究内容和课程设置的本土化上也有长足进步。诚如国际联盟教育考察团所指出，"考察中国若干大学之历史、政治科学或经济之课程，若不能断定此种计划究为研究中国之西洋学生而设，抑为研究西洋之中国学生而设"，[1]蒋廷黻也曾抱怨说"即以政府组织为例，中国留美学生往往熟读政治思想、比较政府和地方政府等书籍。他们学成归国后可以在大学开课，像美国学者在大学中一样讲授英国、法国、德国或意大利的政府。但是却没有一位中国学者能够讲授中国政府，因为美国大学中没有这门课。再以市政为例：当时在清华有一位教授，教伦敦、巴黎、芝加哥和纽约市政管理，但他对天津、北平、上海等市的施政情形却一无所知。再让我们看看政治思想方面。有一段时间，清华有三位教授都能教政治思想，他们能从最早的柏拉图讲到当代的拉斯基，但却没有一个能讲授中国政治思想演进情形的。"[2]政治学的本土化显然是清华校内外都关注的问题。

　　政治系不仅注意到了上述问题，并开始着手解决。"我们提议任何担任

1　国联教育考察团："国联教育考察团报告书"，《中国教育之改进》，国立编译馆译，教育部，1932 年，第 182 页。
2　蒋廷黻：《蒋廷黻回忆录》，岳麓书社 2003 年，第 128 页。

社会科学的教授，如果他想要放弃原有西方国家的课程改讲授中国方面的课程，都可以减少他授课的时数，增加研究及实地考察等等方面的补助。如此一来，经过三两年时间，他就可以讲授中国政治思想、中国政府或中国经济史等课程了。"[1] 即萧公权所说"我每星期授课六小时，有充分的时间去从事研究"[2]。实际上，浦薛凤当初聘请萧公权来清华，请他开设中国政治思想史和西洋政治思想史两门课程，目的就在于打通中西政治思想史的藩篱。

政治学系课程体系在浦薛凤 1931 年接任系主任后基本成熟："为造就吾国应用人才起见，对于本国政治方面各学科及市政学，尤加注重。"[3] 这一时期，政治学系的课程分为（研究生）三类（本科生）五门，三类为公法、制度和思想；五门是宪法与行政法，国际法与国际关系，政治制度、市政学，政治思想，同时还特别关注近代中国外交史、中国政府、中国历代政制专题研究、中国法制史、中国政治思想、中国地方政府研究等关于中国国情的课程。新的课程安排既保持了通识与专业的均衡，也强调以国际视野和科学方法研究中国问题，终极目标是"务期学生于了解深邃的理论后，对于本国切身问题，能触类旁通，实际应用"。[4] 同时提出"编制课程之目标，在（一）灌输学生以政治科学之基础知识，训练其思想之缜密，理解之确切，并授以研究学问之经验与方法，使能独立作高深学术之探讨；（二）养成学生应付社会环境之学识与技能，使于毕业后，或服务社会，或参加考试，皆能兴措裕如，悬鹄以赴，是以本系之课程，理论与事实并重；同时对于各种考试（如留学考试，高等试验，县长考试）之科目，亦求其能互相衔接。"[5] 可见政治学系的课程设计思想，除了知识的本土化之外，实用性也是一大特色。

这一时期，在授课内容的本土化方面有较大进展，在教学方法上也开始

1 蒋廷黻：《蒋廷黻回忆录》，岳麓书社 2003 年，第 129 页。
2 萧公权：《问学谏往录》，岳麓书社 2008 年，第 112 页。
3 王化成："政治学系概况"，《清华周刊向导专号》，1935 年 6 月 14 日。
4 王化成："清华政治学系之概况"，《清华周刊向导专号》，1934 年 6 月 1 日。
5 浦薛凤："政治学系概况"《清华周刊向导专号》，1936 年 6 月 27 日。

兼顾通识教育与专业教育两个重点。张奚若最擅长课堂讲授，"他反对花时间写讲稿，上堂一字一句照念，他说每次备课，最好是多读一遍名著、原著，加深对原著的理解，第二天上堂就讲得出来，很生动。"[1] 浦薛凤"曾利用整个暑假做成一份'政治学概论'必修课程之详细参考资料单。此项资料包括中文英文，涉及古今中外，乃摘自标准书本或杂志，并且注明每一学生必须阅读及选择阅读之章节，页数及多少。秋季开学上课之第一天，即将预先铅印订册之此项参考资料单，发给学生，嘱将每周必须阅读与札记之中文报告按时呈缴，由系中助教仔细批阅给分，准时发还。"[2] 萧公权则要求学生除了到堂听讲、期终应考之外，"必须阅读我所指定和他们找到的参考书，并须在学年终了以前，就研读所得，作一篇专题报告（我极力鼓励他们在教室里提出问题，以便大家讨论）。……清华学生的阅读和思想都不弱，他们肯用功，不只是因为想得'积分'而是对学术发生了兴趣"[3]。在课堂讲授之外，教员们开始有目的地采用了讨论式和问题探究式的教学方法，促进教学相长。这一时期，现场教学也有发展。沈乃正开设《市政府》和《市政》两门课时，他曾专门请浙江兰溪和江宁两个模范县的县长到校介绍地方政制的建设情况。

　　在师资充实和课程体系完善的基础上，清华政治学又成为清华、也是国内最早开办政治学研究生教育的学术机构。1930 年夏，清华研究部开始招生，政治学系、经济学系以及中文系、外文系、历史系和物理系 6 系为首批开办研究生教育的学系，共招收 14 人。其中政治学系招收三人。梅贻琦出任清华校长时，专设了文、理、法三科研究所，其中，法科研究所设政治学和经济学两部，招生规模亦有扩大。值得指出的是，此时清华的研究生实行精英教育，因此要求相当严格。1935 年政治学系毕业进入研究生院的靳文翰回忆说他当时"把奥本海姆（Oppenheim）的国际公法包括小注，已然通读了八遍"[4]，

1　端木正：《端木正自选集》，广东人民出版社 2007 年，第 401 页。

2　浦薛凤：《音容宛在》，台湾商务印书馆 1983 年，第 125 页。

3　萧公权：《问学谏往录》，岳麓书社 2008 年，第 113 页。

4　何炳棣：《读史阅世六十年》，广西师范大学出版社 2009 年，第 99 页。

由于要求过于严格，政治学部没有一个研究生能在规定的最低期限（两年内）完成学习与研究，即使成绩极为优异的邵循恪，也三年才毕业，其他人甚至费时四至五年。

总之，在国立清华大学时期，政治学系的课程体系逐步完善，教学方法也日益丰富。1933 年，清华大学评议会专门通过社会科学各系的课程应尽量向有关国情方面发展的决定，并建立了专门机构和专门措施以推进相关工作，此时政治学系已基本完成了本学科课程的本土化。1924 年，正在美国留学的王化成曾建议清华增设有关中国社会科学的课程，当他 10 年后任代政治学系主任时，有关中国历史政治和现实政治的课程，已占清华政治学总课时的 2/3。

1931—1937 年期间政治学系所开设的课程，体系相当完整（见下表[1]）：

101—199（大学本科课程）

政治学概论、近代政治制度、行政学原理、市制度、市行政、法学原理、宪法、民法通论、刑法通论、国际公法、国际关系、西洋政治思想史、近代中国外交史、行政法

201—299（本科四年级及研究院课程）

议会制度、独裁政治、中国政府、中国历代政制专题研究、地方政府、中国法制史、国际公法判例、国际私法、国际联盟、国际组织、外交程式、近代政治思潮、当代西洋政治思想、西洋政治思想名著选读、中国政治思想

301—399（研究院课程）

专门选读与研究（公法、政治制度、政治思想）、政党论、德国政治制度研究、不列颠帝国、近代政治制度专题研究、中国地方政府研究、英国宪政史、条约论、近代中国外交史专题研究、柏拉图政治哲学、卢梭政治哲学、当代政治思想问题、西洋政治思想专题研究、中国政治思想专题研究

从上可见，至抗战爆发前，清华政治学系的课程已涵盖本科与研究生，同时也为本校其他科系提供政治学选修课程，教学方法也早已超越了单纯的讲授法，现场教学、专题研讨等现代的互动式教学已开始普遍采用。因此，就学科发展而言，政治学系显然已进入成熟阶段，因而高质量的学术产出和优秀学生的培养便成为必然结果。

---

1   钱颖一、李强：《老清华的社会科学》，清华大学出版社 2011 年，第 139 页。

四、学术评估

何炳棣先生曾云，"30 年代的清华文法两院表现出空前的活力。除各系师资普遍加强外，教授研究空气较前大盛，研究成果已非《清华学报》所能容纳，于是不得不另创一个新的学术季刊《社会科学》。冯友兰师的《中国哲学史》和萧公权师的《中国政治思想史》两部皇皇综合巨著更足反映文法教学研究方面清华俨然已居全国学府前列。"[1] 老清华政治学人的贡献，主要在于两点：一是政治学知识和分析框架的引入，二是政治学研究内容的中国化。他们在这两方面所作出的开创性贡献，至今少有人能超越。

学术论文与著作

张奚若在留美期间发表《社（会契）约论考》和《主权论》，1930 年和 1931 年发表长篇论文《自然法观念之演进》和《法国人权宣言的来源问题》。张不是一个高产的学者，但这两篇高质量的论文奠定了他西方政治思想史学者的一代名师地位。浦薛凤虽然主要研究西洋政治思想，他的《西洋近代政治思潮》一书 1936 年被列入"国立清华大学丛书"，但奠定他一生学术成就的是在《社会科学》学刊上发表的"政治学之出路：领域、因素与原理"一文，他认为"政治，即人类共同事务之有组织的管理，共含有五项因素：（一）政治现象，（二）政治制度，（三）政治观念，（四）政治势力，与（五）政治人物。浦薛凤的"政治五因素说"，是用来分析东西方政治现实与演进的创造性分析框架。

1928 年，萧公权的博士论文《政治多元论》在伦敦被列入"国际心理学哲学及科学方法丛书"出版，并被牛津大学指定为"当代巨著"课程必读书目。萧对政治学本土化最大的贡献，是他的 70 万字《中国政治思想史》，他

1　何炳棣：《读史阅世六十年》，广西师大出版社 2009 年，第 99 页。

1932—1937 年任教清华时，"通过给学生开设中国政治思想史课程，积攒了1400 多页资料，奠定后来撰写《中国政治思想史》的基础"[1]。该书将中国政治思想的发展分为封建天下、专制天下和近代国家之思想三阶段，又以政治思想的传承发展为主线而分为创造时期、因袭时期、转变时期和成熟时期四个时期，"采政治学之观点，用历史之方法，略叙晚周以来 2500 年间政治思想之大概"[2]。萧著《中国政治思想史》一版再版，至今仍是经典。

　　钱端升 1930 年出版《法国的政治组织》，1934 年又出版《法国的政府》、《德国的政府》两本著作。钱先生的这几本著作，基本穷尽了相关领域的外文文献，他以政治制度为目标，但又不囿于此，他的目标是通过庞大的比较政制研究个案，对西方政制作出全面的介绍，因此虽然以宪法为研究重心，但完全不是宪法研究的条文解释路径，而是以宪法史入手，全面剖析政制结构与运行过程。西南联大时期，他出版《战后世界之改造》和《建国途径》两部文集，前者更是中国学人关于战后国际组织的唯一著作。抗战胜利后，钱在哈佛大学任教时出版英文的《中国政府与政治》一书，数十年里一直是该校必读书目。

　　王化成 1930 年代出版《现代国际公法》一书，并先后发表《最后二十年国际关系》、《世界军缩运动之经过与困难》、《意阿纠纷之由来》、《论最近中日事件的责任》、《国际犯法的国家责任》、《国际公法与抵制日货》、《国际公法与满洲国之承认问题》、《西班牙内乱与国际公法》等文章。沈乃正编译出版了《政治学总论》、《美国政党》、《比较政治制度》和《法国地方政制》，而且发表了有关当代中国地方政府和自治制度的多篇论文。邹文海出版有《自由与权力》一书。胡适曾评价说"（陈）之迈是如今政治学中的一个天才，他一个人就可以撑起《独立评论》"。

　　与教授们的成就相比，清华政治学系学生的发表与出版也非常可观，许多学生在就读期间即有高水平论文公开发表，例如 1925 级的姜书阁曾以论文

1　萧公权：《问学谏往录》，黄山书社 2008 年，第 113 页。

2　萧公权：《中国政治思想史》，新星出版社 2005 年，第 590 页。

《古者男子三十而娶女子二十而嫁考辩》获得清华大学"丙寅学术论文奖金"一等奖，刊登在校报上，还刊发了单行本，商务印书馆出版了他大学一年级所写的《桐城文派评述》。楼邦彦本科刚刚毕业即与同学龚祥瑞合作出版专著《欧美员吏制度》，并在《清华学报》发表数篇英文论文。清华政治学毕业生呈现出三种略有不同的学术发展路径。一种是得益于进入清华之前的家族传承和早期教育，以及清华扎实的通识教育，进入传统的史学和文学研究领域成就不俗，如姜书阁等；另一些毕业生则是在早期教育的基础上，融入清华的社会科学知识和方法训练，在传统的学术领域开出新天地，如汤象龙之于经济史——这也与清华国学教育融入现代社会科学知识的传统高度契合；三是致力于现代政治学研究的毕业生，比如在狭义政治学或经典政治学研究领域的曾炳钧、王赣愚、邹文海、邹谠和杜汝楫，在广义政治学或所谓政法研究领域的王铁崖、楼邦彦、陈体强、端木正，都有突出成就。作为以知识传授为特质的学术共同体，学生的学术发展也证实了清华政治学教育的先进性和完整性。

学术期刊

清华政治学的专门性学刊首先由清华留美学生在海外创办。1918年11月，清华留美学生成立政学社"留美政治学者（本社以政学名，包含政治、经济、法律及社会学，非狭义的政治学 politics 之谓也）日愈众，而无一学社以交换知识，无一学报以发表言论，此留美学界政学诸子所引为大耻者也。同人等用是不揣冒昧，于民国七国（1918年）十一月九号第一次会议于纽约哥伦比亚大学哲学馆，是日实为政学社诞生之期"，[1] 决定发行《政学丛刊》，一年四期，吴之椿等人为主要作者，由商务印书馆代印。1920年1月出版了第一期。同期，在哥伦比亚大学学习政治学的张奚若、金岳霖和徐志摩以及在国内的一批学

1　孙宏云：《中国现代政治学的展开：清华政治学系的早期发展（1926—1937）》，三联出版社2005年，第64页。

人，1919 年 12 月创办《政治学报》(Political Science Quarterly)，由中华书局印制发行。

在国内，清华政治学会 1927 年决定出版《政治书报指南》，搜集和编辑西方学者关于中国研究的著作概要、英文学刊论文索引，中文的政法书籍介绍、以及中文杂志的论文索引。1929 年一出版便获得好评，燕京大学教务处曾专门致函要求出版续编。清华政治学会还在 1931 年正式出版了《清华政治学报》。值得指出的是，由蒋廷黻和萧公权先后担任总编辑的英文学刊《中国社会及政治学报》(The China Social and political Science Review)，自 1931 年创刊后几乎是当时国内唯一纯学术的英文学刊，质量一流，因而为欧美各大学图书馆所订阅。清华政治学教员、包括外籍教员，均是这一学刊的积极作者。

五、议政与参政

因专业之故，政治学者多参与政治评论。萧公权云："我'立言'的宗旨是很简单的：把平日学思所得有关国家社会进步的意见提出供政府和国人的参考。所见未必有是，但所知无不尽言。"[1] 在胡适创刊年的《独立评论》上，清华师生、尤其是政治学系师生成为主要撰稿者（文章最多的前 20 位作者中，清华师生有七人。）[2] 钱端升被迫离开清华后担任了天津《益世报》主笔，西南联大时期他主办《今日评论》，发表大量社论与时评。清华政治学系师生在校外的政治评论活动广受关注。当然，抗战开始后多位教授进入政府（行政院与最高军事委员会），更是政治实践的集中体现。

在校内，清华学生组织了积极的社团活动。1920 年 11 月，清华高等科同学十人组织成立了"政治学研究会"，目的是"纠合同志，公共讨论及研究而切有关于政治之问题及学理，一为扩充公民智识提倡公民责任，一为将来

---

1 萧公权：《问学谏往录》，黄山书社 2008 年，第 185—186 页。
2 孙宏云：《中国现代政治学的展开：清华政治学系的早期发展（1926—1937）》，三联出版社 2005 年，第 299—349 页。

肄业专科中预备起见"，邀请校长金邦正以及政治学教员余日宣、沈楚纫担任顾问，开展了读书讨论会、名人演讲、法庭模拟演习、实地参观政治、研究报告撰写等活动，很快成为校园里最活跃的社团，民国政界的清华学子中，许多人曾是该社团的成员。1927 年，研究会与大学部的政治学系同学会合并，组成"清华政治学学会"，设宗旨为"研究政治学术，联络感情，并辅助清华政治学系之发展"，会员既包括政治学系师生，也吸收对政治问题感兴趣的外系学生加入。

六、结语

抗战爆发后，清华大学与北京大学和南开大学在长沙组成临时大学，后为西南联合大学，政治学系的教员有来自清华的七位教授（浦薛凤、张奚若、萧公权、沈乃正、王化成、赵凤喈、陈之迈）。浦薛凤、王化成、陈之迈先后进入民国政府，萧转任四川大学，清华政治学系留下的教授只张奚若一人，这种局面一直延续到抗战胜利后。北平和平解放后，清华政治学系开始进行课程体系的修订和改革，准备开设"新民主主义理论"课程。1952 年 6 月 26 日，教育部的通知下达到了清华大学，取消文科和理科，政治学系随之结束。虽然老清华政治学系的发展是特定历史时期的轨迹，但其崛起之快与学术水平之高，至今仍有参考意义。

综观老清华政治学系的建立与发展，可以得出若干结论。首先，充裕的经费和丰富及时的图书资料储备，可谓是重要前提。检视诸位教授的经典著作，不难发现参考资料、尤其是中外文资料的极其翔实与及时（比如钱端升著作中的英文、法文、德文书目与资料），这应该归功于清华校方当时在经费和图书方面所费力气。在此基础上形成的良好的学术与教学气氛，即教授向学、学生好学的良性互动，是学科充分发展的本体。

其次，与国际学科主流的对话与接轨，是短时期高效发展的重要条件。

1926年钱端升曾专门演讲政治学的科学性问题，他认为政治学"如能成为科学，则当可自成一家，在社会科学中，当可占位置。否则恐仍不免介于哲学法律之间"；而对于政治学未来的发展，他坚持乐观的态度，以为"当不难成为科学"。[1] 关于政治学科学性质的这一理解显然带有实证主义社会科学的色彩，显然是当时美国政治学发展主流的共识。当时，政治学作为一门社会科学学科刚刚独立不久，与历史学、哲学和法学仍有诸多粘连，这种见解可谓极为先进。

再次，立足本土，以现代科学的路径开展教学与科研，这既包括研究路径的选择，也包括教学方法的现代性。在教学方法上，既有课堂讲授，又现场教学，既有传统书院式的中国师生互动方式，又有实地调查。在研究路径上，彼时的清华政治学人开始用现代科学的路径开展了政治学的教学与科研，既使他们能够关注中国问题和本土知识，也使他们自发地使用现代学术理路处理中国资料，进而讲授所形成的现代中国政治学知识，在"智"与"识"两个层面上促进了中国现代政治学的发展。政治学系的毕业生不但在本学科有积极建树，在国际法、外交史、经济史等领域的突出成就，均与在校时所接受的学科训练有关。这些既是老清华政治学成功的关键，也为后来的学科发展提供了有意义的参考样本。

正如张奚若教授当年所言："学问要往大处着眼，不然就是精深也是雕虫小技。"[2] 立足本土、服务本土是社会科学研究的终极使命。对老清华政治学而言，"科学的研究方法、国际视野和国际学术标准、注重对中国问题的研究、独立之精神"[3] 是其在短时间里崛起的关键，对本学科乃至其他社会科学的建设来说，至今仍有相当的参考价值。[4]

---

1 钱端升："政治学"，《清华周刊》，1925年，第17期。
2 周培源：《张奚若文集》，清华大学出版社1989年，第20页。
3 钱颖一、李强："序言"，《老清华的社会科学》，清华大学出版社2011年。
4 本文已发表于《清华大学教育研究》2012年，第5期

后　记

关于在哪家出版社出这部书稿，中间有几个出版方很有兴趣，但不知为什么自己一直没有下决心。稿子整理过半时，受商务印书馆政法编辑室主任王兰萍女士邀约，为楼邦彦先生的旧作写一篇介绍文章，稿成见面时偶然谈起这部书稿，她热情相邀，而且商务很快就在社选题会上定为当年的选题，便就此断了在别家出版的念头——当年商务曾出版过不少政法前辈学者的著作，那么这部口述史书稿在商务出版，自然就有接续前辈学人与商务之间所结善缘的意味。只是本来答应商务 2012 年底交稿，但因为修订和增容，书稿一拖再拖，晚了一年半，深觉抱歉。

这漫长的拖延也有意外的收获——2013 年"五一"过后，有机会邀请张奚若、钱端升、曾炳钧、王铁崖、楼邦彦、唐明照、陈体强、端木正等先生在京的后人在清华开了个小型的座谈会，对各自的口述稿进行了订正。他们父辈的人生在这个校园里有深深的交集，他们中有的人幼时曾经相遇，但大多数人素未谋面，这也是他们在清华园的第一次聚首。陈体强长子走进来时，钱端升之子和张奚若之子，连说太像陈体强了。对他们很多人而言，自己父亲老师的名字自小烂熟于心，见到先师的后人，一定有非常独特的感受。有意思的是，幻灯片中有一张被标注为唐明照的照片，不料唐先生女儿立刻指出那是烈士施滉；钱端升和张奚若那张在昆明唐家花园的著名合影中，背景里有个孩子从门后探出了小脑袋，钱先生的儿子立刻认出来那是他们最小的弟弟……

岁月既迅乎，也无常。终于得到 1947 级李长纶的电话号码，心想春节后联系吧，不料过完年电话过去被告知先生于春节前去世；写过远征军亲身经历的关品枢早已经不在了，可我在王宏钧处才刚刚得知他的名字，居然张口就问他关先生还么；就在第一次见于坚的那几天，1948 级的一名同学敖平心脏病发作去世；多次遇到过的王铁崖忘年交邓正来，生命力旺盛得像野牛一样，居然会盛年骤然离世——本来，"邓高翻"是陈体强名著《关于承认的国际法》多好的人选。人在的时候，往往有一种错觉，觉得人会像树木一样永远在，随时可以电话或者面谈，等到无常驾到，才目瞪口呆。西人有谚曰老兵不死，只是凋零——凋零的又岂止老兵？

终于定稿后，才发现其实书稿不会有彻底意义上的完成，注定会留下遗憾。计划中关于杜汝楫先生的访谈，差点没能完成；关于张奚若先生的访谈，几乎是最后一刻才突然超乎想象地峰回路转；唐明照先生的女儿虽然接受访问并在父亲留下的回忆录手稿基础上完成了口述史，但是因为若干史实来不及核实，她思考很久后郑重表示不愿意轻率出版；姜书阁先生的家人，也遵照父命不将父亲留下的自述示人。虽然非常遗憾，但当然理解和尊重他们的决定。是否接受访谈邀约，是否同意出版，受访人均有各自的具体情况和考量，来不得丝毫勉强。但意外的是，此书修订进入尾声时，着手修改关于老清华经济系梁方仲先生稿件，梁先生之子要去国久居，行前来电，偶然提到梁先生去世前给他开列的送书老朋友名单中有徐义生，灵光一现赶紧追问他可知其人？他说当然，而且与徐家一直有联系。世间事，大约总有机缘一说。诸位受访人不但愿意接受访问，并尽可能提供各种资料，一起对口述稿再三进行繁复的修订，一句深表谢意远不足表达敬意。

无雪之冬，在二校门候人不至，信步西行至王国维纪念碑前。下午温和的阳光中，陈寅恪所撰碑文分外清晰：历千万祀，与天壤而同久，共三光而永光。那么，究竟何为同久？何为永光？陈先生晚岁在《赠蒋秉南序中》说"一日偶检架上旧书，见有易堂九子集，取而读之，不甚喜其文，唯深羡其事。"

陈先生羡慕易堂九子，岂不知身后有多少人羡慕他的文、羡慕他的事？世世代代，无穷尽也。

在曾经属于前人的校园里，一代又一代的年轻人来来往往，涌往更新更现代化的图书馆和体育馆——好学问者，追踪前沿；好实践者，着眼当下。这是年轻人的天性所在。在气息厚重的清华文库中整理文稿，通常万籁俱寂，偶然传来几粒鸟鸣。某天突然有一群新生前来参观，听到工作人员给新生介绍斯校前辈，提起一串历史中的名字，一瞬间过往与当下叠加在一起。前人所经历的动荡岁月早已远去，所谓戏马台荒，画眉人远，燕子楼空，人生百年如寄。悲欢与欣喜，都流进岁月之中。山河与家国当然已今非昔比——那时师生跨海渡河、越洋求学，今日欲全球招生的清华苏世民学院已在动工兴建；那时师生不过数百人，如今已是数万。但是，今人与前人就禀赋与抱负而言，几许差异？几许相同？

感谢清华教育研究院、清华社会科学院——尤其是政治学系、清华校友会、清华档案馆等机构的诸多协助。感谢诸位学长与学人对书稿的建议与批评，诸位对学术史和知识史的认同、追踪与讨论，实在是启发甚多、获益良多。此外，尤其要感谢李春峰同学在资料检索与搜集、汪吉庶同学在编辑排版方面所提供的耐心而细致的支持。学问是当下的，也是未来的，一代代人因学心故，因好学故，因报国故，埋首书山纸海，以进行梁启超所谓"把学问的铁路往前修一段"。以此来说，当下会永远在场。[1]

---

1 伯恩鲍姆：《年代学》，金城出版社 2012 年，第 10 页、第 32 页。